Hermann J. Forneck
Daniel Wrana

Ein verschlungenes Feld

Eine Einführung in die Erziehungswissenschaft

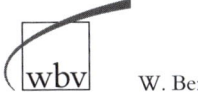
W. Bertelsmann Verlag

Bibliografische Informationen Der Deutschen Bibliothek

Die Deutsche verzeichnet diese Publikation in der Deutschen Nationalbibliografie; detaillierte bibliografische Daten sind im Internet über <http://dnb.ddb.de> abrufbar.

Gesamtherstellung und Verlag:
W. Bertelsmann Verlag GmbH & Co. KG
Postfach 10 06 33, 33506 Bielefeld
Telefon: (05 21) 9 11 01 -11, Telefax: (05 21) 9 11 01 -19
E-Mail: service@wbv.de, Internet: www.wbv.de

Umschlaggestaltung: Christiane Zay, Bielefeld

ISBN 3-7639-3164-3 **Bestell-Nr. 60.01.473**

© 2003, W. Bertelsmann Verlag GmbH & Co. KG, Bielefeld

Inhalt

Vorwort

Immer wieder während der Arbeit an "Ein verschlungenes Feld" schiebt sich eine Szene aus der Erinnerung in den Vordergrund: Rom, das Forum Romanum. Wir stehen in diesem Gelände, unübersichtlich, zunächst sehr begrenzt erscheinend, dann mit zunehmendem Rundgang größer und größer werdend, in einzelne Objekte zerfallend, immer weniger Differenzen aufweisend, eine Struktur nicht preis gebend.

Vor dem ehemaligen Senatsgebäude treffen wir auf eine Familie, drei Generationen, vielleicht ehemaliger Studienrat, vielleicht Professor, rüstig, humanistisch gebildet, Tochter und Schwiegersohn und zwei pubertierende Enkel. Was diese an ihrem Großvater nicht schätzen, genießen wir. Wir heften uns in gebührendem Abstand aber immer in Hörweite an diese Familie. Für einmal lassen wir unsere professionelle Wahrnehmung über Familienstrukturen, Generationenverhältnisse, adoleszente Jugendliche außer Acht und lauschen nur dem Großvater. Dieser deklamiert aus dem Gedächtnis, darauf hinweisend, dass die folgende Rede genau an dieser Stelle gehalten worden sei. Er wechselt im Laufe dieses Nachmittags ständig die Rollen, ist Caesar, Diokletian, Brutus, Nero, Priester. So erschließt sich uns im Gang durch das Forum Romanum das antike Rom, seine Herrschaftsstrukturen, seine Religiosität, seine Familienstrukturen. Den Wandel der Herrschaftsformen gehen wir ab, sehen ihn in den Grundrissen der Gebäude, verstehen die architektonischen Zitate aus früheren Bauwerken, geraten in eine Welt des Denkens, die mit den Ruinen um uns herum eng verbunden ist. Zum Schluss stehen wir inmitten der Kaiserforen, wissen, warum sie erhöht stehen, schauen über das Forum Romanum, das uns nun ungleich vertrauter und sowohl geordneter als auch verschlungener vorkommt.

Auf gewisse Weise könnte der Großvater der uns unbekannten Familie der heimliche Autor von "Ein verschlungenes Feld" sein. Unsere Darstellungen sind wie seine systematisch und situativ zugleich, sie verknüpfen theoriegeschichtliche mit sozialhistorischen Perspektiven. So werden die Sedimentierungen pädagogischen Denkens, die wir mit der geisteswissenschaftlichen Pädagogik des 19. Jahrhunderts beginnen lassen, dargestellt und zugleich von dem, durch ein poststrukturalistisches Denken, aufgerichteten Problemhorizont kritisiert. Pädagogik erscheint dann als ein sich wandelndes Feld von Diskursen und Praktiken der Erziehung und Bildung. Unsere heutigen erziehungswissenschaftlichen Verständigungen über das Feld brechen mit diesen Diskursen und Praktiken und beziehen sich zugleich immer wieder auf sie. Einerseits ist das Feld bestellt und sichtbar, doch zugleich werden die wesentlichen Beziehungen erst durch diese Strukturen erkennbar. Wir haben also keine leicht lesbare Einführung geschrieben, sondern eine, die sprachlich diese Verschlungenheit nachzeichnet. Sie lässt sich als Karte benutzen, um das Territorium des Feldes zu erkunden. Damit wird eine Differenz zu jenen Einführungen markiert, die aus didaktischen Gründen aus der Erziehungswissenschaft ein wohlgeordnetes Feld machen, übersichtlich, leicht für Prüfungen lernbar, fraglos strukturiert. Genau dies aber kann das Studium der Erziehungswissenschaft so beliebig werden lassen. Man kann an der Oberfläche der sichtbaren Phänomene verharren und ein bestenfalls enzyklopädisches Verständnis von Erziehung und Bildung gewinnen. Man kann aber auch zu jenen Diskursen und Praktiken vordringen, die das Feld allererst hervorbringen, indem sie es strukturieren.

In Band I "Ein verschlungenes Feld" wird eine historisch-systematische Perspektive angelegt, in Band II. "Ein parzelliertes Feld" steht zunächst eine differentielle Betrachtungsweise im Vordergrund. Beide Perspektiven werden abschließend aufeinander bezogen.

Die beiden Bände sind aus unserer zweisemestrigen ‚Einführung in die Erziehungswissenschaft' entstanden. In diesem Zusammenhang haben wir uns intensiv mit der Entwicklung von Studienpraktiken beschäftigt. Wenn Sie dieses Buch erwerben, können Sie mit der vor der hinteren Umschlagseite befindlichen, herausnehmbaren Karte den Zugriff auf weitere Materialien zu unserer hochschuldidaktischen Konzeption und zu den Studienpraktiken anfordern.

Besonders bedanken möchten wir uns bei Julia Schotte, für die Korrektur und Layoutarbeiten am Manuskript, die Erstellung der Marginalien und die inhaltlichen Rückmeldungen und Diskussionen.

Gießen im Mai 2003

Hermann J. Forneck, Daniel Wrana

1 Einleitung

Anfang der 70er Jahre saß einer der beiden Autoren dieses Buches als Student in einem Seminar zur "Lehrtheoretischen Didaktik" und lauschte interessiert der Kontroverse zwischen einem Studenten und einem Dozenten. Ersterer forderte vehement die Verwendung des Bildungsbegriffs für das was in der Schule passiere, letzterer ebenso engagiert den Lernbegriff (wenn Sie heute in eine solche Situation geraten, dann sind vermutlich die Rollen vertauscht). Anschließend saßen einige der Erstsemester im E-Raum (Erfrischungsraum) der Universität (der übrigens heute noch sehr ähnlich aussieht und doch einen anderen Namen hat) und kommentierten mit Unverständnis, mit psychologischen Deutungen und mit politischer Sympathie diese Diskussion. Was wir heute wissen, ahnte einer der Autoren dieses Buches damals schon mit einem Gefühl der Überforderung: Die studentische Diskussion verhedderte sich im Gestrüpp von heterogenen Diskursen, politischen, psychologischen, soziologischen, erziehungswissenschaftlichen, pädagogischen – und die damaligen Studierenden registrierten eine erste Verdopplung des disziplinären Diskurses (offenbar gehören bestimmte Begriffe wie Lernen und Erziehungswissenschaft, Bildung und Pädagogik zusammen). Sie diskutierten über das Verhältnis von Psychologie und Erziehungswissenschaft, über Pädagogik und ihre Nachbardisziplinen. Aber es gab zu Beginn der siebziger Jahre eine gemeinsame Überzeugung, welche den Ordnungsversuchen zugrunde lag: Es gab gehaltvolle (wissenschaftliche, politische) oder weniger gehaltvolle (Bequemlichkeit, Unterschätzung, Ignoranz) Argumente. Und es gab offenbar eine begriffliche Differenz, die nicht belanglos war. Der Frage, so der studentische Konsens, was es mit den Begriffen "Bildung" versus "Lernen" auf sich hatte, wollte man nachgehen.

Zwei Jahrzehnte später wollten wir in einem Seminar mit 250 Studierenden das Problembewusstsein um jene Differenz von Bildung und Lernen, Pädagogik und Erziehungswissenschaft deutlich machen. Viele der überwiegend an praktischen Fragen, wie sie es nannten, interessierten Studierenden, wollten die Frage nach der Verschiedenheit von Bildung und Lernen allenfalls als eine stilistische gelten lassen. Einige aber ließen sich auf die Verschlungenheit des pädagogischen Feldes ein.

Einige Zeit später haben wir dann in der Linie 1 der Freiburger Straßenbahn eine Erklärung für diese Verweigerungen gefunden. Die Linie führte zur Musikhochschule und zur Pädagogischen Hochschule und nach einigen Monaten konnten wir mit Sicherheit vorhersagen, wer an welcher Haltestelle ausstieg, so sehr unterschieden sich die Studierenden in ihrem Habitus. Der pädagogische Alltagsdiskurs, den wir in den Straßenbahngesprächen der Studierenden beobachteten, gab uns eine Antwort. Er unterschied sich übrigens nicht sonderlich von der offiziellen Lehre. Ihm war eigen, jedwede

Selbstthematisierung abzuwehren. Begriffliche Strenge war bereits eine Zumutung für diesen Diskurs, da er wesentlich von Metaphern (Herzog 2002, S. 14–22) lebte, die ihre handlungsleitende (eben praktische) Funktion verloren, wenn sie einer analytischen Reflexion unterzogen wurden. Wir haben dies damals als pädagogische Provinz bezeichnet und damit den Begriff der pädagogischen Provinz der geisteswissenschaftlichen Pädagogik zugleich aufgegriffen und ins Kritische gewendet, um einen Zustand zu bezeichnen, aus dem man nicht mehr heraus kommt, sondern im strukturell gegebenen diskursiven Gefüge der Profession gefangen bleibt, was zur Folge hat, dass Praxis und Theorie in unproduktiver Weise implodieren.

Wenn wir hier den Versuch unternehmen, in die Problemlagen und das diskursiv Heterogene des pädagogischen Felds einzuführen, so auch deshalb, weil es eben auch das Andere gab und gibt – Studierende, die sich der Zumutung der Komplexität von Diskursen aussetzen – und wir uns als Wissenschaftler eben nur zur Geltung bringen können, wenn wir nicht in dem gegebenen strukturellen Gefüge der Profession gefangen bleiben. Doch die Geltung gilt eben nur innerhalb eines Diskurses und damit wird schon deutlich, dass die Verhältnisse so verschlungen sind, dass wir zumindest einmal versuchen müssen, zu erklären, was wir im Kontext dieser Einführung unter einem Diskurs verstehen.

Das etymologische Lexikon von Kluge schätzt das Wort "Diskurs" als zum peripheren, fachsprachlichen Wortschatz des Deutschen gehörig ein, diese Beobachtung bezieht sich aber eher auf den heutigen Gebrauch des Wortes. Wie seine Wortgeschichte zeigt, ist es gar nicht so ungewöhnlich. Bis vor 200 Jahren gab es auch im Deutschen den allgemeinen Gebrauch von "Diskurs" als Rede oder Gespräch, der sich in den anderen europäischen Alltagssprachen als "discourse", "discours" etc. noch findet (vgl. Kluge 2002).

Das Wort leitet sich von den lateinischen Wörtern "currere" und "cursus" her, was "laufen" oder "rennen" sowie "Gang" bedeutete. Mit der Vorsilbe "-dis" ergibt sich "discursus", eigentlich so etwas wie "auseinanderlaufen, hin- und herlaufen, ausbreiten" und übertragen dann "erörtern", "mitteilen" und als Nomen "Erörterung" und "Mitteilung". Im Deutschen kam das Wort seit dem 16. Jahrhundert als Lehnwort aus dem französischen als Verb "discurieren" oder "discourieren" in Gebrauch. Die Neubearbeitung des Grimmschen Wörterbuches nennt vier Bedeutungsbereiche des Verbs (1) einen Sachverhalt, ein Problem darlegen, (2) aussagen über etwas machen, (3) dozieren, vortragen, reden, (4) eine Unterhaltung führen, plaudern. Und drei Bedeutungen dieses Nomens (1) Darlegung, Erörterung, (2) Gespräch, Unterhaltung, (3) Gerede, Gerücht. Daneben fanden sich "diskursiv" und "diskursweise". Man kennt auch eine Reihe klassischer Buchtitel, die "Diskurs" im Sinne von Abhandlung gebrauchen wie Machiavellis "discorsi" oder Descartes "discours de la méthode" oder Bodmer / Breitingers moralische Wochenschrift "Die Diskurse der Mahlern" (1721-1723). Auch in der Pädagogik findet sich der Diskurs. Der Philanthrop Salzmann etwa verwendet Diskurs systematisch für Gespräche, die eine Lehr- oder Lernfunktion haben. Dabei differenziert er nicht zwischen dem Diskurs, den der Vater für das kleine Kind als Belehrung abhält und zwischen dem Diskurs der "jungen Burschen", die über das Gesehene und Erlebte reflektieren (vgl. Salzmann 1961, S. 117).

Im späten 18. Jahrhundert wird der Gebrauch rückläufig; "diskurieren" wird genauso wie die Alternativen "debattieren" und "disputieren" von dem ebenfalls seit dem 16. Jahrhundert belegten "diskutieren" verdrängt. Das "discutieren" als zerlegen verdrängt das "discurieren" als auseinanderlegen. Das Nomen "Diskurs" und das Adjektiv "diskursiv" werden erst im 20. Jahrhundert wieder häufiger. In der deutschen Alltagssprache ist der neuerdings verstärkte Gebrauch also deshalb etwas auffälliger, da der allgemeine Diskursbegriff sich für etwa 150 Jahre verflüchtigt hatte. "Diskurs" erscheint als Modewort und Fremdwort, das seine Existenz erst rechfertigen muss. Dennoch ist der Diskurs in aller Munde. Man spricht vom Diskurs über Aids oder vom rassistischen Diskurs, aber auch vom pädagogischen Diskurs und vom politischen Diskurs, man will "einen Diskurs führen" oder auch "einen Diskurs aktivieren". Man findet das Wort in Pressemitteilungen, staatlichen Papieren, in der Volkshochschule, in Talkrunden, im Feuilleton. Peter Schötteler konstatiert: "Das Wort Diskurs gehört zweifellos zu den erfolgreichsten Neologismen der letzten Jahre" (Schötteler 1997, S. 134). Der Begriff – so Schötteler – sei seit den 70er Jahren von "einer Art Codewort", das nur wenige zu benutzen in der Lage waren, zu einem Allerweltsbegriff geworden, den man "fast schon wie eine abgenutzte Münze in die Hand nimmt, ohne ihn näher zu betrachten" (ebd.). Zusammenfassend kann man also feststellen, dass der Ausdruck "Diskurs" in den europäischen Alltagssprachen auf einen auf die eine oder andere Weise zusammengehörigen und vom kommunikativen Standpunkt aus betrachteten Haufen Wörter und Sätze verwies oder verweist. Diesen weitesten Diskursbegriff wollen wir nun einschränken.

In seiner Antrittsvorlesung am College de France, die den Titel, "Die Ordnung des Diskurses" trägt, spricht Foucault eine Voraussetzung seiner Überlegungen an: "Ich setze voraus, dass in jeder Gesellschaft die Produktion des Diskurses zugleich kontrolliert, selektiert, organisiert und kanalisiert wird – und zwar durch gewisse Prozeduren, deren Aufgabe es ist, die Kräfte und die Gefahren des Diskurses zu bändigen, sein unberechenbar Ereignishaftes zu bannen, ..." (Foucault 1991, S. 10f). Was uns im Folgenden also interessiert, ist die Produktion, die Selektion, die Organisation und die Handlungsfolgen von erziehungswissenschaftlichen Theorien, Positionen, Auffassungen. Mit dem Begriff des Diskurses meinen wir den Zusammenhang von theoretischen Aussagen, Praktiken der Produktion, der Kontrolle, der Selektion dieser Aussagen und der erzieherischen Praktiken, die aus den theoretischen Aussagen "abgeleitet" werden.

Das ist zunächst nichts Neues. Der Titel dieser Monografie "Ein verschlungenes Feld" unterstellt nun, dass es nicht nur mehrere Diskurse über Erziehung gibt, sondern auch, dass sie alle gleichzeitig existieren. Uns interessiert im Folgenden, warum und wie diese entstanden und konstruiert sind. Eine solche Betrachtung geht auf Michel Foucault, einen französischen Sozialphilosophen zurück. Foucault bezeichnet seine Arbeit als das Projekt, "die Problematisierungen, in denen sich das Sein gibt als eines, das gedacht werden kann und muß, sowie die Praktiken, von denen aus sie sich bilden" (Foucault 1989, S. 19), zu untersuchen.

Im Rahmen einer Vorlesung in Berkeley über "Diskurs und Wahrheit", bemerkt Foucault, dass er in der Diskursanalyse den "Prozess der Problematisierung" untersuche, worunter er versteht: "Wie und warum bestimmte Dinge (Verhalten, Erscheinungen, Prozesse) zum Problem wurden." (Foucault 1996, S. 178). Es sind solche "Dinge", gesellschaftliche Situationen und Verhältnisse, die Foucault als "durchaus real" (ebd., S. 179) bezeichnet, die zu "Problematisierungen" als Antworten führen. Aber erst die Problematisierungen sind es, die ein Problem begreifbar und bearbeitbar machen, und so wird das Problem erst durch die Problematisierung "real", in dem Sinn, dass es erst durch die Problematisierung zu einem Gegenstand wird, der klar und deutlich benennbar ist. Pädagogische bzw. erziehungswissenschaftliche Theoriebildungen stellen dann Praktiken dar, die ein Objekt für erzieherisches Handeln und erziehungswissenschaftliches Forschen konstituieren und es so für das Spiel um richtig oder falsch und wahr oder unwahr verfügbar machen.

In diesem Sinne wollen wir den Leser/-innen das verschlungene Feld reflexiv verfügbar machen, die Konstitutionsbedingungen erziehungswissenschaftlicher Aussagen und Theorien freilegen, darlegen, welche erzieherischen Handlungspraktiken anschlussfähig werden, welche ausgeschlossen bleiben.

Wir beginnen dazu mit einer "problematischen" historischen Situation, der "Stunde Null", also dem Jahr 1945 und versuchen darzulegen, wie man in dem Spiel der Problematisierungen einen Anfang macht. Wir zeigen, dass der Anfang ganz wesentlich aus Rückgriffen besteht und bringen deshalb die Geisteswissenschaftliche Pädagogik und ihr reformpädagogisches Umfeld ins Spiel.

In einem zweiten Teil zeigen wir die Entstehung zweier neuer Diskurse, den der empirischen Erziehungswissenschaft und den der kritischen Erziehungswissenschaft vor dem Hintergrund zweier Reaktionsformen auf Modernisierungsprozesse: Reform und Kritik.

Der dritte Teil thematisiert das Ausgeschlossene unter dem Titel "Die Rückkehr der Lebenswelt" und verortet einen erziehungswissenschaftlichen Diskurs, der sich inhaltlich um Alltag und Lebenswelt und methodologisch um qualitative Forschungsverfahren dreht, in einem sich verändernden sozialen und kulturellen Umfeld.

Wir verschränken in allen diesen Teilen sozialgeschichtliche Hintergründe, Entwicklungen im Bildungssystem, erziehungswissenschaftliche Konzepte, sozialwissenschaftliche Grundlagentheorien, Forschungsmethoden und das Selbstverständnis der Pädagogik als Wissenschaft.

Letzteres wird abschließend erneut thematisiert, um die Veränderungen im Wissenschaftsverständnis der letzten Jahrzehnte explizit zu machen und dabei werden wir wieder am Anfang landen, nämlich beim Diskurs. Wir werden darlegen, dass die wissenschaftstheoretische Entwicklung ein bestimmtes Verständnis von Erziehungswissenschaft nahe legt, und zeigen, inwiefern dieses sich in dieser Einleitung niederschlägt.

Lesevorschläge

Die Texte dieser Einführung sind z.T. identisch mit einer netzbasierten Studienumgebung der Professur für Erwachsenenbildung an der Justus-Liebig-Universität Giessen. Diese Einführung hat also einen hochschuldidaktischen Hintergrund, den wir hier nicht vollständig wiedergeben können und wollen, weil die individuelle Lektüre und die kooperative Studienpraxis zwei unterschiedliche Wirklichkeiten darstellen. Gleichwohl wollen wir mit einigen Anmerkungen ein Prinzip realisieren, welches auch in unserer Studienumgebung wirksam ist: Sie finden hier sowohl metareflexive als auch handlungsorientierte Hinweise, die es Ihnen ermöglichen sollen, diese Texte mit Ihrer Studienpraxis zu verbinden. Die Materialien zu Lern- und Studienpraktiken aus den Einführungsseminaren sind sehr viel umfangreicher. Wenn Sie dieses Buch erwerben, können Sie mit der Karte im hinteren Schutzumschlag den Web-Zugang zu diesen Materialien anfordern.

Zum Kapitel "Zwischen Tradition und Neuanfang"

In diesem Kapitel erhalten Sie sowohl eine historische Einführung in die gesellschaftliche Situation nach 1945, als auch einen ersten wissenschaftstheoretischen Einblick in die geisteswissenschaftliche Pädagogik. Wie Sie später noch nachvollziehen können, findet man an deutschen Universitäten nicht mehr viele geisteswissenschaftliche Pädagogen. Gleichwohl werden Sie in vielen Veranstaltungen immer wieder auf geisteswissenschaftliche Denkfiguren treffen. Wir empfehlen Ihnen, in solchen Fällen nachzufragen, mit Ihrem Dozenten oder Ihrer Dozentin in eine Diskussion um diese Zuordnung zu kommen.

Die inhaltlichen Darstellungen sind für übliche Einführungen nicht nur umfangreich, sondern auch inhaltsreich. Die Texte sind – immer gemessen an vergleichbaren einführenden Texten – komplex. Dies ist beabsichtigt, wollen wir Sie doch mit einer ersten disziplinären Orientierung zugleich auch mit einer Studienpraktik vertraut machen. Um nämlich von solchen Texten möglichst viel zu profitieren, empfehlen wir, bei der Lektüre ein Strukturbild des Textes zu zeichnen. Dieses kann ein sehr praktisches Hilfsmittel für Ihr weiteres Studium sein. Zunächst empfehlen wir Ihnen, sich einen Überblick über das erste Kapitel zu verschaffen. Erstellen Sie dann ein Strukturbild, um die Argumentationsstruktur des Textes besser zu verstehen. Bei Strukturbildern handelt es sich um ein Studienwerkzeug, bei dem Sie durch Wortfelder und Verbindungen die Aussagen und Konzepte als Netz- oder Baumstruktur darstellen können. Ziel ist, einen Überblick über die inhaltlichen Aussagen und die Struktur des Textes zu gewinnen, und die damit einhergehenden Lerneffekte zu nutzen.

Zum Kapitel "Zwischen Reform und Kritik"

In diesem Kapitel erhalten Sie eine sowohl historische als auch systematische Einführung, die die Entwicklungen im Bildungswesen und in der Erziehungswissenschaft betreffen. Historisch wird die kulturelle und gesellschaftliche Situation der 60er und 70er Jahre dargestellt, systematisch wird mit dieser Darstellung eine Einführung in die empirische Erziehungswissenschaft und die kritische Pädagogik verknüpft. Sowohl empirisch orientierte als auch kritisch-emanzipatorisch orientierte Vertreter/-innen dieser Disziplinen finden Sie aktuell an bundesrepublikanischen Universitäten. Sollten Sie der Auffassung sein, eine/-n solche/-n in einer von Ihnen besuchten Veranstaltung identifiziert zu haben, so sprechen Sie diese Person doch an. Wenn Sie dieses Kapitel bearbeitet haben, so empfehlen wir, einmal in einem Seminar ältere Kommilitonen und Kommilitoninnen anzusprechen und sie zu bitten, die Unterschiede zwischen geisteswissenschaftlicher Pädagogik, empirischer Erziehungswissenschaft und kritischer Pädagogik zu erläutern.

Eine zentrale Studienpraktik ist das Exzerpieren. Exzerpieren bedeutet, Texte zu komprimieren und zu verdichten. Versuchen Sie den gesamten Text des zweiten Kapitels auf zwei DIN A4 Seiten zu exzerpieren. Wenn Sie Ihr Exzerpt angefertigt haben, dann analysieren Sie es daraufhin, nach welchen Relevanzkriterien Sie vorgegangen sind. Sind diese adäquat? Dass sie bestimmte Passagen wichtiger als andere fanden, ist kein hinreichendes Argument für die Legitimation von Relevanzkriterien. Die Frage ist: Aus welchen Gründen fanden Sie bestimmte Passagen wichtiger als andere und welche Probleme treten bei solchen Entscheidungen auf?

Zum Kapitel "Rückkehr der Lebenswelt"

In diesem Kapitel stellen wir die Entwicklungen seit den 80er Jahren dar. Um es gleich vorwegzunehmen: Dieses Kapitel ist schwieriger als die vorangegangenen. Das hat etwas mit dem Inhalt zu tun. Bisher konnte man recht gut gesellschaftlich-kulturelle und erziehungswissenschaftliche Entwicklungen aufeinander beziehen und periodisieren. Letzteres wird nun schwieriger und dadurch ergeben sich unübersichtliche Positionierungen. Andererseits berichten wir in diesem Kapitel von Entwicklungen und Positionen, die Sie selbst während Ihres Studiums wieder erkennen können.

Wir empfehlen Ihnen in diesem Kontext einen Aspekt, ein Problem, eine Fragestellung zu vertiefen. Sie suchen z.B. die Originalliteratur in der Bibliothek, recherchieren, ob es weitere, von uns nicht angegebene Literatur gibt. Versuchen Sie, einzelne Positionen von Wissenschaftler/-innen, die Ihnen dabei begegnen, innerhalb des beschriebenen erziehungswissenschaftlichen Feldes zu verorten.

2 Zwischen Tradition und Neuorientierung

Nach 1945 waren weite Teile Europas und der Welt durch den Terror des Nationalsozialismus und den zweiten Weltkrieg psychisch, physisch und wirtschaftlich zerstört. Viele Millionen Menschen sind Opfer von Krieg, politischer Verfolgung, Rassismus und Völkermord geworden. Das Ziel der faschistischen Regime im deutschen Reich, in Italien und Japan ist ein Umsturz der Weltordnung gewesen. Sie hatten sämtliche Kontinente in den Krieg von 1939 bis 1945 verwickelt. Die Verbrechen dieser Regime waren längst bekannt, als die Alliierten Europa befreiten. Die Deutschen hatten in den Augen der Weltöffentlichkeit jede moralische Glaubwürdigkeit verloren. Der Zeitpunkt der bedingungslosen Kapitulation am 8. Mai 1945 wird oft als "Stunde Null" bezeichnet. Diese Sprachregelung erweckt den Eindruck, als wäre zu diesem Zeitpunkt alles möglich gewesen, man hätte ganz neu anfangen können, man hätte die Vergangenheit abschließen können. Dahinter verbergen sich aber weitreichende Fragen, die die Diskussion um die "Aufarbeitung" dieser Vergangenheit seither bestimmen, wie etwa diese: Wurde Deutschland von einer "Handvoll Faschisten" verführt und überfallen" und die Vielen haben nur stillgehalten, auf die Stunde Null gewartet, oder waren die meisten Deutschen mit dem nationalsozialistischen Regime einverstanden? Oder: War der Sieg der Alliierten 1945 eher eine Befreiung vom Nationalsozialismus oder eher ein Sieg über "Deutschland"? Und nicht zuletzt betreffen diese Fragen die Erziehung: Wie wurde jemand erzogen, der 1933 der Machtergreifung der NSDAP zustimmte und sie beförderte und wie konnte jemand, der in einem faschistischen Regime aufgewachsen war, an einer demokratischen Gesellschaft mitwirken? Mussten die Deutschen nicht, wenn sie mit dem nationalsozialistischen Regime einverstanden waren, wenn so viele von ihnen Teil dieses Regimes waren, in einem gigantischen Programm "umerzogen" werden? Theodor W. Adorno, ein Vertreter der kritischen Theorie der Frankfurter Schule hat 1966 in seinem Aufsatz "Erziehung nach Auschwitz" die Auffassung vertreten, "Die Forderung, dass Auschwitz nicht noch einmal sei, ist die allererste an Erziehung" (Adorno 1970, S. 92).

Gab es eine "Stunde Null"?

Daher beginnt unsere Darstellung der Entwicklung der Ansätze der Erziehungswissenschaft mit jenem sonderbaren Moment, in dem sich für das Erziehungswesen und die darin noch oder wieder tätigen Akteure die Frage stellt: Wie anfangen? In jedem Fall war es ein Anfang, der Voraussetzungen hatte, die selbst bereits in den letzten Jahrzehnten des 19. und den ersten des 20. Jahrhunderts entstanden waren. In der Zeit des deutschen Kaiserreiches und in der Weimarer Republik ist das pädagogische Feld mit seinen Institutionen geschaffen worden, haben sich aus reformpädagogischen Bestrebungen heraus neue Ansätze und Berufsbilder entwickelt, hat sich die Pädagogik als Geisteswissenschaft konstituiert. Das gilt auch für die außer-

"Erziehung nach Auschwitz"

schulische Pädagogik, die sich institutionell etabliert hat und enorm ausgebaut wurde.

In Kapitel 1.1 werden wir die verschiedenen Positionen und Programme schildern, die für den Neuaufbau des Bildungswesens nach 1945 zur Disposition standen und zeigen, wie sich schließlich die Restauration der Strukturen aus der Weimarer Republik durchsetzte. Kapitel 1.2 hat die Voraussetzung dieser Entwicklung zum Thema, also die Entstehung des Bildungssystems und die Bestrebungen der Reformpädagogik in der Weimarer Republik, die Erziehungspraxis des Kaiserreichs zu verändern. In Kapitel 1.3. werden wir die geisteswissenschaftliche Pädagogik darstellen, die bis Anfang der 60er Jahre in der Erziehungswissenschaft vorherrschend war. Das Kapitel 1.4. wird, ausgehend vom Beginn der großen Bildungsreformen in den späten 50er Jahren, nochmals einen Blick zurück auf den "Ausgang einer Epoche" werfen.

2.1   Die Stunde Null oder wie man einen Anfang macht

Die Bewältigung des Alltags

In den letzten Kriegsjahren wurden viele deutsche Städte im Flächenbombardement durch die Alliierten zerstört. Die Menschen wohnten nach dem Krieg meist in Notunterkünften oder in den Kellern ihrer Häuser. Auch viele Schulen und Universitäten waren unbrauchbar: In Kiel beispielsweise waren von 1 134 Unterrichtsräumen nur noch 100 erhalten und benutzbar. Viele Kinder waren Voll- oder Halbwaisen. Eine Umfrage von 1947 ergab, dass von 11 000 Schulkindern in Fürth 60% keine festen Schuhe, 40% keine Winterkleidung hatten und 35% zu zweit oder zu dritt in einem Bett schliefen (vgl. Glaser 2000, S. 85).

Der Alltag brachte ungeheure Probleme und erforderte, vieles neu zu lernen. Horst Siebert, ein Erziehungswissenschaftler, der seit 1970 den Lehrstuhl für Erwachsenenbildung in Hannover inne hat, schreibt:

> "Obwohl das Bildungswesen erst allmählich wiederaufgebaut wurde, war vielleicht keine Epoche der deutschen Geschichte so lernintensiv wie diese Nachkriegszeit. Es war eine Zeit des Überlebens, des Identitätslernens, des interkulturellen Lernens. Gelernt wurde, aus Kartoffeln und Rüben ein schmackhaftes Essen zuzubereiten, aus Bucheckern Öl herzustellen, alle Reste wiederzuverwerten. Erlernt werden mußte eine neue politische und kulturelle Identität, verlernt werden mußten rassistische, faschistische, biologistische, autoritäre Deutungsmuster. Gelernt wurde die Verständigung mit den Soldaten der Alliierten, das Zusammenleben mit den Flüchtlingen, das Verhandeln auf dem Schwarzmarkt. Die

Frauen lernten, ohne Unterstützung der Männer Steine zu klopfen, Kinder zu versorgen, kriegsverletzte Männer zu pflegen..."
(Siebert 1994, S. 52).

Das Zitat von Siebert zeigt eine wichtige Einsicht, mit der sich die Wissenschaft der Erwachsenenbildung in den letzten Jahren verstärkt beschäftigt: dass nämlich Lernen nicht nur institutionell organisiertes Lernen ist, sondern oft unbemerkt und "nebenbei" erfolgt. Ein Lernen und Erwerben von neuen Eigenschaften, Kompetenzen oder Fähigkeiten also, das gar nicht als Lernen wahrgenommen wird. Diese Form des Lernens wird als Lernen "en passant", informelles oder auch inzidentelles Lernen bezeichnet (vgl. Reischmann 1995). Die Alltags- und Überlebensstrategien in der Nachkriegszeit stellten tatsächlich enorme Lernaufgaben dar, für die keine Kurse zu belegen waren, und für die kein organisiertes Bildungsprogramm zur Verfügung stand.

Inzidentielles Lernen als Überlebensstrategie

Die Lernanlässe, die Siebert hier aufzählt, sind aber sehr unterschiedlich. Während die vielen Taktiken des Alltags von der Zubereitung von Rüben bis zum Verhandeln auf dem Schwarzmarkt aus der Not entstanden, im Alltag zu überleben, ist es fraglich, welche Not dazu zwingt, eine "neue politische und kulturelle Identität" anzunehmen oder "rassistische, faschistische, biologistische, autoritäre Deutungsmuster" zu verlernen. Die Alliierten haben mit den Programmen zur "Reeducation" der Deutschen versucht, diesen Lern- und Bildungsprozess auf eine "neue politische und kulturelle Identität" hin zu steuern. Solche Steuerungsversuche führen allerdings zu eigenen Problemlagen, da sie auf die Trägheit und den Eigensinn des zu Steuernden stoßen. Diese Zusammenhänge möchten wir zunächst darstellen.

Schuld und Verantwortung der Deutschen

Deutschland hatte eine enorme moralische Schuld auf sich geladen; es war für den Zweiten Weltkrieg und die Morde an Juden, Slawen, Sinti und Roma, an behinderten Menschen und Homosexuellen verantwortlich. Es musste, so die Auffassung der Alliierten, seine Schuld eingestehen und daran gehindert werden, die anderen Länder Europas erneut zu bedrohen. Die Frage, wie dieses Ziel erreicht werden könne, wurde in den USA schon während des zweiten Weltkriegs diskutiert. Manche Vertreter der Siegermächte, wie der US-Finanzminister Henry Morgenthau, vertraten die These einer Kollektivschuld und prinzipiellen Gefährlichkeit der Deutschen. Diese Einschätzung der Deutschen hat ihre Geschichte, denn bereits nach dem Ersten Weltkrieg hatte der russische Anarchist Bakunin sich ähnlich geäußert. Morgenthau folgerte daraus weitreichende Maßnamen: Deutschland sollte in kleine Staaten zersplittert werden, der Wiederaufbau einer deutschen Industrie sollte verhindert und ein Land mit "landwirtschaftlichem und ländlichem Charakter" sollte entstehen. Morgenthau ging davon aus, dass eine landwirtschaftlich strukturierte Gesellschaft weniger kriegerisch sei als ein industriell entwi-

Sind die Deutschen unverbesserlich?

ckeltes Land und dass nur durch die fehlende Möglichkeit zur Rüstungspro-
duktion der Gefahr eines Missbrauchs derselben zu begegnen sei (Görtemaker 1999, S. 23).

Aber noch vor der Kapitulation setzte sich eine gemäßigtere Position durch.
Deutschland sollte nicht zerschlagen, aber entnazifiziert und umerzogen
werden. Auf der Potsdamer Konferenz im Juli 1945 haben die Alliierten im
Abschlusspapier folgende politische Linie festgelegt:

> "Der deutsche Militarismus und Nazismus werden ausgerottet,
> und die Alliierten treffen nach gegenseitiger Vereinbarung in der
> Gegenwart und in der Zukunft auch andere Maßnahmen, die
> notwendig sind, damit Deutschland niemals mehr seine Nachbarn
> oder die Erhaltung des Friedens in der ganzen Welt bedrohen
> kann. Es ist nicht die Absicht der Alliierten, das deutsche Volk zu
> vernichten oder zu versklaven. Die Alliierten wollen dem deut-
> schen Volk die Möglichkeit geben, sich darauf vorzubereiten, sein
> Leben auf einer demokratischen und friedlichen Grundlage von
> neuem wiederaufzubauen. Wenn die eigenen Anstrengungen des
> deutschen Volkes unablässig auf die Erreichung dieses Zieles ge-
> richtet sein werden, wird es ihm möglich sein, zu gegebener Zeit
> seinen Platz unter den freien und friedlichen Völkern der Welt ein-
> zunehmen." (Potsdamer Abkommen 1945, Punkt III)

Und in der weiteren Konkretisierung zum Bildungssystem heißt es:

> "Das Erziehungswesen in Deutschland muß so überwacht werden,
> daß die nazistischen und militaristischen Lehren völlig entfernt
> werden und eine erfolgreiche Entwicklung der demokratischen I-
> deen möglich gemacht wird." (Potsdamer Abkommen 1945,
> Punkt III,7)

Diese Leitlinien wurden in mehreren Direktiven des Alliierten Kontrollrates
und der vier Militärregierungen präzisiert und waren von den "vier großen
D's" bestimmt: Demilitarisierung, Denazifizierung, Dezentralisierung und
Demokratisierung (vgl. Görtemaker 1999, S. 25). Dabei verfolgten die Besatzungsmächte allerdings unterschiedliche Ziele und Praktiken. Der Wiederaufbau des Bildungswesens wurde in jeder Zone und jedem Bundesland getrennt und nach unterschiedlichen Prinzipien durchgeführt. Besonders
zwischen den drei Westzonen und der sowjetischen Besatzungszone entstanden erhebliche Differenzen, die 1948 zur Auflösung des Kontrollrates
und 1949 zur Gründung zweier deutscher Staaten, der Bundesrepublik
Deutschland und der Deutschen Demokratischen Republik führten. Der Gegensatz einer westlichen, kapitalistischen Welt und einer östlichen, sozialistischen Welt manifestierte sich schließlich in den beiden Machtblöcken NATO
und Warschauer Pakt, die sich bis Ende der 80er Jahre in einem kalten Krieg
gegenüberstanden.

Wiederaufbau als
Eindämmung des
Kommunismus

Reeducation und Entnazifizierung

Der Begriff Reeducation kommt aus dem psychotherapeutischen Kontext und bedeutet, etwas bereits Gewusstes neu zu lernen, einen verschütteten Zustand wiederzuerlangen. Er wurde in der US-amerikanischen Diskussion um die Voraussetzungen für die Etablierung demokratischer Institutionen in Deutschland zum ersten Mal in politischem Kontext gebraucht. Die "Umerziehung" bezog sich also nicht nur auf eine Reform des Bildungswesens, sondern sollte das gesamte kulturelle Leben der Deutschen erfassen. Sie sollte ein groß angelegtes Programm sein, in dem die Bevölkerung Deutschlands mit demokratischen Verhaltensweisen vertraut gemacht wird und in dem sich das politische Bewusstsein und das politische Wertesystem ändern sollten (Bungenstab 1970, S. 20). Die Entnazifizierung war daher der erste Schritt in der Reeducation.

Demokratie lernen?

Die erste, noch stark von Morgenthaus punitiver Linie inspirierte Direktive der amerikanischen Militärregierung (JCS 1067) forderte die Offiziere dazu auf, "gerecht, aber fest und unnahbar" gegenüber dem "besiegten Feindstaat" Deutschland zu sein (Görtemaker 1999, S. 25). Bis Frühjahr 1946 wurden in der amerikanischen Zone 120 000 als gefährlich eingestufte Personen interniert. Mit dem "Gesetz zur Befreiung vom Nationalsozialismus", das in der amerikanischen Besatzungszone 1946 verabschiedet wurde, sollte die Entnazifizierung in die Verantwortung der deutschen Länderministerien übergeben werden, sie sollte ein Test für deren Demokratiefähigkeit sein (ebd., S. 26). Ein Fragebogen mit 131 Items war die Grundlage für die Überprüfung der deutschen Bevölkerung, ihre Einstufung in "Hauptschuldige, Belastete, Minderbelastete, Mitläufer und Entlastete" (ebd.) sowie diverse Strafen vom Entzug der Arbeitserlaubnis über Geldstrafen bis zur Gefängnishaft. Die beiden anderen westlichen Besatzungsmächte schlossen sich diesen Maßnahmen ab 1947 an.

Wie tief Lehrerinnen und Lehrer in den Nationalsozialismus verstrickt waren, können einige Zahlen zeigen. Bei 1 791 willkürlich herausgegriffenen Fragebogen von Lehrer/-innen in Hessen zeigten sich 1 042 als "verwendungsunfähig", 452 konnte keine aktive nationalsozialistische Tätigkeit nachgewiesen werden und nur 21 konnten sich als aktive Gegner des Nationalsozialismus ausweisen. In Würzburg mussten sogar 90% aller Lehrer/-innen entlassen werden (vgl. Bungenstab 1970, S. 74).

Die Praktiken der Entnazifizierung stießen auf erheblichen Widerstand und Unwillen auf Seiten der deutschen Bevölkerung und wurden bald unterlaufen: Man stellte sich gegenseitig so genannte "Persilscheine" aus und bescheinigte sich so seine Unbelastetheit. Die Fragebögen wurden als "katholische Gewissensprüfung" oder "inquisitorische Praxis" empfunden (vgl. Glaser 2000, S. 43).

Horst Siebert hatten wir eingangs mit der Aussage zitiert, dass nationalistische und rassistische Einstellungen "verlernt" werden mussten. Dies gelang in der Bundesrepublik erst nach geraumer Zeit, wenn man einer Umfrage des Allensbach-Instituts zu den politischen Einstellungen der Deutschen glauben schenken kann, nach der noch 1951 etwas mehr als 40% auf die Frage nach Deutschlands bester Zeit mit "das Dritte Reich" antworteten (Arbeitsgruppe Bildungsbericht 1994, S. 33).

Sowjetisierung oder Restauration

In der sowjetischen Besatzungszone fanden die Entnazifizierungen gründlicher statt als in den Westzonen. Man schaltete unter dem Titel der Entnazifizierung allerdings nicht nur ehemalige Nazis, sondern auch Regimegegner aus und etablierte "sowjetisierte" Wirtschaft, Staat und Bildungswesen. Die Westzonen und die Ostzone unterschieden sich auch darin, wie Deutsche bei der Neugestaltung einbezogen wurden. Die Sowjetunion gab den Aufbau von Anfang an in die Verfügung deutscher Exilkommunisten, die schon während des Krieges in Moskau geschult worden waren. Die Westmächte gingen diesen Weg erst verzögert und setzten dann auf die konservativen Eliten der Weimarer Republik (Görtemaker 1999, S. 31). Damit waren die Weichen in Richtung eines radikalen Umbaus des Bildungswesens im Osten und Restauration des überkommenen deutschen Bildungssystems im Westen bereits gestellt.

Die Neuorientierung der amerikanischen Reeducation-Politik

Bereits 1946 begannen die britischen und amerikanischen Politiker die kommunistische Sowjetunion als eine größere Gefahr für den Westen als Deutschland anzusehen und zugleich eine Allianz von Deutschland und Russland zu befürchten: Die größte Gefahr sei ein "wieder erstarkendes Deutschland, das gemeinsame Sache mit Russland macht" (Außenminister Ernest Bevin, zitiert nach Görtemaker 1999, S. 36). Die Westmächte wechselten bald ihren Kurs von der Kooperation mit Russland hin zu einer Politik der "Eindämmung" des Kommunismus. Der Marshall-Plan von 1947 bis 1952, ein umfangreiches Programm zum wirtschaftlichen Wiederaufbau Europas war ebenso ein Element dieser Politik wie der organisatorische Zusammenschluss der drei Westzonen. Die Deutschen im Westen wurden für die Amerikaner immer mehr vom zu erziehenden Problemfall zum zu fördernden Partner. Dieser Perspektivenwechsel konnte für die Reeducation-Politik nicht ohne Folgen bleiben.

Westzone: vom Problemfall zum Partner

Darüber hinaus wurden die Paradoxa einer Zwangsdemokratisierung immer deutlicher. Die Pläne der Militärregierungen, ein modernes Bildungswesen aufzubauen, das demokratische Strukturen unterstützen sollte, stießen bei den zum Aufbau herangezogenen konservativen Eliten auf wenig Gegenliebe. Die Militärregierungen gerieten mit ihren Reformplänen in ein Dilemma: Wenn sie eine aktive und autoritäre Umerziehungspolitik verfolgten, wie zu

Anfang die USA, mobilisierten sie ein "Anti-Besatzer-Ressentiment", das jede Wirksamkeit verhinderte. Versuchten sie es jedoch mit pragmatischeren Methoden der "indirekt rule" wie die Briten, so war ihr Einfluss von vornherein begrenzt (Herrlitz u.a. 1993, S. 163 ff; vgl. auch Bungenstab 1970, S. 38 f). Unter der neuen Weichenstellung kam man den Deutschen nun immer mehr entgegen und akzeptierte ihre konservativen bildungspolitischen Konzeptionen. Die neuen Direktiven der amerikanischen Besatzungsmacht (ab JCS 1776) und die Direktive des Kontrollrats Nr. 54 zum Bildungswesen versuchten dem Rechnung zu tragen. JCS 1779 enthält die Anweisung:

> "Your Government holds, that the reeducation of the German people is an integral part of policies intended to help develop a democratic form of government and to restore a stable and peaceful economy; it believes, that there should be no forcible break in the cultural unity of Germany, but recognizes the spiritual value of the regional traditions of Germany and wishes to foster them; it is convinced that the manner and purposes of the reconstruction of the national German culture has a vital significance for the future of Germany" (zit. nach Bungenstab 1970, S. 180).

Schon im zweiten und dritten Jahr der Besatzung wurde die Verantwortung für das Bildungswesen an die Kultusminister der neu gegründeten Länder abgegeben. Die Pläne der Reeducation wurden immer weiter zurückgenommen, man begnügte sich damit, über die Fortschritte im Schulwesen anderer Länder zu informieren.

Die Neuordnung des Schulsystems in den Westzonen

Diese Zusammenhänge können an der Entwicklung des Schulsystems noch einmal verdeutlicht werden: Als die Schulen im Herbst 1945 wiedereröffnet wurden, fehlte es in großem Ausmaß an Schulräumen und durch die Entnazifizierung gab es einen akuten Lehrermangel. Man dachte zunächst daran, die Schulbücher der Weimarer Republik wieder einzuführen, aber auch diese erwiesen sich wegen der darin vertretenen nationalistischen und militaristischen Ideologie als unbrauchbar (Bungenstab 1970, S. 99 ff). Angesichts der materiellen Not musste man sich mit dem Nötigsten behelfen.

Die wohl folgenschwerste bildungspolitische Entscheidung bestand darin, mangels alternativer Pläne, das alte dreigliedrige Schulsystem, das sich während der nationalsozialistischen Herrschaft verfestigt hatte, zu übernehmen. Erst eine Kommission amerikanischer Erziehungswissenschaftler, die Deutschland bereiste, forderte eine zentrale Reform des Schulsystems und eine flächendeckende Einführung der Gesamtschule. Sie argumentierte vor allem mit der politischen Prägung, die die Schüler/-innen durch die unterschiedlichen Schulen der Weimarer Zeit erhalten hatten:

"Dieses System hat bei einer kleinen Gruppe eine überlegene Haltung und bei der Mehrzahl der Deutschen ein Minderwertigkeitsgefühl entwickelt, das jene Unterwürfigkeit und jenen Mangel an Selbstbestimmung möglich machte, auf denen das autoritäre Führerprinzip gedieh. [...] Es ist augenscheinlich, daß das Erziehungssystem eines Landes die Grundlagen des Klassengeistes verstärken oder auch eine kulturelle Gemeinschaft aller Bürger aufbauen kann. Für eine demokratische Gesellschaft kommt nur die zweite Möglichkeit in Frage" (Zook-Kommission, zitiert nach Herrlitz u.a. 1993, S. 161).

Schule: kulturelle Gemeinschaft oder Kastenwesen?

Ein Schulsystem mit getrennten Zügen (Hauptschule, Realschule, Gymnasium), so das Argument, unterstütze die fatale Struktur von Gehorsam, Führung und Gefolgschaft, die als eine der Ursachen der Naziherrschaft betrachtet wurde. Eine Demokratie kann sich aber kein "Kastenwesen" leisten, in dem eine Schicht der Führenden und eine Schicht der Gehorsamen durch das Erziehungssystem erzeugt werden. Nur eine gemeinsame Schule kann eine kulturelle Gemeinschaft von Bürgern hervorbringen.

Die Kontrollrats-Direktive Nr. 54 von 1947 nahm diese Vorschläge der Zook-Kommission als verbindlich auf. Reformvorschläge deutscher Schulpolitiker der ersten Jahre gingen in eine ähnliche Richtung. Zu den neuen Konzepten gehörte in der Regel eine Erweiterung der Grundschule auf sechs Jahre. Erst danach sollten Schultypen differenziert werden. Modelle in Hessen und Niedersachsen enthielten zudem einen gemeinsamen Kern-Unterricht für die Mittelstufe und weitgehend angenäherte Lehrpläne. Das Berliner Schulgesetz von 1948 enthielt sogar eine zwölfjährige Einheitsschule, die ab der 8. Klasse mit einem gemeinsamen Kern-Unterricht in einen berufspraktischen und einen wissenschaftlichen Zug differenzierte (Herrlitz u.a. 1993, S. 162).

Abwehr von Reformansätzen

Einer der wichtigsten Akteure in den Bildungsreformen der BRD, der ehemalige hessische Kultusminister und spätere Leiter des Frankfurter Instituts für Sozialforschung, Ludwig von Friedeburg, zeigt in seiner Monografie für die einzelnen Bundesländer, dass es in den ersten Jahren eine ganze Reihe von Ansätzen und Projekten zur Schulreform gab. Die projektierten Reformansätze scheiterten allerdings entweder bereits im Vorfeld an der Gesetzgebung, oder sie wurden von konservativ-liberalen Nachfolgeregierungen rückgängig gemacht (vgl. Friedeburg 1989, Kapitel V). Die Gründung der BRD und die Orientierung der Bildungspolitik an der Eindämmung des Kommunismus verstärkte diese restaurative Tendenz.

Herrlitz, Hopf und Tietze urteilen in ihrer "Deutschen Schulgeschichte":

"In der Folge dieser Veränderungen der Deutschlandpolitik der Westalliierten gewann im Bildungswesen der konservative Block aus CDU/CSU, Kirchen, Philologen- und Realschullehrerverband, Unternehmervereinigungen und Vertretern der Hochschulen die

Oberhand. Ihre je besonderen Interessen trafen sich im Verhindern und Zurückschrauben der demokratischen Schulreformansätze der Nachkriegsjahre" (Herrlitz u.a. 1993, S. 164).

Die Position der Erziehungswissenschaft

Auch die in der Weimarer Zeit prominent gewordenen geisteswissenschaftlichen Pädagogen stützten die Abwehr der Strukturreformen. Eduard Spranger lehnt in einem Artikel auf Anfrage der "Wirtschaftszeitung" von 1949 jede "äußere" Reform des Bildungswesens strikt ab und fordert dagegen eine "Innere Schulreform", was eine Rekonstruktion des dreigliedrigen Systems mit einer vierjährigen Grundschule, einer Volksschule, Real- und Mittelschulen sowie höheren Schulen bedeutete (Tenorth 1992, S. 265). Als Rechtfertigung diente noch für einige Jahre die Begabungstheorie. So veröffentlichte der Pädagoge Heinrich Weinstock 1956 erneut sein Buch von 1936, in dem er den drei Schultypen drei Begabungstypen und schließlich drei gesellschaftliche Funktionen zuwies. Der Bildungshistoriker Heinz-Elmar Tenorth stellt diese Anschauung in Zusammenhang mit der alten ständischen Gesellschaft: Die "Hierarchie von Kompetenzen und von Rechten in der Gestaltung und Aufsicht über Arbeitsverhältnisse: niedere, zu überwachende Tätigkeiten für die Massen, Anleitungsfunktionen für die mittleren sowie Leitungs- und Kontrollfunktionen für die Berufe am oberen Ende der Skala der sozialen Hierarchie. Die Ständegesellschaft, [...] wird 1956 in solchen Überlegungen theoretisch wiederhergestellt" (Tenorth 1992, S. 266).

Begabungstheorie als Legitimation

Das Schulwesen in der sowjetischen Besatzungszone

Nur in der sowjetischen Besatzungszone wurde das Bildungswesen von Grund auf neu gestaltet. Die sozialistische Reform des Bildungswesens war neben Umbau und Kontrolle des politischen Systems und des Wirtschaftssystems einer der Schwerpunkte der kommunistischen Politik. Bereits 1946 wurde ein Schulgesetz verabschiedet, das umfassende Reformen vorsah. Auf die achtjährige gemeinsame Grundschule folgte eine Oberstufe mit der Differenzierung in Berufsschulen, Fachschulen und einer vierjährigen Oberschule mit Abiturabschluss. Im Gesetz heißt es, dass die "demokratische Einheitsschule" der "Brechung des Bildungsmonopols" bevorrechtigter Bevölkerungsschichten und der besonderen Förderung bisher beim Hochschulzugang Benachteiligter dienen sollte (Anweiler u.a. 1992, S. 15). Das Bildungswesen wurde damit vollständig verstaatlicht, vereinheitlicht, zentralisiert und säkularisiert.

Brechung des Bildungsmonopols

Nach der Gründung der DDR kam es jedoch zu einer Neuorientierung der Schul- und Hochschulpolitik. In einem radikalen Bruch mit der "bürgerlichen Tradition" wurde das Bildungswesen von den Sowjets nach der unter Stalin in den 30er Jahren entwickelten sozialistischen Pädagogik reorganisiert und in seiner Struktur und in seinen Inhalten autoritär ausgerichtet. Der Frontalunterricht und die systematische Wissensvermittlung wurden als verbindlich vorgeschrieben. In dem "Erlass zum Unterricht" heißt es:

> "Alle Unterrichtsmethoden, die diesen didaktischen Prinzipien widersprechen oder sie abschwächen, sind aus dem Unterricht zu entfernen. Das sind alle reaktionären, imperialistischen Unterrichtsmethoden" (zitiert nach Tenorth 2000, S. 285).

Sowjetisierung und Restauration

Gemeint waren alle didaktischen Innovationen, die unter Reformern der Weimarer Republik entwickelt wurden. Damit zeigte das Bildungswesen der DDR eine ambivalente Gestalt und eine eigene Form einer restaurativen Pädagogik.

Der Wiederaufbau der Erwachsenenbildung

Die Erwachsenenbildung wurde im Rahmen der Reeducation als bedeutender Faktor betrachtet, sie sollte alle Erwachsenen und insbesondere jene, die während des Nationalsozialismus die Schule besucht hatten oder im Rahmen der Hitler-Jugend sozialisiert waren, mit demokratischen Lebensformen und den Prinzipien einer offenen Gesellschaft vertraut machen. Das "Adult-Education Manual" der OMGUS (Office of Military Government of Germany, US) vom Herbst 1946 enthielt gegenüber den ersten Direktiven präzisierte Vorstellungen vom künftigen Erwachsenenbildungssystem. Josef Olbrich, der die bisher umfassendste Geschichte der Erwachsenenbildung in Deutschland vorgelegt hat, referiert:

Demokratische Lebensformen durch Erwachsenenbildung?

> "Dabei sollte die Erwachsenenbildung als ein integraler Bestandteil des in der Entwicklung befindlichen Erziehungsprogramms dazu beitragen, ‚Militarismus und aggressiven Nationalismus' und vergleichbare Erscheinungsbilder der deutschen Erziehungstradition auszumerzen. Die Erwachsenenbildung sollte zugleich ‚die Wirkungsmöglichkeiten des deutschen Volkes aktivieren' und entwickeln, damit dieses unter der Kontrolle der Militärregierung selbst an diesem politisch-pädagogischen Programm einer neuen politischen Kultur und einer grundlegenden Mentalitätsänderung der Deutschen mitarbeiten könne" (Olbrich 2001, S. 314).

Die Alliierten waren sich einig, dass der größte Organisationsverbund der Erwachsenenbildung in der Weimarer Republik, die Volkshochschulen, wiederaufgebaut werden sollten. In Berlin, Hamburg und Nürnberg wurden schon 1945 die ersten Volkshochschulen eröffnet, 1946 fanden die ersten Volkshochschultagungen statt (vgl. Wolgast 1996, S. 208). Der Ausbau erfolgte in den vier Besatzungszonen jedoch sehr unterschiedlich. In der sowjetischen Besatzungszone (SBZ) wurden die Einrichtungen verstaatlicht und zentral organisiert, die Lehrpläne wurden vereinheitlicht und die Teilnahme war teilweise verpflichtend. Das erste Volkshochschulgesetz in der SBZ wurde schon 1947 vom Landtag in Brandenburg verabschiedet (vgl. Siebert 1994, S. 54).

In den westlichen Besatzungszonen entwickelte sich hingegen eine heterogene Struktur mit einer pluralistischen Trägerschaft unter einer gewissen Vorrangstellung der Volkshochschule, während auch andere Träger wie die Kirchen, die Gewerkschaften und die Wirtschaftsverbände Weiterbildungseinrichtungen etablierten. In der amerikanischen Zone mussten in den ersten Jahren Wiedereröffnungen von Einrichtungen, die Einstellung von Personal sowie Bildungsprogramme und räumliche Voraussetzungen von den zuständigen amerikanischen Erziehungsoffizieren vor Ort genehmigt werden. Die britische Besatzungspolitik war weit mehr an einer Kooperation mit den deutschen Erwachsenenbildnern als an deren Kontrolle interessiert und forderte die Behörden vor Ort auf, Vorschläge zum Wiederaufbau zu unterbreiten. Die französische Militärregierung brachte keine eigenen Vorstellungen ein, sondern beschränkte sich darauf, den Aufbau der Volkshochschulen zu gestatten, während sie für den Aufbau des Schulwesens durchaus radikale Reformkonzepte unterbreitete (vgl. Olbrich 2001, S. 319 f).

Es begann daher ein breiter Prozess der Institutionalisierung der Erwachsenenbildung, der aber weitgehend spontan und unsystematisch war und von Aktivität und Initiative der örtlichen Gruppen abhing (vgl. Olbrich 2001, S. 325). Es zeigte sich zudem bald, dass viele deutsche Volksbildner andere Vorstellungen und ein anderes Aufgabenverständnis hatten als die Alliierten und ihren Konzepten misstrauten. Diese gründeten ihre eigenen Einrichtungen, die Briten die Kulturhäuser "die Brücke" und die USA die "Amerika-Häuser" (Feidl-Merz 1975, S. 19).

Institutionalisierung der Erwachsenenbildung

Der Bereich der Weiterbildung war in Deutschland traditionell wenig institutionalisiert. Für die öffentliche Finanzierung waren in der Regel die Kommunen zuständig, was zu sehr unterschiedlichen Verhältnissen in den einzelnen Städten führte. Diese institutionellen Bedingungen änderten sich in der BRD erst im Laufe der 50er Jahre. Man entwickelte das Aufgabenverständnis, Weiterbildung sei eine Dienstleistung der Kommune und des Sozialstaats. Das erste Gesetz entstand 1953 in Nordrheinwestfalen (NRW) noch als Volkshochschulfinanzierungsgesetz, während es bei den weiteren Gesetzgebungen in den 60er Jahren mehr und mehr darum ging, Weiterbildung als vierten Sektor des Bildungswesens zu gestalten und zu regeln, es handelte sich also erst hier um Weiterbildungsgesetze. Obwohl in Niedersachsen schon 1947 die ersten Gesetzesentwürfe in den Landtag eingebracht wurden, also im selben Jahr wie in Brandenburg (s.o.), dauerte das Ringen zwischen den Trägern und den politisch Verantwortlichen 14 Jahre, bis 1961 das erste Weiterbildungsgesetz verabschiedet werden konnte (vgl. Siebert 1994, S. 54).

Es hatte in der Weimarer Zeit eine Bewegung von Erwachsenenbildnern gegeben, die ein innovatives methodisches Repertoire und ein emphatisches Aufgabenverständnis entwickelte. Dieser reformpädagogische Ansatz bezeichnete sich als "Neue Richtung" oder auch als "Hohenrodter Bund". Der Wiederaufbau der Volkshochschulen wurde vor allem von Erwachsenenbildnern dieser Gruppe wie Eduard Weitsch, Theodor Bäuerle oder Adolf Grimme getragen, ihre Publikationsorgane wie die "Freie Volksbildung" wurden zunächst reaktiviert. Die Versuche, eine begeisterte Volkshochschulbewegung wie in den 20er Jahren zu reaktivieren, verliefen aber eher enttäuschend. Eduard Weitsch trat schon 1947 als Herausgeber der "Freien Volksbildung" zurück, die daraufhin ihr Erscheinen einstellte. In der letzten Ausgabe fragte er wehmütig: "Gibt es heute eine Volkshochschulbewegung in Deutschland?" und kritisierte das "Überwuchern der Nützlichkeiten in den Lehrplänen" (Weitsch, zitiert nach Siebert 1994, S. 54).

Es bestanden zu viele Differenzen im Aufgabenverständnis zwischen der Generation der Hohenrodter und den jungen Erwachsenenbildnern: "Es gelang nicht, die alten Hohenrodter und die neuen, jungen Erwachsenenbildner zu einer gemeinsamen Vorstellung über die neuen Aufgaben der Erwachsenenbildung in einer neuen Zeit zu bringen. Schon der romantisierende und überhöhte Sprachduktus und die Anknüpfung an zentrale Begriffe der Weimarer Volksbildungstheorie bzw. Gemeinschaftsideologie zeigten, dass es zu keiner geistig-kulturellen Erneuerung kam" (Olbrich 2001, S. 327).

Pragmatismus oder geistig-kulturelle Bildung?

Die jüngeren Erwachsenenbildner bevorzugten pragmatischere Konzepte, orientierten sich an konkreter Lebenshilfe und scheuten einen emphatischen Ansatz. Anstatt nationaler Ideen und der Betonung der Notwendigkeit der "Volksgemeinschaft" wurden Vorstellungen internationaler Partnerschaft in den Mittelpunkt gerückt. Dennoch lebten einige der Weimarer Prinzipien weiter: die methodisch-didaktische Orientierung an kleinen "Arbeitsgemeinschaften", das Ziel, nicht die Massen, sondern "aktive Minderheiten" anzusprechen, sowie die insgesamt eher technikfeindliche und kulturpessimistische Haltung. Man orientierte sich an der geistig-kulturellen Bildung, während die berufliche Bildung zunächst außen vor blieb. Der Rückzug auf die "Innerlichkeit" verstärkte sich (vgl. Olbrich 2001, S. 330 ff).

Während man der deutschen Exilliteratur oder der von den Nazis als "Entartete Kunst" gebrandmarkten künstlerischen Avantgarde als Themen der Erwachsenenbildung große Aufmerksamkeit schenkte, spielte die direkte Auseinandersetzung mit dem Faschismus keine Rolle, man scheute sowohl unter den Hohenrodtern wie unter der jüngeren Generation die Aufarbeitung der Vergangenheit (Dickau 1980, S. 32 f).

Restauration oder Neubeginn

Wie lässt sich der Wiederaufbau des Bildungswesens bilanzieren? Karl-Ernst Bungenstab kommt aufgrund zahlreicher sozialwissenschaftlicher Untersuchungen zur Mentalität der Deutschen in den 60er Jahren zu dem Ergebnis, dass das entscheidende Ziel der Umerziehung, die Etablierung einer demokratischen Kultur, nicht gelungen sei (vgl. Bungenstab 1970, S. 163-165). Ist die Reeducation also gescheitert? Gab es einen Neuanfang? Bis heute sind diese Fragen umstritten. Während konservative Vertreter der Disziplin immer wieder darauf hingewiesen haben, dass es doch beachtlich sei, dass der Unterricht überhaupt wieder aufgenommen werden konnte und dass im kleinen doch eine ganze Reihe von Neuansätzen möglich wurden, kritisieren Bildungsreformer seit den 50er Jahren die "Restauration" des Weimarer Bildungssystems und den "versäumten Neubeginn" (Friedeburg 1989, S. 281). Abgesehen von den organisatorischen Problemen der Reeducation, die auch auf das Auseinanderklaffen einer engagierten Rhetorik mit hohem moralischem Anspruch und einer geringen finanziellen und personellen Ausstattung der Bildungspolitik für die amerikanische Regierung zurückzuführen sind, verweist die Problematik des Neuanfangs nach 1945 auf eine Reihe von Strukturproblemen.

Erfolg im Kleinen oder versäumter Neubeginn?

Beim Einstieg in dieses Kapitel gingen wir mit dem Zitat von Horst Siebert von dem Gegensatz informeller und formeller Bildung aus. Das Programm der Reeducation ist ein Beispiel für den Versuch, durch eine ganze Reihe von Interventions- und Steuerungspraktiken eine Gesellschaft als Ganze in ihren Grundstrukturen und die Mentalität ihrer Bevölkerung zu verändern. Diese Steuerung wurde bisweilen eher direkt, in anderen Fällen eher indirekt, beispielsweise durch Auswahl geeigneter Personen vorgenommen. Dem System formeller Bildung, der Schule und den Institutionen der Erwachsenenbildung galt dabei der Hauptfokus. Insofern ist die Reeducation ein typisches modernes Projekt (auf den Begriff der Moderne und seine Implikationen werden wir noch zurückkommen). Solche bildungspolitischen Projekte auf der Makro- (gesamte Gesellschaften oder ganze Gesellschaftsgruppen) wie auf der Mikroebene (Unterrichts- und Seminarsituationen oder das Verhältnis von Lehrenden und Lernenden) gehören zum Gegenstand der Erziehungswissenschaft.

Diese Steuerungsversuche scheiterten allerdings, auch wenn eine kleine Gruppe von deutschen Bildungsreformern sich vehement dafür einsetzte, an den gesellschaftlichen Verhältnissen. Der bürgerlich-konservative Block hatte nach wie vor die gesellschaftliche Hegemonie. Mit Hilfe zahlreicher Praktiken, wie dem Ausstellen von "Persilscheinen", oder der Taktik der bayrischen Vertreter, die Schulöffnungen hinaus zu zögern, gelang es konservativen Akteuren, die Entnazifizierungs- und Reeducationbemühungen zu neutralisieren. Nachdem die Entscheidungsgewalt an die Bundes- und Länderregie-

Hegemonie des konservativen Blocks

rungen übergegangen war, setzten sich die Interessen und Konzepte dieses Blocks durch.

Die meisten Vertreter der deutschen Pädagogik gehörten zu diesem bürgerlich-konservativen Block und verweigerten sich einer amerikanischen oder britischen "Umerziehung". Sie hatten einerseits andere Vorstellungen von Erziehung, Bildung und Demokratie und waren andererseits nicht der Auffassung, dass die deutsche Pädagogik und ihre theoretische Tradition angesichts des nationalsozialistischen Regimes versagt hatten. Darüber hinaus konnten viele im amerikanischen Lebensstil keine Alternative erblicken. Es kam daher nach 1945 nicht nur zu einem Rückgriff auf das alte System in Schule und Erwachsenenbildung, sondern auch auf die alten Theorien und Ideen. Die ersten Ausgaben der pädagogischen Zeitschrift "Die Sammlung", die Sie in den meisten Universitätsbibliotheken finden dürften, illustrieren diese geistige Haltung eindrücklich.

Als Beispiel sei ein Zitat von Hermann Nohl zur "Lage im gegenwärtigen Deutschland" 1947 herangezogen:

> "Unser Kompaß sei die einfache Sittlichkeit, ein standhafter Glaube an die Ewigkeit der geistigen Welt [...] Wurde bisher sehr laut gesprochen, so wollen wir still und sachlich werden, und wurden Phantasie und Gedanken unseres Volkes zu lange einseitig nach außen gewiesen, so wollen wir sie wieder nach innen lenken und zur Sammlung führen" (Nohl, zitiert nach Glaser 2000, S. 73).

Ost-West-Differenz

Die Sowjetisierung in der DDR und die Restauration in der BRD lassen sich als komplementäre Entwicklungen im Auseinanderdriften der politischen Blöcke verstehen. Die Einheitsschule, die in den ersten Jahren noch von allen Besatzungsmächten als Element der Demokratisierung betrachtet worden war, *Demokratisierung* wurde zum politischen Symbol dieser Differenz: Alle Versuche, sie zu ver-*oder kommunisti-* wirklichen, galten in der BRD seitdem als "kommunistische Nivellierung" *sche Nivellierung?* (Herrlitz u.a. 1993, S. 165).

Die Themen dieses Abschnittes werden Ihnen im Folgenden wieder begegnen. Einerseits die geisteswissenschaftlichen Pädagogen in ihrer Etablierung der Erziehungswissenschaft in der Weimarer Republik, andererseits die Diskussionen um alternative Schulmodelle in den 70er Jahren. Die Idee einer Gesamtschule und das Verhältnis von Begabung und Lernen wurden ab den späten 60er Jahren erneut diskutiert. Die Schulen der DDR dienten dabei manchmal sogar als Vorbild für Schulreformen in der Bundesrepublik. Allerdings wurde diese Diskussion aufgrund anderer sozioökonomischer Voraussetzungen mit anderen Argumenten geführt (vgl. Kapitel 2.4.2).

Vor allem zwei Strömungen wurden von den Erziehungswissenschaften 1945 wieder aufgegriffen: die praktischen Ansätze der reformpädagogischen Bemühungen seit der Jahrhundertwende und die geisteswissenschaftliche Pädagogik. Letztere war bis in die 60er Jahre der vorherrschende wissenschaftliche Ansatz. Warum die Vertreter dieser Ansätze sich gegen die Reeducation der Alliierten sträubten und bis 1960 eine konservative Grundströmung in Westdeutschland etablierten, wird in den nächsten Kapiteln deutlich werden.

2.2 Reformpädagogik

Bei dem Versuch, einen Überblick über die so genannte "Reformpädagogik" zu bekommen, steht man vor einer Reihe heterogener Konzepte, Intentionen, Akteuren, Bewegungen, Modellschulen, didaktischen Praktiken etc. Während wir in späteren Abschnitten auf einige Positionen, Ansätze und Entwicklungen differenzierter eingehen werden, möchten wir zunächst Versuche nachzeichnen, der "Reformpädagogik" eine Einheit zu verleihen.

Manchmal werden mit dem Begriff neue oder alternative pädagogische Konzepte im Allgemeinen bezeichnet. Üblich ist es allerdings, damit auf eine bestimmte Epoche in der Geschichte der Pädagogik zu verweisen, die vom Ende des 19. Jahrhunderts bis zum Ende der Weimarer Republik reicht. Diese Deutung hat der geisteswissenschaftliche Pädagoge Hermann Nohl in den 20er Jahren entwickelt (Nohl 1961, S. 15). Er bezeichnet die Reformpädagogik als "deutsche pädagogische Bewegung", ein homogenes Kollektiv, das im Kampf gegen die verhärteten Verhältnisse des 19. Jahrhunderts neue Formen der Erziehung setzt und sich in mehreren Phasen bis in die 30er Jahre entwickelt. Nohls Deutung folgt dem reformerischen Sendungsbewusstsein der Akteure und ihren Abgrenzungen gegen andere "veraltete" Akteure im Feld, begründet diese Oppositionen aber im Rückgriff auf große historische und philosophische Linien, die er zu zeichnen versteht. Die meisten späteren Darstellungen folgten dieser Konstruktion einer Einheit der Reformpädagogik (z.B. Flitner / Kudritzki 1961; Röhrs 1991; Scheibe 1994).

Reformpädagogik als Epoche oder als Alternative?

Gleichwohl ist Nohl nicht der erste, der die Differenz alte Pädagogik – neue Pädagogik gebraucht und gleichwohl ist seine Deutung weder unproblematisch noch unumstritten. Bestimmte historische Zeitabschnitte als Einheit zu fassen und nach ihren Charakteristika zu fragen, also auf die eine oder andere Weise Epochen zu isolieren, ist eine gängige geschichtswissenschaftliche Praktik. Ob dies mithilfe des Titels "Reformpädagogik" möglich ist, bezweifelt der Erziehungswissenschaftler Jürgen Oelkers. Es gibt eine gewisse stärkere Kontinuität zwischen 1890 und 1930, aber die Suche nach den Anfängen reformpädagogischer Konzepte und Argumentationen führt immer noch weiter zurück in die Geschichte. Bei einem großen Teil der Literatur findet Oelkers zudem etwas, das er "Applikationshermeneutik" nennt: also "unmittelbare Verwertungsinteressen, die Reformpädagogik mit *richtiger Praxis* gleichsetzen und den Kanon der Einheitlichkeit nutzen, um Legitimationsbedürfnisse zu erfüllen." (Oelkers 1996, S. 8, Hervorh. im Original). Viele Bezugnahmen auf diese historische Epoche sind also Anschlüsse, die nach ihrem Gehalt für aktuelles pädagogisches Handeln fragen. Als Beispiel für diese Position kann eine These von Röhrs dienen, "daß die Reformpädagogik das Fundament unserer gegenwärtigen pädagogischen Existenz bildet. Hinter unseren Planungen und Handlungen steht bewußt oder unbewußt ihr Gedankengut" (Röhrs 1991, S. 10). Dass die Reformpädagogik anschlussfähig und würdig ist, wird dabei vorausgesetzt, sodass eine kritische Infragestellung der "besonderen Qualität" der Reformpädagogik gar nicht denkbar ist.

Richtige Erziehung durch permanente Reform

Oelkers zeigt, dass alle reformpädagogischen Konzepte eine Auffassung teilen, nämlich dass gesellschaftlicher Fortschritt durch die *richtige Erziehung* zu erreichen sei, eine Auffassung, die seit der Reformation eine Grundüberzeugung moralischer Kommunikation ist. Es handele sich um "die gleiche Mischung aus Weltverbesserung und pragmatischer Veränderung; und weil diese Mischung nie zusammenstimmt, kann sie nur ambivalent begriffen werden, auf der linken Seite des Spektrums ebenso wie auf der rechten" (ebd.: 25).

Reformpädagogische Ansätze sind nach Oelkers demnach als Reaktion auf Modernisierungsprozesse zu verstehen, es handele sich um ein Phänomen, das mit jeder pädagogischen Praxis auftaucht. Das Projekt einer umfassenden Durchsetzung von Bildung durch die Institution Schule selbst provoziert eine antiinstitutionelle reformpädagogische Strömung. Zugleich werden reformpädagogische Konzepte, wenn sie realisiert und institutionalisiert werden, zu einem Teil derselben Institution, gegen die sie sich wenden. Die reformpädagogische Emphase wird dadurch zu einer wiederkehrenden Figur in der Pädagogik.

Reformpädagogik als Identität

Die Reformpädagogik als eine Einheit zu betrachten, und diese Einheit in einer Bewegung, einer kollektiven Intentionalität und Subjektivität zu sehen, ist daher weder richtig noch falsch. Die konstruierte Einheit ist aber keine natürliche Einheit, die der Sache selbst anhaftet, es handelt sich vielmehr um eine Selbstbeschreibung der reformpädagogischen Akteure, die über alle Verschiedenheit der Ansätze hinweg ihre reformpädagogische Identität permanent neu erfinden. In genau diesem Sinne ist sie dann auch ein Teil des Feldes, insofern Selbstvergewisserungen und Reflexionen ein Teil der Praxis sind.

Nach der folgenden Darstellung reformpädagogischer Positionen und Entwicklungen werden wir unter der Überschrift "Geschichte und Geschichten" nochmals auf jene identitätsbildenden Praktiken eingehen und sie analytisch als eine reformpädagogische Narration fassen, die für das reformpädagogische Bewusstsein konstitutiv geworden ist. Im ersten Abschnitt möchten wir den sozio-historischen Kontext skizzieren, der die Bedingung für die Entwicklung war. Im zweiten Abschnitt wird die "Entdeckung" der Kindheit und Jugend als Lebensphase behandelt, der wir eine andere Deutung kontrastieren, die diesen Prozess nicht als "Entdeckung", sondern als "Erfindung" beschreibt. In den weiteren Abschnitten werden wir einzelne reformpädagogische Bemühungen in der Schule und in der Volksbildung skizzieren.

2.2.1 Sozio-historischer Kontext

Die pädagogischen Reformansätze haben einen sozial- und mentalitätsgeschichtlichen Kontext, den wir im Folgenden explizieren möchten. Die Erforschung solcher historischen Zusammenhänge hat sich erst in den 50er Jahren in den Geschichtswissenschaften und der pädagogischen Historiographie etabliert. Neuere Ansätze wie Sozialgeschichte, Mentalitätsgeschichte, die Geschichte der Strukturen etc. zeichnen sich durch mindestens zwei Merkmale aus: Sie setzen gegen ein Verständnis der Geschichte der Pädagogik als Werk innovativer Einzelpersonen die Analyse der Strukturen und Verhältnisse, in denen pädagogische Konzepte und Institutionen möglich werden. Und sie setzen gegen ein Verständnis von Geschichte als Abfolge von Ereignissen an der Oberfläche der Zeit die Veränderungsprozesse mit längerer Dauer, die den handelnden Akteuren meist nicht bewusst sind (vgl. Braudel 1977; Kocka 1977, S. 48 ff; Le Goff u.a. 1990, S. 11 ff).

Geschichte als Strukturen und Verhältnisse

Wirtschaftliche, soziale und politische Transformationen

Im 18. und 19. Jahrhundert erlebten die Gesellschaften Europas einen grundlegenden Umbau ihrer Strukturen. Aus agrarischen Ständegesellschaften entwickelten sich nationalstaatlich geformte, moderne Industriegesellschaften. Das Territorium, das heute als Deutschland bezeichnet wird, hat diesen Prozess später angetreten als andere europäische Staaten, vor allem später als England und Frankreich. Nationalstaatsbildung und Industrialisierung fanden gleichzeitig und ungemein beschleunigt in nur 30 Jahren zwischen der gescheiterten politischen Revolution von 1848/49 und der Reichsgründung 1871 statt (Wehler 1995, S. 1250).

Politisch bestand das deutschsprachige Territorium aus zahlreichen kleinen Staaten und Fürstentümern. Dem preußische Ministerpräsidenten Otto von Bismarck war es gelungen, dieses Territorium in einer Reihe von Hegemonialkriegen zu einen und 1971 das Deutsche Kaiserreich unter preußischer Vorherrschaft zu gründen. Die Reichsgründung brachte den vom Bürgertum lang ersehnten deutschen Nationalstaat, wenn auch unter Verzicht auf Österreich-Ungarn.

Modernisierung und Bildung eines Nationalstaates

Mit der industriellen Revolution veränderte sich die ökonomische und soziale Struktur der Gesellschaft nachhaltig. Trotz seiner "Verspätung" in den Modernisierungsprozessen gehörte Deutschland aufgrund seiner Industrialisierungserfolge schon in den 70er Jahren des 19. Jahrhunderts wirtschaftlich verblüffend schnell zur internationalen Spitzengruppe. Dabei kam es zu einem enormen Bevölkerungswachstum und zu den größten Binnenwanderungen der deutschen Geschichte von Ost nach West und von den ländlichen Gebieten in die immer größer werdenden Städte (Wehler 1995, S. 513).

Das soziale Feld als Kräfteverhältnis

Die sich entwickelnde kapitalistische Ökonomie, mit ihren Effekten der Industrialisierung und Urbanisierung sowie den spezifischen Machtkonstellationen, die sie hervorbrachte, erzeugte ein neues, sehr konfliktreiches Feld sozialer Gruppen (Bourdieu 2001, S. 340).

Machtkonstellationen

Die traditionelle Machtelite waren die preußischen adeligen Grundbesitzer, die Junker, zu deren Schicht der Reichskanzler Bismarck gehörte, und die sowohl den Kaiser stellten, als auch Heer und Verwaltung bestimmten. Dieser Elite gelang es lange, die neu entstehenden Gruppen – das Bürgertum und die Arbeiterschaft – von der politischen Macht fernzuhalten. Das Bürgertum scheiterte zwar in der Revolution von 1848, aber es hatte doch soviel Einfluss gewonnen, dass auch die liberal-demokratische Fraktion sich zunehmend staatsloyal verhielt und ihre kritische Haltung aufgab. Ökonomische Prosperität und der außenpolitische Machtzuwachs taten ihr Übriges, um das liberale Bürgertum mit dem Bismarckschen Staat zu versöhnen. Die konservative Fraktion des Bürgertums hatte dessen Linie ohnehin unterstützt. Eine weitere Teilfraktion war das Bildungsbürgertum, es ist in pädagogischem Kontext besonders relevant, weil es die Trägerschicht der pädagogischen Ideen der Aufklärung und der neuhumanistischen Bildungsidee war. Trotz seiner verschwindend geringen Zahl von ca. 1% der Bevölkerung bildete es die weithin akzeptierte norm- und wertsetzende kulturelle Elite. Es bestand aus "hochprivilegierten Modernisierungseliten" im höheren Staatsdienst oder in akademischen Laufbahnen (Wehler 1995, S. 1271). Bis zum Ende des Kaiserreichs verlor das Bildungsbürgertum jedoch immer mehr an politischem Einfluss, während das konkurrierende Wirtschaftsbürgertum erstarkte. Eine wachsende Zahl der Bildungsbürger zog sich daher auf Modernitätsfeindlichkeit, erbitterten Kulturpessimismus und die Entwicklung chauvinistischer völkischer Ideen zurück (vgl. Bollenbeck 1994, S. 239-268).

Als neue soziale Klasse entstand durch die industrielle Revolution die Arbeiterschaft, die zwar in sich unterschiedliche Klassenlagen umfasste, aber dennoch von etwa 1850 bis 1950 eine dichte Binnenhomogenität, scharfe Außengrenzen, eine Kollektivmentalität, eigene Organisationen und damit eine spezifische Identität entwickelte ebd.: 773). Als Organisationen bildeten sich die Arbeiter-Bildungsvereine, Gewerkschaften und in den 1860er Jahren die SPD. Obwohl eine immer größer werdende Bevölkerungsgruppe, blieb die Arbeiterschaft von der politischen Mitwirkung mit Ausnahme der Reichstagswahl ebenso ausgeschlossen, wie von den übrigen bürgerlichen Institutionen. In den 80er Jahren wurden ihre Aktivitäten durch die "Sozialistengesetze" verboten und verfolgt. Den Aufstieg der SPD zur größten Fraktion im Reichstag konnte Bismarck dadurch aber nicht verhindern.

Diese verschiedenen gesellschaftlichen Gruppen und ihre Kämpfe bildeten im Kaiserreich die Arena, in der um politische Macht und um den Reichtum, den die kapitalistische Ökonomie zu produzieren begann, gekämpft wurde. Eine relative Autonomie und eine eigene Dignität erlangten zwei weitere Größen, die beiden großen Konfessionen, die sich auch politisch organisierten und das Militär. Im Kaiserreich bildete das preußische Heer einen Staat im Staate und wurde zum entscheidenden Machtfaktor. So entstanden Konzepte einer Nationalerziehung, die das Militär in den Mittelpunkt rückten und das Schlagwort vom Militär als "Schule der Nation" begründeten. Der Sozialhistoriker Wolfgang Sauer urteilt: "Die Verwandlung der Armee in eine Schule zur Disziplinierung der Nation schuf das Gerippe des Militärstaates, in dem Heer und Vaterland austauschbare Begriffe werden konnten." (Sauer 1970, S. 426)

Herausbildung konkurrierender gesellschaftlicher Gruppen

Die bereits erwähnten sozialen Lagen und Genesen (Entstehungsgeschichten) der bürgerlichen Gruppierungen erklären eine umfassende konservative Allianz am Ende des Kaiserreichs. Während sich in anderen europäischen Ländern demokratische Praktiken entwickelten, hatten im deutschen Reich das preußische Militär, der Kaiser, die alten preußischen Adelsschichten sowie das nationalkonservative Wirtschaftsbürgertum in einem diffizilen Gleichgewicht die politische Macht inne. Der nationalistische Chauvinismus und aggressive Imperialismus zeigte sich nicht zuletzt im Ausbruch des ersten Weltkrieges, den die meisten Deutschen mit Begeisterung begrüßten. Mit dem Ende des ersten Weltkrieges waren die das Kaiserreich tragenden, herrschenden Gruppen jedoch desavouiert. Zunächst übernahmen das liberale Bürgertum, das katholische Zentrum und die SPD die Macht in der Weimarer Republik, aber schon mit den ersten Krisen verloren diese Parteien die Mehrheit oder waren nicht mehr kooperationsfähig. Eine antiliberale und antirepublikanische Stimmung setzte sich durch, in der Weimarer Republik wurden die Demokrat/-innen zu Außenseiter/-innen (Sontheimer 1988, S. 454).

Diese Rückkehr zu älteren Positionen wurde von ihren Akteuren als "konservative Revolution" bezeichnet, Formen von "Gemeinschaft", "Volk", "Nation" und "Führertum" standen dabei im Mittelpunkt. Roland Bast definiert: "Konservative Revolution steht für eine Denkfigur seit der Jahrhundertwende, innerhalb derer versucht wurde, in sehr unterschiedlichen Artikulationsformen (Philosophie, Dichtung, pädagogische Entwürfe, politische Theorien ...) politisch-gesellschaftliche Orientierungen zu entwickeln und jenseits von

Konservative Revolution in Deutschland

angloamerikanisch aufgeklärter liberaler Demokratie sowie von leninistisch-bolschewistischen Vorbildern aus dem Osten einen dritten Weg einzuschlagen" (Bast 1996, S. 9).

Diese Abkoppelung Deutschlands von der westeuropäischen Entwicklung, die nach der gescheiterten Revolution von 1848 an die Stelle von Demokratisierungsprozessen die Restauration konservativ-monarchischer und obrigkeitsstaatlicher Mentalitäten und Strukturen setzte, wurde in den Geschichtswissenschaften als deutscher Sonderweg bezeichnet und zumindest als Teilerklärung für das Versagen der Weimarer Republik sowie das Abgleiten in den Nationalsozialismus herangezogen (vgl. Görtemaker 1999, S. 12; Wehler 1995, S. 470).

Diese Problematik versucht man in der Geschichtswissenschaft mit dem Begriff der "Mentalitäten" zu fassen, die historische Formationen von Denkweisen sind, zu denen politische Einstellungen ebenso wie Körperkonzepte, Gefühle, ästhetische Präferenzen etc. gehören (vgl. Le Goff u.a. 1990, S. 137). Zu den kennzeichnenden Mentalitäten im deutschsprachigen Raum gehörten ein extrem chauvinistischer Nationalismus, Rassismus und Antisemitismus, ein alles durchdringender Militarismus, ein obrigkeitsstaatliches Untertanendenken, die Verbreitung eines autoritären Charakters, eine patriarchale und sexistische Gesellschaftsformation, Werte wie Zucht und Ordnung, Disziplin und Gehorsam etc. Sie werden merken, dass wir Schlagworte aus unterschiedlichen Theorien und Perspektiven aneinander reihen, die wir grob als Mentalitätslage des Kaiserreichs fassen, da hier nicht der Raum ist, näher auf die einzelnen einzugehen. Entscheidend ist jedoch, dass sich diese Mentalitätslagen in den Erziehungspraktiken wiederfinden. Wenn Sie sich etwas von dieser Mentalität erschließen wollen, können wir Ihnen den Roman "Der Untertan" von Heinrich Mann bzw. seine kongeniale Verfilmung von Staudte aus der Nachkriegszeit empfehlen. Wie in anderen Werken der Literatur dieser Zeit werden Vater-Sohn und Lehrer-Schüler-Konflikte in Verknüpfung mit den gültigen Praktiken nachgezeichnet.

Das pädagogische Feld

Die skizzierte soziale Anatomie ist nicht nur von Bedeutung, weil sie die Mentalitäten des Kaiserreichs und damit auch die politischen und intellektuellen "Frontstellungen" bestimmte, sie hat für die Pädagogik eine Reihe von weiteren Konsequenzen, die ins 20. Jahrhundert hinein reichen. Denn die entstehenden pädagogischen Institutionen und theoretischen Reflexionen folgen den Linien, die das soziale Feld vorzeichnet. Jede Gruppierung, das konservative und das liberale Lager des Bürgertums, die Arbeiterschaft mit den Gewerkschaften und den sozialistischen Parteien und die beiden Konfessionen haben im Verlauf des Kaiserreichs ihre eigenen Institutionen, ihre von den anderen mehr oder weniger verschiedenen Diskurse, ebenso wie ihre Publikationsorgane aufgebaut. Die Struktur des pädagogischen Feldes scheint bis zur Weimarer Republik dem sozialen Feld zu folgen.

Dieses soziale Feld lässt sich als Kräftefeld verstehen, das die sich darin entwickelnden pädagogischen Konzeptionen orientiert. Selbst wenn diese – wie die Reformpädagogik und die geisteswissenschaftliche Pädagogik – die Autonomie des Pädagogischen, also ihre Unabhängigkeit vom sozialen, politischen und religiösen Feld als Einsatz stark machen, bleiben die Akteure auf die Position zurückverwiesen, aus der sie stammen. Für Reformpädagogik und geisteswissenschaftliche Pädagogik ist dies zum größten Teil das konservative Bürgertum. Es gibt auf die sozial- und mentalitätsgeschichtliche Situation also je nach sozialem Standpunkt verschiedene Antworten. Die Reformpädagogik ist die Antwort einer sich gegen die Verhältnisse stellenden, aber doch ihnen und der darin entwickelten Mentalitäten verbunden bleibenden konservativen Gruppierung. Diese erstaunliche These ist in den letzten Jahren von verschiedenen Autoren stark gemacht worden, so stellt der Historiker Roland Bast die Reformpädagogik in den Kontext der sich selbst als "konservative Revolution" bezeichnenden Strömung (Bast 1996, S. 9). Deutschnationale Autoren wie Julius Langbehn oder Paul de Lagarde gehörten für Pädagog/-innen zur Pflichtlektüre. Deren Themen wie die mystische "Volksgemeinschaft", Ideen eines "organischen Zusammenhalts", aber auch Chauvinismus und Antisemitismus gehören zu den Problemen, die Pädagog/-innen thematisieren.

Reformpädagogik: Ansatz des konservativen Bürgertums?

Die Reformpädagogik erweist sich also als widersprüchliche Realität. Ihr reformerischer Impetus wandte sich einerseits gegen die bürgerliche Gesellschaft und deren Erstarrung und autoritäre Hierarchie, zugleich gewinnt sie ihre Kritik vom bürgerlichen Standpunkt her und bleibt seinen Deutungen verbunden.

Ein kurzer Text des Reformpädagogen Ludwig Gurlitt (1855-1931) von 1902 kann einen Eindruck der entsprechenden Rhetorik vermitteln:

> "Tyrannisch ist die Zucht unserer orthodoxen Kirche, tyrannisch die zur Mißhandlung ausartende Gewalt der militärischen Vorgesetzten, tyrannisch jede entwürdigende Behandlung der unteren Beamten vonseiten der Vorgesetzten, tyrannisch die Ausbeutung der armen, um das tägliche Brot kämpfenden Mitbürger durch die brutale Gewalt des Kapitals, tyrannisch die Erziehung in Schule und Haus, wofern sie nicht nach dem Rechte der kindlichen Natur fragt und nur den Zwang und das Gebot unbedingten Gehorsams will gelten lassen, tyrannisch ist die gewissenlose Quälerei der Tiere, die unserem Schutze anvertraut sind, tyrannisch vor allem der Gewissenszwang, mit dem man eine freie Entfaltung der geistigen Kräfte in Wissenschaft und Kunst niederhalten und das Edelste, was dem Menschen von Gott verliehen ist, sein Gewissen und seinen Wahrheitsdrang, unter eine staatliche Zensur und Gewalt

beugen will. Tyrannisch aber auch die tantenhafte Bevormundung, mit der der deutsche Spießbürger jeder neuen Geistesregung entgegentritt" (aus: Der Deutsche und sein Vaterland, in: Flitner / Kudritzki 1961, S. 64 f).

Romantisierende Kritik und deindividualisierende Gemeinschaft

Es ist Empörung und Wut, die in diesen Zeilen deutlich wird, ein Empfinden von Unmenschlichkeit und Tyrannei. Aber es handelt sich andererseits über weite Strecken um eine romantisierende Kritik, die den reformerischen Gegenentwürfen unmittelbar "zuarbeiten" soll. Die kritisierten autoritären Formen werden durch metaphysische Metaphern von Führung und Gefolgschaft ersetzt (Helmer 1988), deindividualisierende Vorstellungen von Gemeinschaft stehen der Orientierung am Individuum diametral entgegen (Oelkers 1996, S. 235).

Die Reformpädagogik stammt aus dem konservativen Bürgertum der wilhelminischen bürgerlichen Gesellschaft und bleibt ihm ambivalent verbunden. Auch wenn sie sich partiell dagegen auflehnt, sind Nationalismus, Antisemitismus und autoritäres Führertum Teil ihrer Mentalität (vgl. Niemeyer 2001, S. 463).

Die Jugendbewegung

Diese Zusammenhänge können am Beispiel der Jugendbewegung nachgezeichnet werden, die zusammen mit zahlreichen weiteren so genannten Lebensreformbewegungen den Kontext der Reformpädagogik bildete (Kerbs / Reulecke 1998, S. 181, 319). Eine der Jugendgruppen, die die Jugendbewegung bildeten, war der 1901 gegründete "Wandervogel", der aus einem Ausschuss für Schülerfahrten in Steglitz hervorgegangen war und der, beeinflusst von Gurlitt, neue Gemeinschaftsformen praktizierte. Diesem Beispiel folgten Jugend- und Studentengruppen in ganz Deutschland. Ihren Höhepunkt fand diese Bewegung mit der Selbstdeklarierung als "Jugendbewegung" bei einem Treffen der Gruppen 1913 auf dem Hohen Meißner bei Kassel.

Körper, Volk und Führerschaft

Wichtig war für den Wandervogel und ähnliche Gruppen die gemeinsame Aktivität in einer frei gewählten Gemeinschaft Gleichaltriger. Dazu zählten vor allem Erlebnisse in der "freien Natur" wie das Singen und Wandern, die gegen die bürgerlichen Institutionen organisiert waren. Der Körper bot damit neben der Gemeinschaft ein neues Erfahrungsfeld. Zugleich wurde das Volk als organisch gewachsene Einheit verherrlicht und einer romantisierten Vorstellung von Heimat gefrönt. Hatte das bürgerliche Dasein und die Einwirkungen des Kapitalismus zu einem Rückzug des Einzelnen und zu einer Konzentration auf den eigenen wirtschaftlichen Erfolg geführt, so wurde die freie Selbstentfaltung nun als eigener Wert betrachtet. In der Jugendbewegung war der Topos des Führens und des Führers von Bedeutung: Jede Gruppe hatte einen Führer, der weder autoritativ bestimmt, noch demokratisch gewählt wurde, sondern sich kraft eines mystischen Charismas dazu legitimierte.

Nach dem ersten Weltkrieg bekam die Jugendbewegung einen anderen Charakter, auch weil die ehemaligen Aktivisten dem Jugendalter entwachsen waren. Das Engagement floss jetzt in den sozialen und pädagogischen Bereich. Die Entwicklung der Reformpädagogik, der Jugendpflege und Jugendfürsorge wurde nachhaltig von den Grundgedanken dieser Bewegung beeinflusst.

Bisher war von der bürgerlichen Jugendbewegung die Rede, es gab aber auch unter der Arbeiterschaft Jugendliche, die sich auf ähnliche Weise organisierten. Die Auszubildenden hatten allerdings weniger Zeit zum Wandern und Singen, da die Gruppen sich in der Regel dem politischen Kampf verschrieben hatten. Der folgende provokante Vergleich des Historikers C.W. Müller zwischen den beiden Jugendbewegungen kann vielleicht zu einer Diskussion anregen:

Blaue Blume und rote Fahne

"In ihren Anfängen waren die Gruppen der Arbeiterjugendvereine ebenso autonom wie die Gruppen der bürgerlichen Jugendbewegung. Sie schlossen sich von unten nach oben zusammen und wurden nicht von oben nach unten gebildet. Aber ihre Gruppenziele sind nicht mit der Formel *Selbsterziehung durch Gemeinschaftserlebnisse* zu fassen. Eher mit der Formel *gesellschaftliche Befreiung durch gemeinsamen politischen Kampf.* [...] Arbeiterjugendliche hatten schlicht weniger Zeit als Gymnasiasten, ihr Gruppenleben wandernd, singend und spielend zu kultivieren. Ihre Fortbewegungsart war eher der Demonstrationsmarsch, ihr Lied war das politische Kampflied, ihr Spiel war die Straßenagitation. [....] Ihr Antimilitarismus beunruhigte die Reichsregierung erheblicher als die vorsichtige Kritik der Freideutschen am Hurra-Patriotismus deutscher Studienräte. Sicher, es mag unfair erscheinen, die subjektiven Leiden der jungen Generationen um die Jahrhundertwende gegeneinander aufzurechnen. Die Gymnasiasten aus Berlin-Steglitz litten sicher subjektiv ebenso unter den Schulen, die sie gängelten und in Universitäten, die sie langweilten, wie die gewerblichen Lehrlinge, die täglich zehn Stunden lang in ihren Werkstätten eingeschlossen und geprügelt wurden. Aber objektiv waren die Leiden einer jungen Generation von Bildungsbürgern, die in weltfremden Schulen gelangweilt wurden, von geringerer Sprengkraft als die Leiden einer jungen Generation von Arbeiterinnen und Arbeitern, denen am Arbeitsplatz die Chance genommen wurde, sich durch Bildung und Erziehung die gesellschaftlichen Errungenschaften der Zeit anzueignen und schöpferisch weiter zu entwickeln. So zogen die einen in Gottes freie Natur, um nach der Blauen Blume der Romantik zu suchen. Die anderen versammelten sich in engen Vereinszimmern um die rote Fahne, die

den Augen der preußischen Polizei verborgen bleiben musste"
(C.W. Müller, zitiert nach Kunstreich 2000).

2.2.2 Die „Entdeckung" des Kindes und des Jugendlichen

Das Jahrhundert des Kindes

Als Ellen Key (1849-1926), eine schwedische Lehrerin, 1900 das Buch "Jahrhundert des Kindes" veröffentlichte, wurde sie zu einer der Wegbereiter/-
innen eines neuen Verständnisses von Kindheit und der Erziehung von Kindern. Ellen Key forderte, dass das "Kind" und seine "Natur" im Mittelpunkt
der Erziehung stehen müssten. Die Natur des Kindes wird von ihr als En-
semble von "Kräften" gedacht, die im Kind angelegt sind, und deren Entfal-
Entfaltung natürli- tung begleitet werden muss. Dazu bedarf es methodisch einer Emphatie,
cher Kräfte eines Einfühlens in die geistige Welt des Kindes und einer Authentizität der
Erziehenden (vgl. Key 1911, S. 121). Diese sollen keineswegs auf Autorität
und Gehorsam verzichten, sondern die Autorität auf natürliche Weise begründen. Nicht durch Prügel oder Ermahnungen, sondern durch ein pädagogisches Arrangement, das die Verhältnisse als notwendig erlebbar macht
und so einen zwanglosen Zwang ausübt.

> "Ein guter Erzieher gibt niemals einen Befehl, für den kein triftiger
> Grund vorhanden ist. Aber überzeugt dieser das Kind nicht, muß
> es auf jeden Fall gehorchen, und wenn es warum fragt, ist die
> Antwort sehr einfach: weil alle, auch wir Erwachsene dem Rechten
> gehorchen und uns dem Unausweichlichen beugen müssen. Die
> große Notwendigkeit des Lebens muß in der Kindheit eingeprägt
> werden, und man kann sie ohne harte Mittel einprägen, indem
> man beginnt, das Kind schon vor seiner Geburt durch seine eigene
> Selbstbeherrschung zu erziehen, und von seiner Geburt an da-
> durch, daß man niemals seinen Launen nachgibt." (Key 1911, S.
> 170 f)

In den Selbstdarstellungen der Reformpädagogik und in der aktuellen Rezeption scheint es bisweilen, als gehe es darum, das Kind einfach ernst zu nehmen, ihm seinen Willen zu lassen, seine Fähigkeiten, die es schon hat, einfach entwickeln zu lassen aber das ist nicht der entscheidende Punkt.
Betrachtet man die Erziehungskonzeptionen der Reformpädagogik genauer,
so zeigt sich ein komplexeres Verhältnis von Führung und Entwicklung. Nach
Ellen Key geht es darum, die Rahmenbedingungen entsprechend zu arrangieren, und dadurch die Entwicklung des Kindes zu führen.

> "Während nur ein Hundertstel der jetzigen Mühe der Eltern dazu
> gebraucht werden sollte, um in das Leben des Kindes einzugrei-
> fen, müssten die übrigen neunundneunzig Hundertstel dazu ver-

wendet werden, um zu leiten, ohne einzugreifen; um eine unsichtbare Vorsehung zu werden, durch die die Kinder ihre Erfahrungen erhalten, aber aus denen sie dann ihre eigenen Folgerungen ziehen dürfen. Jetzt prägt man seine eigenen Entdeckungen, Meinungen, Grundsätze dem Kinde ein, indem man stets an seinen Handlungen bessert. Daß man wirklich eine ganz neue Seele vor sich hat, ein eigenes Ich, dessen erstes und vornehmstes Recht ist, selbst über die Dinge nachzudenken, denen es begegnet – das ist die letzte aller Erfahrungen, die ein Erzieher macht" (Key 1911, S. 128).

Diese reformpädagogischen Motive sind nicht neu. Sie sind etwa 100 Jahre zuvor, am Ende des 17. Jahrhundert entstanden. Der Entfaltung der inneren Kräfte begegnet man bei Wilhelm Humboldt (Humboldt 1999, S. 17 ff), der indirekten Erziehung durch weises Arrangement der Umstände im Erziehungsroman "Emile" von Jean-Jacques Rousseau (Rousseau 1971) etc. Die Konkretisierung dieser Motive zu pädagogischen Konzeptionen und die Durchsetzung in der institutionellen Realisierung fanden aber erst im Kontext der reformpädagogischen Bewegung statt.

Entwicklung durch indirekte Erziehung

Zur gleichen Zeit wird die Entwicklung von Kindern und Jugendlichen für die Psychologie zu einem empirischen Gegenstand. Sie war dabei stark an evolutionistischen Theorien orientiert. Der amerikanische Entwicklungspsychologe Stanley Hall (1846-1924), sein Hamburger Kollege William Stern (1871-1938) und der in Wien lehrende Karl Bühler (1879-1963) vertraten die Auffassung, dass das Kind in seiner Entwicklung die kulturelle und biologische Entwicklung der Menschheit wiederhole (vgl. Oerter / Montada 1987, S. 14).

Die Geschichte der Kindheit

Die "Entdeckung" der Kindheit und der Jugend, die ein Teil der pädagogischen Erfolgsstory ausmacht, lässt sich jedoch auch aus einer anderen Perspektive betrachten, und erscheint dann eher als "Erfindung". Der französische Historiker Philippe Ariés hat in seiner "Geschichte der Kindheit" gezeigt, dass Kinder bis zum Ausgang des 17. Jahrhunderts wie kleine Erwachsene behandelt wurden. Besondere Räume oder Medien für Kinder werden zwar hin und wieder von Pädagog/-innen entwickelt, sind aber nicht verbreitet. Ariés vertritt daher die Auffassung, dass Europa in dieser Zeit

"...vom Kind und mehr noch vom Heranwachsenden nur schwach entwickelte Vorstellungen hatte. Die Dauer der Kindheit war auf das zarteste Kindesalter beschränkt [...]; das Kind wurde also, kaum daß es sich physisch zurecht finden konnte, übergangslos zu den Erwachsenen gezählt, es teilte ihre Arbeit und ihre Spiele." (Ariès 1978, S. 46)

Zwei Entwicklungen haben nach Ariés Ansicht zur "Erfindung" der Kindheit geführt: die Schule und die Familie. Die Schule wird zum entscheidenden Mittel der Erziehung:

*Kindheit als eigen-
ständiger Lebens-
abschnitt*

> "Das bedeutet, daß das Kind sich nicht länger einfach nur unter die Erwachsenen mischt und das Leben direkt durch den Kontakt mit ihnen kennenlernt. Mancherlei Verzögerungen und Verspätungen zum Trotz ist das Kind nun von den Erwachsenen getrennt und wird in einer Art Quarantäne gehalten, ehe es in die Welt entlassen wird. Diese Quarantäne ist die Schule, das Kolleg. Damit beginnt ein langer Prozeß der Einsperrung der Kinder (wie der Irren, der Armen und der Prostituierten), der bis in unsere Tage nicht zum Stillstand kommen sollte und den man als "Verschulung" (scolarisation) bezeichnen könnte." (Ariès 1978, S. 47 f)

Als zweite Veränderung nennt Ariés die affektiven Beziehungen der Eltern untereinander und zu ihren Kindern. Es sind die Erotisierung der Ehe und der gefühlsmäßige Wert, der Kindern von Erwachsenen beigemessen wird, die zunächst im Bürgertum des 19. Jahrhunderts entstehen und veränderte Erziehungspraktiken hervorbringen. Der Erziehung wird nun ein viel bedeutenderer Rang eingeräumt; die Eltern interessieren sich für das Lernen ihrer Kinder und verfolgen es mit einer Aufmerksamkeit, die vor dem 19. Jahrhundert nicht bekannt war.

Das Kind also, das die Reformpädagogik "entdeckt" und gegen die gesellschaftlichen Verhältnisse zu "bewahren" hatte, wurde von diesen gesellschaftlichen Verhältnissen erst hervorgebracht. Die Schule, das Produkt einer Modernisierung, weil die industrialisierten Gesellschaften andere Weisen der Vermittlung von Wissen erforderlich machten, hat die Realität der "Kindheit" erzeugt, auf die die Pädagogik nun mit einem antiinstitutionellen, reformerischen Ansatz reagieren muss.

Eine ähnliche Argumentation bringt Lutz Roth für den "Jugendlichen" vor, es handele sich nicht um eine "Entdeckung", sondern um eine "Erfindung".

*Hervorbringung
durch gesellschaftli-
che Verhältnisse*

> "Der Jugendliche war in der Rettungshausbewegung vorgeprägt worden: er war der Verwahrloste, Gottlose, Kriminelle, der Korrektionsbedürftige. Der neue Ausdruck dafür – ,der Jugendliche' – kam in den 1870er Jahren zuerst in der Gefangenenfürsorge vor und breitete sich von dort im Laufe der folgenden Jahrzehnte auf alle Bereiche der Jugendfürsorge / Jugendpflege / Sozialarbeit / Sozialpädagogik aus. Vor dem ersten Weltkrieg wandelte sich das negativ-repressive Konzept vom Jugendlichen in das des ,jungen Staatsbürgers', in die ins Positive gewendete Konzeption vom jungen Menschen, den es für Staat und Gesellschaft zu gewinnen gilt." (Roth 1983, S. 137)

Der "Jugendliche" und die "Jugendphase" sind keine lang verborgen gebliebene Realität, die man zu einer bestimmten Zeit zu würdigen begonnen hätte. Der in politischen und pädagogischen Kontexten geführte Diskurs über die Jugendlichen hat spezifische institutionelle Kontexte, in denen er entstanden ist. Aber das Wort "Erfindung" ist missverständlich, denn den "Jugendlichen" hat sich niemand ausgedacht. Es sind dieselben institutionellen Kontexte Familie, Schule, Fürsorge, Strafrecht die nicht nur dem Diskurs über die Jugend zugrunde liegen, sondern auch den Sozialisationen, Lebensläufen und Biografien von Jugendlichen selbst und somit erst hervorbringen, über was dann gesprochen werden kann.

In der reformpädagogische Programmatik wurden "Natur", "Kind", "Jugend" oder "Mensch" zu Kategorien, die nicht mehr hinterfragt wurden und als alleiniger Fluchtpunkt für pädagogisches Handeln dienten. Wenn man die Geschichte der Pädagogik jedoch auf andere Weise betrachtet, dann sind nicht nur die Akteure mit ihren Absichten und subjektiven Biographien von Bedeutung. Erziehungsverhältnisse und Erziehungspraktiken entstehen und werden aufrechterhalten aufgrund eines sozialen und ökonomischen Kontextes, der sie zwar nicht ausschließlich determiniert, der aber die Voraussetzung ihrer Existenzweise ist. Erziehungsverhältnisse sind in Mentalitäten eingebunden, die ihrerseits sozial und gesellschaftlich strukturiert sind. Und nicht zuletzt sind sie von Entwicklungen beeinflusst, die sich in Prozessen langer Dauer (longue durée) jenseits des Bewusstseins der Akteure abspielen (Braudel 1977).

Der Entdeckung der Kindheit, die reformpädagogischen Akteuren wie Ellen Key zugeschrieben wird, liegen also geschichtliche Veränderungen zugrunde, die sich viel langsamer vollziehen. Nach unserer Auffassung hat also nicht Ellen Key die Kindheit entdeckt, sondern es sind gesellschaftliche und kulturelle Strukturen entstanden, die eine Entdeckung der Kindheit möglich und notwendig gemacht haben. Die Begriffe "Kind" und "Natur" haben ebenso wie die gesellschaftlichen Phänomene, auf die sie sich beziehen und die sie im gleichen Zug konstituieren, eine Geschichte.

Philippe Ariés, Hans-Ulrich Wehler, Michel Foucault und die weiteren Historiker, die wir in diesem Kapitel heranziehen, gehören zu denen, die sich der Aufarbeitung dieser Geschichte der Strukturen gewidmet haben. Diese Strukturtiefe verleiht der Geschichte der Erziehungsverhältnisse mehr und anderen Sinn, als an der Oberfläche der Ereignisgeschichte erscheint.

Geschichte der Erziehungsstruktur

2.2.3   Neue Formen schulischen Lernens

Die reformpädagogischen Konzepte, ihre didaktischen Neuansätze und ihre Realisierungsformen sind komplex, kritische Gesamtdarstellungen finden Sie bei Jürgen Oelkers (1996) oder Roland Bast (1996). An dieser Stelle möchten wir exemplarisch an der Entwicklung alternativer Schulmodelle Kritik und Neuansätze zeigen.

Die Durchsetzung moderner Erziehungsverhältnisse

Die reformpädagogische Kritik betraf das bestehende Schulsystem, welches daher kurz skizziert werden soll. Im Laufe des 19. Jahrhunderts wurde das Schulsystem mehr und mehr modernisiert und institutionalisiert. Auch wenn der Prozess sehr langsam voranging und in Preußen über Jahrzehnte hinweg die Entwürfe für ein Schulgesetz scheiterten, lässt sich doch ein permanenter Anstieg der Bildungsausgaben, eine stetige Verlagerung der Schulträgerschaft von den Kommunen auf den Staat und eine zunehmende Standardisierung und Vereinheitlichung durch staatliche Reglementierungen verzeichnen. Bei Gründung des Kaiserreiches waren der Schulbesuch aller unterrichtspflichtigen Kinder bereits zu 90% und die Alphabetisierung der Bevölkerung zu 87% durchgesetzt (vgl. Kuhlemann 1991, S. 192).

Dabei war das Bildungswesen immer noch sehr heterogen, es gab beträchtliche Land-Stadt-Unterschiede, Schulen waren in der Regel konfessionell gebunden oder im Fall der höheren Schulen privat getragen, oft waren Schulen nach Geschlechtern getrennt. Das Schulsystem, das schichtspezifisch selektierte, war grob nach Volksschule, mittleren Schulen und Gymnasium gegliedert, allerdings gab es zahlreiche Binnendifferenzierungen in unterschiedliche Schultypen und Charakteristika (Kuhlemann 1991, S. 192).

Die Unterrichtsziele und -inhalte orientieren sich meist an den Interessen der jeweils die Schule finanzierenden Obrigkeit. Mit der Gründung des Deutschen Nationalstaates 1871 setzte sich eine "vaterländische Erziehung im nationalen Sinne" (Kuhlemann 1991, S. 183) durch, an der vor allem die Fächer Religion, Deutsch und Geschichte beteiligt waren. Schulbuchanalysen haben gezeigt, dass extrem nationalistische und rassistische Deutungsmuster viele Schulbücher prägten. Die Schule wurde vom Staat zugleich als Mittel genutzt, die Verbreitung sozialistischer Ideen einzudämmen (Tenorth 1992, S. 235). Die Schule war vom Standpunkt des Staates und damit für die gesellschaftlich hegemonialen Gruppen ein Instrument der Herrschaftsdurchsetzung und -sicherung. Unser längerer Exkurs über die politischen, wirtschaftlichen und sozialen Verhältnisse des Kaiserreichs sollte für diese Hintergründe das Verständnis ermöglichen. Schule ist, so zeigt sich damit, keineswegs ein neutraler Ort, an dem lediglich für das Leben gelernt wird,

Schule als ideologischer Staatsapparat

sondern eine der entscheidenden Institutionen in der Reproduktion der gesellschaftlichen Verhältnisse.

Die Durchsetzung von Erziehungsinstitutionen wurde von verschiedenen Sozialtheorien kritisch im Kontext von Modernisierungsprozessen untersucht, d.h. fortschreitenden Prozessen der Verstaatlichung, Verrechtlichung und Standardisierung der gesellschaftlichen Verhältnisse, denen sich auch die Individuen in ihrem Verhalten zu unterwerfen hatten, von ihren Wissens- und Kompetenzformen über die Formen ihrer Sexualität und Schamkontrolle bis hin zur Leistungsfähigkeit ihrer "Körper und Seelen". Zu den Klassikern dieser Form der Problematisierung gehören die Arbeiten von Michel Foucault. Foucault hat gezeigt, wie in der Schule des 17. und 18. Jahrhunderts sich dieselben Praktiken der Segmentierung von Zeiten und Räumen, der Zuweisung der Körper etc. durchsetzten wie in den Fabriken, den Krankenhäusern und dem militärischen Drill. Diese Machtpraktiken der Disziplinierung dienten der Formierung moderner Gesellschaften (Foucault 1994).

Daran, dass die Erziehungsverhältnisse als ein entscheidender Faktor in diesem Modernisierungsprozess zu deuten sind, besteht in den Sozialwissenschaften kaum Zweifel, wohl aber an den Formen der Durchsetzung, an den Beziehungen von Transformationen in den Erziehungsverhältnissen zu anderen Modernisierungsprozessen, am Charakter von Modernisierung selbst und an der Adäquatheit dieses Begriffs überhaupt. Allen diesen theoretischen Differenzen können wir hier nicht gerecht werden, aber im Laufe dieser Einführung werden wir immer wieder auf den Begriff der Moderne, den Prozess der Modernisierung und verschiedene Theorien, die ihn zu fassen suchen, eingehen.

Für die Durchsetzung der Erziehungsverhältnisse um die Jahrhundertwende in diesem längerfristigen Prozess der Modernisierung resümiert Tenorth:

> "In einem krisenhaften Prozeß des Übergangs ist der Zeitraum bis nach dem zweiten Weltkrieg für die deutsche Gesellschaft diejenige Epoche, in der sich, z.T. in einem Prozess der Selbstzerstörung, die traditionalen Strukturen weitgehend auflösen und damit den Weg freimachen, daß sich – nach 1950 zunehmend mehr – die modernen Funktionsprinzipien sozialer Ordnung auch in der Regelung des Generationenverhältnisses endgültig Geltung verschaffen." (Tenorth 1992, S. 177).

Tenorth weist nun darauf hin, dass dieser Durchsetzungsprozess eine "Pädagogisierung" hervorruft. Mit diesem Begriff bezeichnet Tenorth den Versuch, qua "Pädagogik" die Folgen dieser Durchsetzung abzuschwächen oder die Durchsetzung selbst erträglich zu gestalten. Auf die Durchsetzung von Erziehung antwortet also eine "andere Erziehung", die sich als Reformpädagogik artikuliert, einzelne Strömungen sollen im Folgenden dargestellt werden.

"Führe mich sanft "

Reformpädagogische Modelle und Konzepte

Inspiriert von reformpädagogischen Internatschulen in England gründete Hermann Lietz 1898 ein Landerziehungsheim im Harz, weitere Gründungen in Thüringen, der Rhön und am Bodensee folgten. Die Landerziehungsheime folgten einem bäuerlich-familialen Gemeinschaftsideal: "Man lebte zusammen wie ein Gutsherr mit seinen Kindern, seinen Geschwistern und Angestellten" (Lietz 1935, zitiert nach Oelkers 1996, S. 145). Die Zielsetzungen der Erziehung sind an der nationalen Idee orientiert und auf ethisch-religiöse "Tat und Gesinnung" ausgerichtet (ebd.).

Den Landerziehungsheimen und ähnlichen Modellen ist gemeinsam, dass sie die zeitlichen Sequenzierungen, wie sie in der Normalschule üblich waren, auflösten. Unterricht sollte der Zeit des Lernens und nicht das Lernen der Zeit des Unterrichts folgen. Der Stoff sollte nicht äußerlich vom Lehrplan auferlegt sein, sondern mit dem Leben der Schüler/-innen in Beziehung stehen und für dieses fruchtbar werden. In den sozialen Beziehungen sollte ein personaler pädagogischer Bezug zwischen Lehrer/-innen und Schüler/-innen entstehen, der gemeinsamen Gestaltung des Schullebens, der Freizeit, der Gemeinschaft wurde Raum gegeben (vgl. Oelkers 1996, S. 149).

Pädagogische Provinz gegen Zivilisation

Wesentlich ist dabei die Idee der "pädagogischen Provinz": dass die pädagogischen Einflüsse ins Unermessliche steigen, wenn das die natürliche Entwicklung störende zivilisatorischen Leben ausgegrenzt wird. Das Leben auf dem Land wird in Abgrenzung zum Leben in der Stadt als natürlich und unverbogen konnotiert, das organisch-lebendige wird dem mechanischen entgegengesetzt; in der Abgeschlossenheit und Ruhe des Landes sollte eine gelingende Erziehung möglich werden. Solche Schulen sind dann "Inselstaaten", die exklusiv und für wenige Auserwählte eine neue Erziehung ermöglichen, die Normalschule selbst sollte und konnte dieses Konzept zunächst nicht erreichen. Weitere bekannt gewordene Landerziehungsheime waren u.a. die Odenwaldschule von Paul Geheeb (gegr. 1910), die Wickersdorfer Schule von Gustav Wyneken (gegr. 1906) oder Kurt Hahns Schlossschule Salem am Bodensee (gegr. 1920), letztere bis heute eine Schule, die aufgrund ihres hohen Schulgeldes nur für Kinder einer privilegierten sozialen Schicht zugänglich ist.

Zwang als Kraftvergeudung

Ein anderes Konzept, verfolgte Bertold Otto, der seine "Hauslehrerschule" 1906 zunächst in seiner Privatwohnung in Berlin-Lichterfelde gründete, aber in ein besonders gestaltetes Schulhaus umzog, als die Schülerzahl über 30 stieg. Otto definierte die Schule im traditionellen Sinn als Zwangsanstalt, in der geistige Leistungen als sittliche Pflicht abverlangt werden. In Sachen der Erziehung hingegen – so seine Kritik – sei Zwang eine Kraftvergeudung (vgl. Oelkers 1996, S. 150). Der Stoff der Schule sollte gegenüber dem Leben ein pädagogisch aufbereitetes Angebot bereitstellen, der Unterrichtsverlauf sollte sich an dem "freien geistigen Verkehr" orientieren, also der fragenden

Neugier der Kinder. Die Klassenverbände löste Otto zu einer Stufen- und Kurseinteilung auf, in der sich die Schüler/-innen flexibel gruppierten. Der Unterricht fand auch im Freien statt, Ausflüge und Exkursionen sowie regelmäßige Ausstellungen des Gelernten für Eltern gehörten zum Konzept.

Die Kritik einer weiteren Gruppe von Reformpädagogen ging nochmals in eine andere Richtung. Georg Kerschensteiner knüpfte an Konzepte von Arbeitsschulen an, die bereits das gesamte 19. Jahrhundert diskutiert wurden, aber er verallgemeinerte diese Konzepte einer umfasenderen Idee vom bildenden Charakter der Arbeit und setzte diese Idee der Wissen vermittelnden Schule entgegen. Die "Lernschule" – so forderte er seit 1908 – müsse in eine "Arbeitsschule" verwandelt werden. Seine Kritik am alten Schulsystem *Charakterbildung* setzte an der theoretischen Einseitigkeit des Unterrichts an. Die Einübung *durch Arbeit* manueller Fähigkeiten und nicht mehr begriffliche Schulung und intellektuelles Training sollten Gegenstand in der Arbeitsschule werden. An diese Fähigkeiten wollte Kerschensteiner weitergehende charakterliche Lernprozesse knüpfen. Die "Sachlichkeit", die das zielgerichtete Arbeiten verlange, stelle einen eigenen pädagogischen Wert dar, weil sie die Unterordnung alles Subjektiven unter die Vollendung des Arbeitsprozesses notwendig mache und so eine Art der Selbstdisziplinierung erfordere. Die "Arbeitsgemeinschaft" wurde als die Keimzelle sozialen Verhaltens und als eine "Miniaturausgabe" des Staates verstanden. Diese staatsbürgerliche Erziehung und die damit verbundenen sittlichen Zielsetzungen stellte Kerschensteiner der Idee einer Selbsterziehung oder eines selbstständigen "Wachsens" oder "Gedeihens" voran.

Hugo Gaudig griff die Konzepte Kerschensteiners auf, wandte sie aber gerade im Punkt der Selbsterziehung gegen sich selbst: Der Kern der Arbeitsschule sollte die selbsttätige Bildung und die Aktivität des Kindes sein. Durch das Prinzip der Selbsttätigkeit, und nicht durch das Üben manueller Fähigkeiten werde die Lernschule zur Arbeitsschule.

Gerade die Wahl der Priorität: staatsbürgerliche Erziehung oder Selbstaktivi- *Kind oder Kultur als* tät des Kindes markiert die Differenz von Kerschensteiner und Gaudig und in *Ansatzpunkt der* gewissem Sinn auch die zwischen Lietz und Otto. Für die einen stehen das *Erziehung?* Kind und seine Entfaltung im Mittelpunkt, für die anderen die Kultur und ihre Vermittlung, ohne dass das jeweils andere nicht den notwendigen Gegenpart bildete. Auf diese Argumentationsstruktur werden wir im Rahmen der geisteswissenschaftlichen Pädagogik im Vergleich von Nohl und Spranger zurückkommen.

Reform und Realisation

Auf administrativer Ebene wiederholt sich das Scheitern der Bildungsreformen im Kaiserreich in der Weimarer Republik und wird sich, wie wir bereits gezeigt haben, in der Geschichte der Bundesrepublik erneut wiederholen. Die Weimarer Verfassung hatte eine einheitliche Regelung des Schulwesens vorgesehen, aber das geplante Schulgesetz kam bis 1933 nicht zustande. Zwar konnte eine einheitliche Grundschule von vier Jahren republikweit durchgesetzt werden, aber alle weiteren Reformen wurden von der konservativen Allianz von Kirchen, Universitäten, Hochschullehrern, Philologen, Studenten und dem rechten Parteienspektrum blockiert oder wieder rückgängig gemacht (vgl. Tenorth 1992, S. 246).

Die reformpädagogischen Strömungen verstricken sich in eine andere Problematik. Wie Sie vielleicht bemerkt haben, sind die bisher beschriebenen Konzepte etwa im ersten Jahrzehnt des 20. Jahrhunderts entstanden. Es waren isolierte, wenn auch rege diskutierte, Reformmodelle. Solche Modelle und solche Kritik hatte es das ganze 19. Jahrhundert hindurch gegeben, unter dem Einfluss von Kulturkritik und Jugendbewegung allerdings verstärkte sich diese Tendenz. Mit dem Beginn der Weimarer Republik entstand ein breiteres gesellschaftliches Interesse an Bildungsreformen und reformpädagogischen Konzepten. Es kam zu einer breiteren Rezeption und Umsetzung im Bildungssystem, aber gerade damit geriet das Anliegen in Widersprüche. Tenorth urteilt über Erfolg und Scheitern der Reformpädagogik:

> "[...] und gerade die Nutzung der Reformpädagogik im staatlichen Bildungssystem hat für sie fatale Konsequenzen. Der Reformismus macht sie bescheiden, ihre Handlungsansprüche werden korrumpierbar [...]. Die Reformpädagogik kehrt damit zurück in die Schule, die sie kritisiert hatte, und versucht dort, ihren großen Anspruch zu erfüllen und stirbt letztlich an der nicht eingestandenen Funktionalität des Programms einer Pädagogisierung gesellschaftlicher Probleme" (Tenorth 1992, S. 206).

Heimliche Funktionalität der Reformpädagogik

Tenorth verweist also auf ein Problem reformpädagogischer Ansätze, die ihre Ideen durch eine emphatische Abgrenzung vom Bestehenden gewinnen, wenn sie in die Phase breiter Realisierung eintreten. Denn in dem Maße, in dem sie gesellschaftliche Realität werden, und sich mit den gesellschaftlichen Verhältnissen arrangieren müssen, müssen sie sich selbst erneut in die Kritik nehmen.

Tenorth wirft der Pädagogik auch vor, die Gesellschaft zu pädagogisieren, wenn sie auf die Besserung gesellschaftlicher Verhältnisse qua Erziehung hofft. Sie versuche, gesellschaftliche Probleme mit pädagogischem Interventionismus zu lösen, dies sei aber nicht nur zum Scheitern verurteilt, da ein Teilsystem nicht mehr auf die Gesellschaft als Ganze zugreifen kann, sondern auch eine Selbstüberschätzung (Tenorth 1992, S. 199, 207).

Zur weiteren Analyse der Problematik, in die sich Reformpädagogik verstrickt, möchten wir die Machtanalytik Michel Foucaults heranziehen. Wir haben bereits darauf hingewiesen, dass zu den Disziplinierungspraktiken, die sich in der Schule des 18. Jahrhunderts durchsetzten, Praktiken der Segmentierung von Lernzeit, von Lernstoff und eine Zuweisung der gelehrigen Körper und Seelen zu diesen gehörte. Es sind offensichtlich gerade diese Praktiken, die reformpädagogische Konzepte zu überwinden versuchen, indem sie Formen der Zeit- und Raumeinteilung und Zuweisung entwickeln, die sich an einer innerlich gedachten Kraft oder Entwicklungsfähigkeit der Schüler/-innen, der Kinder etc. orientieren. Ludwig Pongratz bietet nun aber, in Anlehnung an die Analysen Foucaults, eine andere Deutung:

> "Auf der Ebene des unterschwelligen, lokalen Funktionierens der Disziplinarmacht zeichnet sich mit Beginn des 20. Jahrhunderts ein Übergang von der alten Lern- und Drillschule zu dynamischeren, innengeleiteten Arbeitsformen ab, die darauf hinzielen, möglichst früh Fremd- in Selbstregulierung zu überführen. Der Zielpunkt pädagogischer Diskurse wandert damit quasi nach innen: In den Blick fallen jetzt weniger äußere Arrangements zur Regulierung gelehriger Körper (Schulbank, Schulhygiene, raumzeitliche Fixierung im Schulhaus etc.), als vielmehr innere Arrangements (Motivationsstrukturen, psychische Dispositionen, Schulleben, panoptische Kontrollverfahren) zur Sicherstellung der Aufmerksamkeit und Selbständigkeit des Lernerfolgs. Dem entsprechen neue, flexible Organisationsstrukturen, die oftmals mit dem Etikett ‚frei' versehen werden, und zwar nicht nur auf der Ebene einzelner Klassen (freie Bestuhlung, freies Schülergespräch), sondern ebenso auf dem Niveau gesamtschulischer Institutionalisierung (freie Schulgemeinde, innovative Schulpläne, freie Schulwahl)" (Pongratz 1990, S. 305).

Segmentierung und Disziplinierung

Die reformpädagogischen Konzepte – so die Pointe von Pongratz – entgehen mit der Einführung neuer Machtpraktiken nicht der Funktion, die diese Praktiken im Schulsystem einnehmen. Die Machtpraktiken werden jedoch "verbessert" und kontrollieren umso vollständiger, da sie selbst als Macht unsichtbar werden:

> "Die Individuen rücken auf diese Weise in eine doppelte Position ein, sie können sich als Subjekte von Prozessen erleben, denen sie dennoch vollständig ausgeliefert sind. Diese Doppelstruktur stabilisiert die Fiktion von Autonomie. Die Disziplinarmacht wird anonym und unangreifbar. Sie unterwandert gleichsam die Lebensvollzüge der Schulgemeinden, ohne sich jemals eindeutig fixieren und lokalisieren zu lassen" (Pongratz 1990, S. 306).

Reformpädagogik als Modernisierung der Machtverhältnisse

Seit einigen Jahren wird diskutiert, ob man eher von einer Kontinuität der "Disziplinarpraktiken" sprechen sollte, oder die neuen Machtpraktiken als eine neue Form, als "Kontrollpraktiken" fassen muss. Foucault hat in seinen späten Arbeiten gezeigt, dass im Laufe des 20. Jahrhunderts in allen gesellschaftlichen Bereichen eine Transformation der Machtpraktiken stattgefunden hat: Kontrolle ist im Gegensatz zu Disziplinierung keine direkte, sondern eine indirekte Machtausübung. Sie setzt nicht direkt am Verhalten der Individuen, sondern an ihrer Subjektivität, ihrem Wollen an. Der Rahmen, nämlich die Formierung der Körper und Seelen für die gesellschaftliche Realität, bleibt derselbe, nur die Technologien werden sanft. Die Imperative setzen sich nicht mehr gegen den Willen der Subjekte durch, sondern werden ihnen als das nahe gebracht, was sie selbst wollen (Foucault 1993, 1988). Die Realisierung der Reformpädagogik ist so gesehen nur scheinbar gegen die gesellschaftliche Praxis gerichtet, sie ist vielmehr der Beitrag der Pädagogik zur notwendigen Modernisierung der Machtverhältnisse. Insofern liegt der Erfolg der Reformpädagogik darin, gesellschaftliche Modernisierungsprozesse im pädagogischen Bereich nicht nur umzusetzen, sondern zeitlich sogar vorwegzunehmen.

2.2.4 Volksbildung und Erwachsenenbildung

Volksbildung als Arbeiterbildung

Dass Erwachsene sich weiterentwickeln, sich bilden, lernen war schon seit der Antike bekannt und wurde in bestimmten gesellschaftlichen Gruppen gepflegt. Aber erst im Kontext der Aufklärung, der beginnenden Industrialisierung und der demokratischen und nationalistischen Bewegungen erhielt die Vorstellung, dass Erwachsene sich bilden, einen Entwicklungsschub. Die Volks- und Arbeiterbildungsvereine der ersten Hälfte des 19. Jahrhunderts konstituierten sich in der Regel als Hilfe- bzw. Selbsthilfevereine, in ihnen waren Vertreter unterschiedlicher sozialer Schichten engagiert. Leitendes Bild vieler dieser Vereine war die Harmonisierung der Klassenunterschiede und der Ausgleich der Konflikte (Olbrich 2001, S. 40 ff).

An der gescheiterten Revolution von 1848 waren diese Vereine beteiligt, weshalb sie von der Restauration in den 50er Jahre zerschlagen wurden. Sie organisierten sich nach ihrer Neugründung in größeren Verbänden, in denen sich in den 60er Jahren die "Linken" gegen die "Liberalen" durchsetzten. So trennten sich die Wege der sozialistischen Arbeiterbildung und der liberalen Volksbildung, die sich bald in der "Gemeinschaft zur Verbreitung von Volksbildung" organisierte. Der "Verband deutscher Arbeitervereine" (VDAV) unter der Führung von August Bebel und Wilhelm Liebknecht trat noch 1868 der internationalen Arbeiterassoziation bei. Der Verband änderte bald seine Auffassung des Verhältnisses von Bildung und Befreiung: Die Befreiung der Arbeiterschaft kann nicht allein durch Bildung erreicht werden, sondern durch Eroberung der politischen Macht. Bildung und Politik wurden damit zu einer Strategie verknüpft, die Wilhelm Liebknecht 1872 unter dem Titel

Arbeiterpolitik statt Arbeiterbildung

"Wissen ist Macht, Macht ist Wissen" formulierte. Olbrich fasst diese Rede Liebknechts folgendermaßen zusammen: "Wer die Macht habe, so stellte er [Liebknecht, Anm. DW/HJF] dort fest, entscheide über Art und Maß der Bildung anderer. Kein Mächtiger gewähre dem Volk mehr Bildung als unbedingt erforderlich sei. Also müsse das Volk die Macht erringen, und einmal mächtig geworden, könne es dann auch über die Bildung verfügen, die es geistig befreie: Macht sei Bildung" (Olbrich 2001, S. 81). Der Verband löste sich 1869, am Tag der Gründung der Sozialdemokratischen Arbeiterpartei auf. Damit erreichte die historische Transformation von der Arbeiterbildung zur Arbeiterpolitik ihren vorläufigen Höhepunkt. Auch wenn die Politik und nicht mehr die Erwachsenenbildung das wichtigste Mittel im Kampf um die Rechte der Arbeiter geworden ist, geriet diese doch nie völlig aus dem Blickwinkel. Vor allem nach dem Fall der Sozialistengesetze entwickelten die Arbeiterparteien und die Gewerkschaften eine intensive Bildungstätigkeit.

Die Vertreter liberaler Volksbildung bildeten den Zusammenschluss der "Gesellschaft zur Verbreitung von Volksbildung" (GVV), den größten Verbund von Einzelpersonen und Korporationen des Kaiserreichs (Olbrich 2001, S. 88). Träger der GVV war das liberale Bürgertum und Kleinbürgertum, das sich die Ideale der Aufklärung zu Eigen gemacht hatte. Seine Bildungsarbeit behielt die Zielsetzung einer Harmonisierung der Klassengegensätze und damit den Kampf gegen die marxistischen Gruppierungen und den Versuch, die Arbeiterschaft als "Zielgruppe" zu gewinnen, bei. Zielgruppe steht hier in Anführungszeichen, denn der Begriff ist erst sehr viel später geprägt worden. Das Bildungsprogramm der GVV wandte sich an alle Kunst- und Literaturbeflissenen, ihr methodisches Repertoire von Lichtbildvorträgen und Wanderbühnen mit aufklärendem Anspruch ist als extensive Bildungsarbeit in die spätere kritische Diskussion eingegangen.

Seit der Jahrhundertwende näherte sich die "Gesellschaft" mehr und mehr dem Staat an, ihr Programm verschmolz mit dem Chauvinismus und aggressiven Imperialismus der herrschenden Klassen (auf diese Zusammenhänge haben wir bereits hingewiesen). Während dem ersten Weltkrieg trat sie u.a. dafür ein, dass die gemeinsame kriegerische Aggression das durch die sozialen Umwälzungen angeblich zerbrochene soziale Band ersetzen könne (Axmacher 1974, S. 41).

Volksbildung als Volkbildung

Mit dem Neuanfang der Weimarer Republik begann die "Neue Richtung der Volksbildung", deren Ideen und Ansätze sich seit der Jahrhundertwende formiert hatten, in der liberalen Volksbildung bedeutsam zu werden. Zugleich wurde das System der Erwachsenenbildung ausgebaut, insbesondere durch eine enorme Expansion der Volkshochschulen. Die "Neue Richtung" und die mit ihr verbundene "Volkshochschulbewegung" können als Teil der reformpädagogischen Bemühungen (im engeren Sinne) betrachtet werden. Auf diese Entwicklungen möchten wir etwas näher eingehen.

Zunächst hatten die Sozialdemokraten und die liberalen bürgerlichen Parteien in der Weimarer Republik die Macht übernommen. Die Republik entwickelte damit ein grundsätzlich anderes Verhältnis zu sozialen und bildungspolitischen Themen. Der Artikel 148, Absatz 3 der Weimarer Verfassung machte die Förderung der Volksbildung zu einer Aufgabe des Staates. Der Staat selbst trat aber nicht als Träger auf, sondern machte ordnungspolitische Vorgaben und bot, wenn auch geringe, finanzielle Unterstützung. Es waren eher Gemeinden und Länder, die die Initiative ergriffen. Neben Sachsen und Thüringen entfaltete insbesondere das Volksbildungsreferat des preußischen Kultusministeriums, in dem bedeutende Vertreter der "Neuen Richtung" wie Robert von Erdberg und Werner Picht arbeiteten, eine besondere Aktivität. Es war der "Neuen Richtung" also gelungen, im "Staat von Weimar" auch die entsprechenden politischen Positionen zu besetzen. Kurz: Der quartäre Bildungsbereich konstituierte sich als subsidiäres, pluralistisches System, in dem die verschiedenen gesellschaftlichen Gruppen als Träger auftraten, neben der vom liberalen Bürgertum getragenen "freien Volksbildung" insbesondere Gewerkschaften und Kirchen (Langewiesche 1989, S. 352).

Entstehung des quartären Bildungssektors

Innerhalb weniger Jahre wurden zahlreiche Volkshochschulen eröffnet, die Volkshochschule hatte zwar einige Vorläufer, aber erst seit der Weimarer Republik entwickelte sie sich zu einem allgemeinen Modell, gewissermaßen zum "Inbegriff der Volksbildung". Es entstanden zwei Typen, die Abendvolkshochschule in den Städten mit einem regelmäßigen, i.d.R. wöchentlichen Veranstaltungsprogramm und die Heimvolkshochschule auf dem Land mit intensiveren und längeren Veranstaltungen (vgl. im Einzelnen Olbrich 2001, S. 148 ff).

Die "Neue Richtung" in der Volksbildung erscheint aufgrund ihrer intensiven theoretischen und publizistischen Tätigkeit als hegemonialer Ansatz und wollte für den gesamten Bereich der Volksbildung Geltung erlangen. Auch wenn man ihre Breitenwirkung in der Bildungspraxis in Frage stellen kann, so sind es doch ihre methodisch-didaktischen Reflektionen, die in der weiteren Geschichte der Erwachsenenbildung, wenn auch unter anderen theoretischen Gesichtspunkten, wieder aufgegriffen wurden. Hier wiederholt sich ein Phänomen, das wir bereits im Kontext der Untersuchungen von Jürgen Oelkers gezeigt haben: Einerseits erscheinen die Diskurse im Kontext der reformpädagogischen Bewegung an die allgemeinen Voraussetzungen im beginnenden 20. Jahrhundert gebunden, andererseits werden in ihnen bestimmte diskursive Figuren artikuliert, die für den gesamten pädagogischen Diskurs der Moderne kennzeichnend sind.

Zu diesen Figuren gehört, dass die Artikulation der "Neuen Richtung" ihren Ausgangspunkt in einer Abgrenzung zu anderen Praktiken nimmt. Sie gewinnt das, was sie ist, zu einem guten Teil durch das, was sie nicht ist. Ihre Praxis ist nicht einfach eine gute Praxis, sondern eine bessere Praxis. So grenzt sie sich von der "Alten Richtung" dadurch ab, dass sie nicht extensive, sondern intensive, gestaltende Bildungsarbeit macht. Dass sie also nicht mehr mit aufklärendem Anspruch möglichst viele Menschen zu erreichen sucht, was sich in Methoden wie Vorträgen oder Theaterstücken manifestiert, sondern dass sie die Einzelnen in tiefer greifende Bildungsprozesse zu verstricken sucht, und dafür eher wenige Menschen erreichen kann (z.B. Hofmann 1960, S. 110; Flitner 1930a, S. 1). Dazu dient auch das pädagogische Mittel der "Arbeitsgemeinschaft". Darunter wurde eine Gruppe von Lernenden verstanden, in die die Lehrenden als "Gleiche unter Gleichen" eingebunden sind, und die gemeinsam nach Lösungen für Probleme suchen (z.B. Mann 1948, S. 29). Gegen das "tote" Buchwissen oder wissenschaftliche Wissen, das bisher Lerngegenstand wurde, setzten die Vertreter der "Neuen Richtung" ein Wissen, das aus dem "Leben" entspringt (z.B. Flitner 1921). Gegen die weltanschauliche Gebundenheit in anderen Richtungen setzten die Neuen die weltanschauliche Neutralität, die aber positiv gewendet war. Während die "Alte Richtung" eine absolute Neutralität vertrat, die mit der "wissenschaftlichen Weltanschauung" in eins ging, wollte die "relative Neutralität" der "Neuen Richtung" diejenigen Bildungsgehalte aufdecken, die das Verbindende der verschiedenen gesellschaftlichen Gruppen und Schichten ausmachen (Flitner 1930b, S. 106; Erdberg 1960, S. 48 ff).

Harmonisierung gesellschaftlicher Konflikte durch Bildung

Der Volksbegriff und das Schlagwort von der "Volkbildung durch Volksbildung" wurden mithin zum zentralen Einsatz der Volksbildung. Der Gegenstand von Bildung, den ihr Diskurs evozierte, und der über Jahrzehnte ihre Sorge bestimmte, war nicht der Erwachsene als lernendes Individuum, sondern die Ermöglichung eines "Volkes" als Kollektivität. Jeder Mensch sollte innerhalb des Volkes sich mit derjenigen Position einverstanden erklären, auf die er gestellt ist. Eine organische Volkseinheit ist die Zementierung der Verhältnisse, der Liberalismus mit der Idee der Gleichheit der Menschen und noch mehr der Marxismus und sein Aufruf zum Klassenkampf erschienen den Vertretern bürgerlicher Volksbildung als volkspaltende Positionen. Die Arbeitsgemeinschaft und die didaktisch praktizierten Sozialformen der Weimarer Volksbildung sollten diese Volkseinheit im Kleinen vorweg nehmen. Zugleich erscheinen das Volk und die Modi seiner Ermöglichung jedoch in mystischem Dunkel. In einem Zitat von Walter Hofmann aus dem Jahr 1925 lässt sich lesen:

> "Soviel auch über Volksbildung gesprochen wird und geschrieben wird, der Begriff, der in aller Munde ist, bleibt dunkel und rätselhaft. Daß wahre Volksbildung nur Bildung zum Volk, zum Volksein bedeuten kann, glauben wir heute zu wissen. Aber gerade dieses Wissen stürzt uns in Abgründe des Nicht-Wissens, – unseres

Nichtwissens von Volkswerden und Volksbestehen. So muß Volksbildung als bewußte Volk-Bildung heute fast an Scharlatanerie grenzen [...]" (Hofmann 1960, S. 103).

Faschismus als Einlösung der Volk(s)bildung

Es ist die ersehnte Herstellung dieser Einheit, die weite Teile der Weimarer Volksbildung von der Weimarer Republik mit Füßen getreten, im Faschismus aber eingelöst sehen. Auch die Volksbildung gehört zu jener Strömung der "konservativen Revolution", die wir bereits mehrfach erwähnt haben.

Was ihre Institutionalisierung anbelangt, hat die Volksbildung in der Weimarer Republik zwar eine gewisse Entwicklung durchgemacht, aber verglichen mit dem Schulsystem war sie ein in immer noch geringem Maß vom Staat reguliertes und finanziertes System. Der quartäre Bildungssektor, wie das Weiterbildungssystem nach Familie, Schule und Hochschule seit den 70er Jahren genannt wird, ist nicht zu einem integrativen Teil des Bildungssystems geworden, er hat nicht einmal eine zentrale oder einheitliche Repräsentation in einem trägerübergreifenden Verband bekommen. Entgegen diesem offensichtlich nicht-regulierten und pluralistisch-zertreuten Charakter des Systems und der Unabhängigkeit vom Staat im Bewusstsein der Akteure haben Autoren aus verschiedenen wissenschaftlichen Perspektiven gezeigt, dass das Weiterbildungssystem seit dem 19. Jahrhundert eine die Herrschaftsverhältnisse konsolidierende Funktion eingenommen hat (vgl. Axmacher 1974, Dräger 1993).

2.2.5   Geschichte und Geschichten der Erziehung

Im zurückliegenden Kapitel über die Reformpädagogik haben wir einen weiten Bogen geschlagen. Wir haben Ihnen einige Personen, Ansätze und Entwicklungen vorgestellt, wir haben Ihnen aber auch verschiedene Perspektiven vorgestellt, aus denen sich ein analytischer sozialwissenschaftlicher Blick auf die Erziehungsverhältnisse ergibt. Zunächst haben wir im Rückgriff auf sozial- und mentalitätsgeschichtliche Untersuchungen problematisiert, dass die pädagogischen Perspektiven auf Probleme und Lösungsvorschläge im Kontext der Positionen des sozialen Feldes zu sehen sind, in dem sie artikuliert werden. Für Kaiserreich und Weimarer Republik gilt dies in besonderem Maß, weil sich alle Akteure eindeutig einer gesellschaftlichen Gruppe zuordnen lassen und sich selbst dort verorten, wozu in den weiteren Abschnitten Material geliefert wurde. Diese direkte Positionierung hat sich nach 1945 grundlegend verändert, aber selbst für die aktuelle Erwachsenenbildung lässt sich empirisch nachweisen, dass der Blick von Kursleiter/-innen auf Teilnehmer/-innen und die Bildungsansprüche, die darin formuliert werden, von einem spezifischen sozialen Standpunkt her erfolgten, einem Standpunkt allerdings, der sich selbst als universalen Standpunkt versteht (Wrana 2002, S. 169).

In einem nächsten Schritt haben wir gezeigt, wie im reformpädagogischen Diskurs neue "Gegenstände" entstehen, Objekte, die nun problematisierbar werden und ein Feld des Eingreifens eröffnen. Das "Kind" oder der "Jugendliche" werden, sobald man sie erkannt, identifiziert und beschrieben hat, zum Gegenstand von Konzepten und Programmen. Dem Blick des Historikers zeigt sich allerdings, dass es die gesellschaftlichen Praktiken sind, die einen bestimmten Gegenstand erst hervorbringen. Statt naturalisierend von Entdeckung zu sprechen, kann man denselben Prozess polemisch auch Erfindung nennen, oder präziser von der Konstitution eines Gegenstandes in gesellschaftlichen Praktiken reden.

Im Abschnitt über reformpädagogische Schulkonzepte sind wir einer foucaultschen Analyse der reformpädagogischen Praktiken gefolgt. Die permanente Kritik an der Unmenschlichkeit von Erziehung und die Vorschläge zu ihrer Erneuerung erscheinen dann als Fortschreibung von Machtpraktiken mit sanften Mitteln und damit als Moment der Modernisierung von Bildungssystemen.

Im Abschnitt über Volksbildung schließlich zeigen sich diese verschiedenen Linien nochmals. Innerhalb eines sich etablierenden Sektors des Bildungssystems artikuliert sich ein "Kampf um die Volksbildung", der von verschiedenen sozialen Orten her artikuliert ist. Was die liberale Volksbildung alter und neuer Richtung gemeinsam hat, ist dabei die Evokation eines neuen Gegenstandes: das Volk.

Wir haben unter dem Stichwort "Reformpädagogik" darauf verzichtet, eine glatte und einfache Realität darzustellen. Insbesondere auf jene Narration (Erzählung), die Hermann Nohl begründet hat (s.o.), in der die deutsche pädagogische Bewegung als kollektiver Akteur, als Subjekt und Held einer Durchsetzung der besseren Erziehung auftritt. Für die Träger einer gemeinsamen Geschichte, die sich diese gegenseitig erzählen und weitergeben, stiftet die Geschichte vom gemeinsamen Kampf gegen bestimmte Verhältnisse eine Identität. Diese reformpädagogische Narration hat ihre Kraft auch heute nicht verloren, sondern wird nach wie vor erzählt und vertreten. Die Intention dieses Kapitels war es, dazu eine kritische, sozialwissenschaftlich fundierte Distanz möglich zu machen.

2.3   Geisteswissenschaftliche Pädagogik

Die Ansätze der reformpädagogischen Bewegung wurden von der geisteswissenschaftlichen Pädagogik aufgegriffen. Pointiert könnte man sagen, dass die geisteswissenschaftliche Pädagogik die der reformpädagogischen Bewegung entsprechende wissenschaftliche Theorie ist. Ihre Vertreter fühlten sich der Praxis der Reformpädagogik sehr verbunden und pflegten einen teilweise intensiven Austausch mit deren Vertretern, konzentrierten sich selbst aber auf die universitäre Lehre und die Lehrerausbildung.

Einige der wichtigsten Vertreter waren Hermann Nohl, Eduard Spranger, Theodor Litt, Wilhelm Flitner und Erich Weniger, die während der Weimarer Republik Professuren für Pädagogik inne hatten.

Kontinuität oder Neubeginn in der Erziehungs wissen-schaft?

Die Hauptvertreter der geisteswissenschaftlichen Pädagogik wurden von den Nationalsozialisten früher oder später aus ihren Ämtern entlassen. Einige von ihnen waren allerdings im Frühjahr 1933 der nationalsozialistischen "Machtergreifung" nicht abgeneigt. Wilhelm Flitner versprach sich in der Zeitschrift "Die Erziehung" davon Vorteile für die pädagogische Bewegung (Wrana u.a. 2001). Erich Weniger entwickelte bis 1938 ein Konzept der Militärpädagogik für die deutsche Wehrmacht (Siemsen 1995, S. 11 ff). Inwiefern sie sich mit diesem Verhalten diskreditiert haben, oder ob sie sich in schwieriger Zeit behaupteten, ist bis heute heftig umstritten (vgl. z.B. Tenorth 1988, Beutler 1990). Nach 1945 wurden sie jedenfalls rehabilitiert und besetzten erneut die pädagogischen Lehrstühle an den Universitäten der entstehenden Bundesrepublik. Dort war die geisteswissenschaftliche Pädagogik bis in die späten 50er Jahre der führende Ansatz der Erziehungswissenschaft. In der SBZ und der DDR wurde sie als bürgerliches Konzept abgelehnt und nicht weitergeführt.

Im nächsten Kapitel werden wir die Grundlagen der geisteswissenschaftlichen Pädagogik und einige ihrer wichtigsten Fragestellungen rekonstruieren. Wir werden aber zunächst darauf eingehen, was diesen Ansatz als Wissenschaft auszeichnet und welche wissenschaftlichen Methoden etabliert wurden.

2.3.1   Erziehungswirklichkeit und Erziehungswissenschaft

Exkurs: Was ist eine Wissenschaft?

Die Frage, was unter einer Wissenschaft zu verstehen ist, lässt sich nicht so einfach beantworten wie man vielleicht erwarten könnte. Verschiedene Ansätze der Erziehungswissenschaft haben unterschiedliche Vorstellungen davon, was eine Wissenschaft ausmacht. Sogar die Frage, ob die Erziehungswissenschaft überhaupt eine Wissenschaft ist oder werden könnte, war lange Zeit umstritten.

Wahrheitsgehalt einer Aussage

Gemeinsam ist verschiedenen Konzepten von Wissenschaft, dass sie über Theorien verfügen. Unter Theorien sind Systeme von Aussagen zu verstehen, die als wahr oder falsch erachtet werden können. Das Geschäft einer Wissenschaft ist es, den Wahrheitsgehalt dieser Aussagen zu überprüfen oder auch neue Aussagen zu produzieren. Eine solche Aussage könnte etwa sein (1) Erwachsene mit schlechten Schulerfahrungen haben Vorurteile gegenüber Volkshochschulkursen. Es können aber auch Sätze sein wie: (2) Die Grundlage der Erziehung ist das leidenschaftliche Verhältnis eines reifen Menschen zu einem werdenden Menschen und zwar um seiner selbst willen.

Der Vergleich der beiden Sätze, die als wissenschaftliche gelten, zeigt, dass es offenbar sehr unterschiedliche Aussagen gibt. Der erste Satz formuliert eine Erfahrung und verallgemeinert sie: Erwachsene mit schlechten Schulerfahrungen haben Vorurteile gegenüber Volkshochschulkursen. Dieser Satz könnte als Gesetz formuliert sein: Immer wenn A der Fall ist, dann gilt B. Er wäre so eine allgemein gültige Aussage und würde unabhängig von Zeit und Ort gelten. Man könnte den Satz aber auch relativieren, indem man angibt, unter welchen Umständen das der Fall ist, welcher Art die Vorurteile sind etc. Dann wäre der Satz selbst ohne die besonderen Umstände, den Kontext und seine Bedingungen wertlos. Der zweite Satz ist ganz anderer Art: Er versucht nicht, eine Erfahrung oder ein Gesetz zu formulieren, sondern die Eigenheiten eines Gegenstandes zu verstehen. Er bestimmt, was das Wesentliche einer Sache ist, was eine Sache ausmacht. Oder in diesem Fall, was eine Sache – nämlich die Erziehung – wesentlich als Grundlage benötigt, um überhaupt bestehen zu können.

Beide Sätze gehören zu unterschiedlichen Theorien über Wissenschaft, die man Wissenschaftstheorien nennt. Wenn man nun zeigen möchte, dass die Sätze wahr oder falsch sind, dann benötigt man für jeden der beiden wieder ein ganz unterschiedliches Vorgehen und solche wissenschaftlichen Vorgehensweisen nennt man Methodologie. Eine Methodologie ist ein definiertes Bündel von Verfahren und Vorgehensweisen, mit denen Aussagen produziert und überprüft werden können. Darüber hinaus benötigt eine Wissenschaft Vorstellungen über ihren Gegenstand, über dessen Beschaffenheit sowie die Voraussetzungen ihres eigenen Geschäfts etc. Alle diese grundsätzlichen Fragen sind Fragen der Wissenschaftstheorie (vgl. dazu Seiffert 1971).

Es gibt eine ganze Reihe sehr unterschiedlicher Auffassungen davon, was eine Wissenschaft der Erziehung sein und leisten sollte. In dieser Einführung werden Sie die wichtigsten dieser Ansätze kennen lernen, von denen die geisteswissenschaftliche Pädagogik der erste ist. Sie werden sehen wie in den letzten Jahrzehnten um diese Richtungen gestritten wurde, aber Sie werden auch sehen, wie die Erziehungswissenschaft in und durch diesen Streit erst entstanden ist, sich konstituiert hat. Auch wenn verschiedene Theorien sich als Gegensätze entwickelt haben, stehen sie heute oft nebeneinander oder werden kombiniert. Es hat sich mehr und mehr die Einsicht verbreitet, dass mehrere Perspektiven ihre Berechtigung haben und dass es nicht einen neuen Ansatz geben kann, der die Aspekte aller anderen mitberücksichtigt oder hinfällig macht.

Die Perspektive der Geisteswissenschaften

Pädagogik als Natur- oder Geisteswissenschaft?

Der geisteswissenschaftliche Ansatz hat sich im späten 19. Jahrhundert entwickelt und blieb bis zum Ende der 50er Jahre in Deutschland vorherrschend. Seine Vertreter entwickelten ihn auch als Reaktion auf den Siegeszug der Naturwissenschaften. Diese hatten sich schon früher als die Geisteswissenschaften von der Philosophie gelöst und waren im Laufe des 19. Jahrhunderts allgemein als eigenständige Wissenschaften anerkannt worden. Man versuchte daher zunächst Pädagogik an den Prinzipien der Naturwissenschaft zu orientieren. Die Begründer der Geisteswissenschaften entwickelten dazu eine Alternative: Die Wissenschaften vom Menschen und den Errungenschaften seines Geistes sollten sich nun auch von der Philosophie lösen, sich dabei aber nicht an den Naturwissenschaften orientieren, sondern eine eigenständige Methodologie entwickeln. Einer der wichtigsten Vertreter des Ansatzes, Wilhelm Dilthey (1833-1911), formulierte eine berühmte Abgrenzungsstrategie: "Die Natur erklären wir, das Seelenleben verstehen wir" (Dilthey 1962 V, S. 144).

Was ist damit gemeint? Die Naturwissenschaften suchen nach allgemein gültigen Gesetzen, nach denen die Natur aufgebaut ist und mit denen die Phänomene der Natur erklärt werden können. Dazu beobachten sie die äußere Natur und entwickeln aus einer Reihe von Beobachtungen eine Theorie des Kausalzusammenhangs. Ist ein Naturgesetz einmal erkannt, so soll es immer und überall gelten, unabhängig von Ort und Zeit und von den Umständen der Situation. Galileo Galilei entdeckte beispielsweise das Gesetz des freien Falls. Das Gesetz gilt zu allen Zeiten, an allen Orten der Erde und in jeder Situation. Wer es kennt, kann immer und überall erklären, warum ein Stein auf den Boden fällt und nicht wegschwebt. Über allgemeingültige Gesetze können also die Phänomene der Natur erklärt werden.

Handeln folgt keinen allgemeingültigen Gesetzen

Die Wissenschaften vom Menschen, so lautet nun ein Vorwurf Diltheys, versuchen auf dieselbe Weise allgemein gültige Gesetze über das Leben und die Erziehung zu finden. Dieser Versuch müsse aber scheitern, weil die Gegenstände der Wissenschaften vom Menschen eine andere Qualität haben. Phänomene im Bereich menschlichen Handelns sind nicht dasselbe wie Naturphänomene. Das Handeln, Denken und Verhalten von Menschen ist symbolisch strukturiert und nicht über kausale Gesetzmäßigkeiten. Diese Phänomene, so Dilthey weiter, sind in jeder Situation und zu jeder Zeit anders, sie sind einzigartig und können nicht aufgrund allgemeingültiger Gesetze erklärt werden. Weil nun der Geisteswissenschaftler als Verstehender selbst an dem "Bewusstseinsleben" der eigenen Kultur, seinem Untersuchungsgegenstand, Anteil hat, kann er Kulturerzeugnisse quasi "von innen" her verstehen, und benötigt den Umweg der naturwissenschaftlichen Konstruktion von erklärenden Gesetzen durch äußere Beobachtung nicht.

Dilthey kommt aufgrund dieser Eigentümlichkeit des Phänomenbereichs zu dem Schluss, dass die geistige Welt nicht "erklärt", sondern "verstanden" werden kann und muss. Nimmt man dies an, dann kann die Methodologie der Naturwissenschaften nicht angewandt werden. Vielmehr muss eine der Eigentümlichkeit des geisteswissenschaftlichen Gegenstandes angemessene Methodologie entwickelt werden. Die Leistung Diltheys besteht nun darin, diese Methodologie der Wissenschaften vom Menschen, die Hermeneutik, als geisteswissenschaftliche Methode des Verstehens entwickelt zu haben.

Die hermeneutische Methodologie

Seit der Antike wird die Kunstlehre der Interpretation von schriftlichen Dokumenten Hermeneutik genannt. Das griechische Wort "hemeneuin" bedeutet "auslegen" oder "interpretieren". Die Hermeneutik hat sich zunächst in der Theologie und in den Rechtswissenschaften entwickelt, denn in beiden Bereichen ergab sich die Notwendigkeit, zu einer korrekten Auslegung eines gegebenen Textes, der Bibel oder der geltenden Gesetze, zu gelangen (vgl. Seiffert 1971 Bd.1, S. 17 ff).

Friedrich Daniel Schleiermacher (1768-1834) hat die Hermeneutik zu einer umfassenden Theorie weiterentwickelt. Er verstand unter "Hermeneutik" eine Kunst des Textverstehens aus dem Lebenszusammenhang heraus. Er unterschied das divinatorische Verstehen als spontanes, einfühlendes Erahnen vom komparativen Verstehen, das sich auf eine Fülle von Kenntnissen stützt. In beiden Fällen aber wird das "Verstehen" von der metaphysischen Vorstellung eines überindividuellen Leben "des Geistes" gesichert, das sich durch die Weltgeschichte entwickelt, und an dem Autor und Leser gemeinsam teilhaben.

Wilhelm Dilthey erweiterte und veränderte diese Kunst der Textinterpretation zu einer universellen Methode. Nicht nur Texte, sondern das Leben als Ganzes kann zum Gegenstand hermeneutischer Forschung werden. Alle Lebensäußerungen des Menschen werden lesbar wie ein Text. Er definiert:

Verstehen des Lebens

> "Wir nennen den Vorgang, in welchem wir aus Zeichen, die von außen sinnlich gegeben sind, ein Inneres erkennen, *Verstehen*" (Dilthey 1962 V, S. 318, Hervorh. im Original).

Verstehen ist nicht mehr wie bei Schleiermacher oder in unserem alltäglichen Verständnis psychologisches Einfühlen, sondern das Deuten von Zeichen, das Verstehen von Sinn als Einordnen eines Zeichens in einen größeren Zusammenhang. Dilthey bringt als Beispiel das Lallen eines Säuglings. Diese Laute mögen unartikuliert erscheinen, aber wir verstehen sie. Sie sind ein Zeichen für etwas Inneres, nämlich das Wohlbefinden des Säuglings.

Das Innerliche erkennen

Dieses Verstehen des Lallens ist zugleich ein Beispiel für "elementares Verstehen". Es findet im Lebenszusammenhang ständig statt. Es ist notwendig, damit Menschen erfassen, was um sie herum geschieht. Das höhere Verstehen hingegen führt über dieses an den unmittelbaren Lebenszusammenhang gebundene, elementare Verstehen hinaus. Es ist methodisch geschultes, hermeneutisches Denken.

Eine wichtige Denkfigur der Hermeneutik ist der hermeneutische Zirkel. Weil Menschen ein bestimmtes Phänomen in ihrem Lebenszusammenhang immer schon verstehen, haben sie immer ein Vorverständnis, wenn es auch noch so fragmentarisch sein mag. Verstehen kennt keinen Nullpunkt. Mit dem Deuten eines Textes oder eines Lebensphänomens erweitert und modifiziert sich dieses Vorverständnis zu einem Verständnis. Dieses Verständnis ist aber wieder nur ein vorläufiges Verständnis, ein Vorverständnis. In einem weiteren Schritt werden noch mehr Informationen hinzugezogen, etwa weitere Werke eines Autors, andere Lebenssituationen oder Daten aus der Biografie etc., um den Text oder das Phänomen in einen größeren Sinnzusammenhang einzuordnen. Auf dieses erneute Verständnis folgt ein weiterer Deutungsvorgang etc. Das hermeneutische Verstehen ist daher ein zirkulärer Prozess, der nicht abgeschlossen werden kann. Ein Text oder ein Phänomen kann zwar immer als Ganzes, aber nie vollständig verstanden werden. Jedes Verständnis kann zum Vorverständnis für ein neues und tieferes Verstehen werden. Jedes Vorverständnis muss sich in seiner Ausarbeitung und an weiterem Material erst bewähren, um gültig bleiben zu können.

Hermeneutisches Verstehen ist unabschließbar

Hans-Georg Gadamer, der 1960 mit seinem Werk "Wahrheit und Methode" die Theorie der hermeneutischen Methodologie weiterentwickelt hat, fasst diesen Zusammenhang in der Zirkelstruktur des Verstehens als Verhältnis zwischen der konkreten Teilauslegung von etwas und der Verstehensganzheit, dem Sinnhorizont, in dem sich diese Auslegung befindet. Man muss, um ein konkretes Etwas zu verstehen, bereits ein Verständnis des Zusammenhangs haben, in dem sich das konkrete Etwas befindet, um aber den Zusammenhang zu verstehen, muss man schon einzelne seiner Teile verstanden haben (Gadamer 1986, S. 270 ff).

Die geisteswissenschaftlichen Pädagogen hatten entgegen der erklärten Programmatik, das ganze Leben verstehen zu wollen, wenige methodisch durchgeführte Studien zur Erforschung der Lebenswirklichkeit hervorgebracht. Das liegt auch darin begründet, dass die geisteswissenschaftlich orientierten Erziehungswissenschaftler nicht wirklich an der Weiterentwicklung methodologischer Fragen gearbeitet haben. Meist wendeten sie das hermeneutische Verfahren auf klassische Texte an. Erst in den 80er Jahren wurde im Rahmen der Entwicklung der qualitativen Forschungsmethoden die Hermeneutik auf die Erziehungswirklichkeit selbst bezogen und methodisch genauer gefasst. In einem neueren Handbuch mit dem Titel "Sozialwissenschaftliche Hermeneutik" wird in verschiedene Teilbereiche wie die "objektive

Hermeneutik", die "Inhaltsanalyse", die "Bildinterpretation", die "Diskurs-analyse" oder die "Tiefenhermeneutik" eingeführt. Mit den theoretischen Grundlagen der geisteswisschaftlichen Hermeneutik haben diese Ansätze aber meist nur noch wenig gemeinsam (vgl. Hitzler / Honer 1997).

Pädagogische Anthropologie

Eine der wichtigsten Fragen der Geisteswissenschaften ist die nach dem Menschen. Andreas Flitner schreibt 1963 in seiner Einführung zum Sammelband "Pädagogische Anthropologie":

"Die Erörterung dessen, was der Mensch sei, muß, so scheint es, allen anderen Erziehungserörterungen vorausgehen; hat man über sie keine Klarheit gewonnen, so wird man sich über alles andere nicht verständigen können" (Flitner 1967, S. 11).

Die Geisteswissenschaften sollen den konkreten, lebendigen Menschen zum Gegenstand haben. Die älteren Philosophien, so der Vorwurf der Lebensphilosophen, haben nicht den ganzen Menschen, sondern etwas ganz abstraktes und reduziertes zum Gegenstand: das "Subjekt". Dilthey formuliert diesen Zusammenhang folgendermaßen:

Konkreter Mensch oder abstraktes Subjekt?

> "In den Adern des erkennenden Subjekts, das Kant, Locke und Hume konstruieren, rinnt nicht wirkliches Blut, sondern der verdünnte Saft von Vernunft als reiner Denktätigkeit" (Dilthey1962 I: XVIII).

Der Begriff des Subjekts ist für manche pädagogischen Theorien sehr wichtig, während andere diesen Begriff ablehnen bzw. ignorieren, zumal in der Rede vom "Subjekt" oft von Unterschiedlichem gesprochen wird. Der Begriff wird im Laufe dieser Einführung noch öfter auftauchen. Zunächst soll es darum gehen, Diltheys Kritik an Kant nachzuvollziehen. Man kann eine komplexe Philosophie auf unterschiedliche Weise lesen und rezipieren und im Bezug auf das Werk Immanuel Kants ist die Philosophiegeschichte voll von solchen Lesarten. Liest man Kant – so wie Dilthey – anthropologisch, dann lässt sich seine Philosophie folgendermaßen zusammenfassen. Der abstrakte Begriff des Subjekts beschreibt den Menschen als ein Wesen, dessen Tätigkeit sich in drei Bereiche einteilen lässt: Es erkennt (Denken), handelt (Wollen) und empfindet (Fühlen). Über jede dieser drei Tätigkeiten hat Kant eine große Abhandlung geschrieben. In der Kritik der reinen Vernunft beschreibt er, wie der Mensch erkennt, in der Kritik der praktischen Vernunft, wie er handelt und in der Kritik der Urteilskraft, wie der Mensch empfindet, fühlt oder etwas als schön oder hässlich beurteilt. Es handelt sich dabei um eine allgemeine Theorie des denkenden, wollenden und fühlenden Menschen. Allerdings geht es dabei nicht um eine Beschreibung konkreten, empirischen Denkens, Handelns und Fühlens, sondern um eine Theorie, die die Möglichkeiten und Grenzen dieser drei Tätigkeiten überhaupt beschreibt. Nicht der empirische Mensch, sondern ein abstrakt gedachtes, transzendentales Subjekt ist der Gegenstand der Theorie Kants.

Entscheidend an dieser Theorie des Subjekts ist schließlich, dass diese Grundlage seines eigenen Denkens, Handelns und Fühlens ist. Das bedeutet, dass es nicht von Zufällen, Umständen oder Vorurteilen bestimmt ist, sondern dass das Subjekt diese überwinden kann, um zu wahrer Erkenntnis, rational begründetem Handeln und angemessenem Fühlen und Empfinden zu gelangen. Diese Kraft der Überwindung kann und muss das Subjekt aus sich selbst schöpfen. Der Mensch ist also nicht schon immer Subjekt, aber er kann es werden. Der Prozess der Subjektwerdung ist dann aufs engste mit dem Programm der "Aufklärung" verbunden. Kant definiert in einem kurzen, aber sehr bekannten Aufsatz:

> "Aufklärung ist der Ausgang des Menschen aus seiner selbst ver-schuldeten Unmündigkeit. Unmündigkeit ist das Unvermögen, sich seines Verstandes ohne Leitung eines anderen zu bedienen. Selbstverschuldet ist diese Unmündigkeit, wenn die Ursache der-selben nicht am Mangel des Verstandes, sondern der Entschließ-ßung und des Mutes liegt, sich seiner ohne Leitung eines anderen zu bedienen. Sapere aude! Habe Muth, dich deines eigenen Vers-tandes zu bedienen! ist also der Wahlspruch der Aufklärung" (Kant 1968, S. 34).

Mündigkeit als Verwirklichung des Subjekts

Mündigkeit ist dann jener Zustand, in dem der Einzelne dem allgemein denkenden, handelnden und fühlenden Subjekt am nächsten kommt. Sie ist der Zustand, in dem das Subjekt alle Vorurteile und Angewohnheiten, die ihm mitgegeben wurden, alles willkürlich "Gesetzte" abgearbeitet hat.

Nach dem allgemein anerkannten anthropologischen Lehrsatz von Aristoteles ist der Mensch ein "animal rationabile", also dasjenige Tier, das denken kann bzw. zur Vernunft begabt ist. Diese Gabe des Denkens hebt ihn heraus und macht ihn zu etwas Besonderem unter allen Wesen der Welt. Nach Kant ist diese Vernunft keimhaft in jedem Menschen angelegt und muss entwickelt, zum Vorschein gebracht werden. Dieser Prozess der Subjektwerdung wird in der klassischen Pädagogik als "Bildung" bezeichnet und die Theorie, die ihn beschreibt, als "Bildungstheorie". Die Pädagogik bietet sich für eine Vermittlung von unmündigem und gebildetem Zustand, zur Hervorbringung von Bildung und Vernunft besonders an. Das Ziel, das man sich in der Aufklärung dabei setzt, ist nicht nur der einzelne gebildete Mensch, sondern eine aufgeklärte, gebildete und fortschrittliche Menschheit. Der wissenschaftlich-technische Fortschritt der Menschheit und die Freiheit und Emanzipation des Einzelnen bilden in dieser bürgerlichen Erzählung noch keinen Widerspruch. Es ist offensichtlich, dass eine solche Theorie der Bildung, mit einem allgemeinen Begriff vom Menschen, hohe Ansprüche mit sich trägt.

Diese abstrakte Vorstellung eines rationalen "Subjekts" ist es, die Wilhelm Dilthey kritisiert. Eine solche abstrakte Philosophie, so Dilthey, verkennt den "ganzen Menschen", die "volle Erfahrung". Denken, Wollen und Fühlen sind nämlich nicht nur aus der Ratio gespeist, sondern aus einem größeren, einem Ganzen des Menschseins, dem Leben (vgl. Lassahn 1993, S. 28). Wilhelm Dilthey ist nicht der einzige Philosoph und Wissenschaftler des späten 19. Jahrhunderts, der lebensphilosophische Thesen vertritt, auch der Deutsche Friedrich Nietzsche, der Däne Sören Kierkegaard und der Franzose Henri Bergson, stellen das "Leben" oder die "Existenz" gegen die abstrakte Philosophie. Bei den idealistischen Philosophen des frühen 19. Jahrhunderts von Kant bis Hegel konnte das "Denken" sich vom "Leben" lösen, und zu einem "objektiven, reinen Denken" werden. Das Denken war in der Lage, sich dem "Leben" gegenüber zu stellen und dieses von außen zu beschreiben. Das Denken konnte sich selbst zum Zuschauer machen, es hatte keine eigenen Interessen und Bedürfnisse mehr, die seinen Blick trübten. Es war nicht mehr verstrickt in eigene oder unüberlegte Meinungen. Für die Lebensphilosophen war ein in dieser Weise abstraktes Denken nicht möglich: das Denken des Menschen ist verwurzelt im Leben und in der Subjektivität. Es ist ein "existierendes" Denken, wie Kierkegaard es nannte. Die anderen Lebensphilosophen waren allerdings weit radikaler als Dilthey, vor allem die Philosophie Nietzsches bedeutete eine Abkehr vom Bürgertum und eine radikale Ablehnung der Kultur des späten 19. Jahrhunderts. Diltheys Philosophie hingegen brachte den Zeitgeist auf den Begriff und es gelang ihr, eine neue Richtung der Wissenschaft zu begründen.

Verankerung des Denkens in der Lebensgeschichte

Was den Menschen auszeichnet ist also das "Leben", in das er eingebettet ist, und das als konkretes und historisches untersucht werden muss. Dieses "Historische" und nicht eine abstrakte Vernunft ist es, was den Menschen zum Menschen macht. Der Mensch sei, so Dilthey, über seine biologische Natur hinaus ein Produkt seiner Geschichte. Er hat eine Lebensgeschichte, in der er sich wandelt und verändert und diese Geschichte macht ihn erst zu dem, was ihn anthropologisch wesentlich ausmacht, zu einem Besonderen, einem Individuellen. Dabei wird er mitbestimmt durch die Gesellschaft, in der er lebt und in die er hineinwächst. Aber auch diese Gesellschaft ist ein Produkt ihrer Geschichte. Kurz: Man muss die Geschichte einer Sache befragen, um zu verstehen, was sie ist. Auch die Vernunft bzw. die Philosophie selbst hat eine Geschichte. Auch der Biographie des Einzelnen kommt daher eine herausragende Bedeutung zu, in ihr spiegelt sich das Individuelle und Besondere des einzelnen Menschen ebenso wie das Besondere der Zeit und der Gesellschaft. Dilthey formuliert:

> "Was der Mensch sei und was er wolle, erfährt er erst in der Entwicklung seines Wesens durch die Jahrtausende und nie bis zum letzten Worte, wie in allgemein gültigen Begriffen, sondern immer nur in der lebendigen Erfahrung, welche aus der Tiefe seines Wesens entspringen" (Dilthey 1962 IX, S. 173).

Allgemein gültig begründete Werte und Ziele

Wenn man lebensphilosophisch denkt, ist die Vernunft nicht mehr der Fixpunkt außerhalb der Geschichte und der Kultur, der als Maßstab dienen könnte, um zu entscheiden, was gut und richtig sein soll. Sie ist vielmehr Teil des geschichtlichen Geschehens. Der geisteswissenschaftlichen Pädagogik fällt es daher schwer, direkt zu bestimmen, was die Ziele und Methoden von Erziehung sein sollen. Eines ist für Dilthey und seine Nachfolger aber klar: Das kann und darf nicht bedeuten, dass diese Ziele und Methoden beliebig, also gleichgültig sind.

> "Wir wollen doch schließlich nicht nur wissen, wie die Dinge gewesen sind, unsere Zeit, wie jede andere, bedarf der Regeln des erzieherischen Handelns. [...] So findet sich auch auf diesem Gebiet, wie auf den verwandten der Ethik, der Poetik, der politischen Ökonomie die Wissenschaft vor der Frage, an welchem Punkte entspringt aus der Erkenntnis dessen, was ist, die Regel über das, was sein soll" (Dilthey 1962 VI, S. 62).

Auf die eine oder andere Weise muss die Pädagogik also diese Fragen beantworten. Aber inwiefern kann sie zu allgemein gültigen Sätzen kommen? Dilthey stellt diese Frage in seinem Aufsatz "Von der Möglichkeit einer allgemeingültigen Pädagogik". Er fällt ein vernichtendes Urteil über die am Ende des 19. Jahrhunderts existierenden pädagogischen Systeme. Diese hätten nämlich den Anspruch, ein für alle Mal zu bestimmen, zu welchen Werten und Zielen erzogen werden soll. Sie suchen ein Regelwissen, das Erziehern genaue Anweisungen gibt, wie sie am Besten oder am Angemessensten erziehen können. Nach einer solchen Auffassung könnte und müsste pädagogische Theorie die Praxis leiten, beherrschen und normieren.

Ist eine allgemeine Theorie der Erziehung möglich?

Jedes dieser Systeme versucht diese Begründung, indem es seine Sätze und Regeln auf einige wenige Grundsätze zurückführt. Dilthey bringt nun folgendes Argument: Sofern diese grundlegenden Sätze überhaupt einen Inhalt haben, sind sie nicht allgemein gültig, sondern durch bestimmte Lebenszusammenhänge bedingt: Sie sind historisch. Hermann Nohl fasst dies in seiner Weiterentwicklung der Argumentation zusammen:

> "Wo es um die Werte und Ziele des Lebens geht, die für die Pädagogik leitend sein sollen, kann man wohl, wie es die Ethik als Wissenschaft versucht, eine Anzahl evidenter ethischer Wahrheiten herausheben. Aber diese stehen untereinander nicht in einem rational konstruierbaren Zusammenhang, sondern nur in einem inhaltlich lebendigen; ihre Einheit ist nicht die Einheit eines Systems, sondern eines Ideals, zu vergleichen etwa mit der Einheit eines Kunstwerks, die auch notwendig ist, aber nicht rational notwendig, nicht aus Grundsätzen logisch ableitbar" (Nohl 1961, S. 109).

Wie bereits erwähnt, ist eine Anarchie der Meinungen und Überzeugungen, also eine "Beliebigkeit" dessen, was sein soll, für Dilthey wie für Nohl unvorstellbar. Daher entwickelte Dilthey eine psychologische Theorie über die Seele. Seine These war, dass die Seele über eine immanente Teleologie verfügt. Teleologie bedeutet, dass etwas auf ein *telos* (griech.), d.h. ein Ziel oder einen Zweck hin, ausgerichtet ist. Immanente Teleologien gehen zudem davon aus, dass dieses Ziel und dieser Zweck als Bewegung den Dingen selbst innewohnen. Das "Seelenleben" sei also nicht regellos, sondern enthalte eine Teleologie. Die Seele ist eine sich selbst ausbildende Kraft. Allerdings argumentiert Dilthey, dass der Zusammenhang von Außenwelt, Organismus und Handlung beim Menschen keineswegs rational ist. Jede Situation und Existenzlage wird von einem ganzheitlichen Gefühl durchdrungen und dieses Gefühl urteilt und taxiert immer zweckmäßig. Daher liegt im Seelenleben die Tendenz, zwischen Umweltbedingungen und Individuallage eine Harmonie herzustellen, sich also immer vollkommener zu gestalten.

Harmonie als Vollkommenheit der Seele

So ergibt sich eine universelle teleologische Struktur des Seelenlebens mit den drei Grundbegriffen (1) Vollkommenheit (2) Entwicklung (3) Steigerung. Mit anderen Worten: Vermittelt durch das Gefühl, das die Interpretation der Situation und die Handlungen steuert, und durch Störungen, die die Seele aus dem Gleichgewicht bringen, entwickelt sich die Seele durch Herstellung von Harmonie ständig weiter zu immer größerer Vollkommenheit (vgl. Blaß 1978, S. 117 ff).

Hermann Nohl war mit dieser Lösung allerdings nicht zufrieden. Einerseits fällt Dilthey mit der Annahme einer universalen Struktur hinter seine eigenen Postulate zurück: Wenn alles geschichtlich geworden ist, dann kann auch die Anthropologie keine Ausnahme bilden. Andererseits gibt die Teleologie nicht vor, ob ein Mensch zu einem vollkommenen Verbrecher oder zu einem vollkommen sittlichen Menschen wird. Ein solcher Minimalzweck kann nach Nohl keine allgemeine Pädagogik begründen. Mit anderen Worten: Es gibt keinen fixen Punkt außerhalb der eigenen historischen Situation und den in ihr vorherrschenden Werten, der in der Lage wäre, diese historische Situation zu bewerten oder zu kritisieren. Der Ausgangspunkt der Pädagogik kann also nur die geschichtliche Situation sein, etwas, das die geisteswissenschaftlichen Pädagogen "Erziehungswirklichkeit" nennen:

> "Der wahre Ausgangspunkt für eine allgemein gültige Theorie der Bildung ist die Tatsache der Erziehungswirklichkeit als eines sinnvollen Ganzen. Aus dem Leben erwachsend, aus seinen Bedürfnissen und Idealen, ist sie da als ein Zusammenhang von Leistungen, durch die Geschichte hindurchgehend, sich aufbauend in Einrichtungen, Organen und Gesetzen – zugleich sich besinnend auf ihre Verfahren, ihre Ziele und Mittel, Ideale und Methoden in den Theorien – eine große objektive Wirklichkeit, wie Kunst und Wirtschaft, Recht und Wissenschaft ein relativ selbständiges Kultursystem, unabhängig von den einzelnen Subjekten, die in ihm tätig

sind, und von einer eigenen Idee regiert, die in jedem echt erzieherischen Akt wirksam ist und doch wieder nur faßlich wird in ihrer geschichtlichen Entfaltung" (Nohl 1961, S. 119).

Die Erziehungswirklichkeit als solche kann untersucht werden und erst die
Analyse dieser Wirklichkeit offenbart eine Theorie der Pädagogik. Nun wendet Nohl eine raffinierte theoretische Strategie an: Werden ganz unter-
schiedliche historische Gesellschaften und Pädagogiken untersucht, so werde
sich zeigen, dass diese Erziehungswirklichkeit immer die Variation ein und
derselben Struktur sei. Es werden sich typische Möglichkeiten und Formen
Begründung der von Pädagogik zeigen. Und in all diesen Variationen könnte man, so Nohls
Theorie aus den Hoffnung, eine allgemeine Grundstruktur finden, etwas was immer und
Strukturen der notwendig zur Erziehung gehört, dies wäre dann eine allgemeine Pädagogik.
Erziehungswirklich- Diese Überlegungen sind der Hintergrund dafür, dass Nohl die reformpäda-
keit gogische Bewegung so umfassend untersucht. Die konkreten praktischen
Bestrebungen und Projekte sind die Erziehungswirklichkeit. Nur aus ihr her-
aus und nicht allgemein bzw. abstrakt glaubt Nohl, Pädagogik begründen zu
können (Nohl 1961, S. 121).

Das Theorie-Praxis-Verhältnis

In seiner "Systematischen Pädagogik" von 1933, einem Einführungsbuch,
das in vielen Auflagen noch bis in die 60er Jahre verwendet wurde, sagt
Wilhelm Flitner, es gäbe eine gewohnte Denkart, nach der das Erziehen mit
einer technischen Tätigkeit verglichen würde. Erzieherisches Handeln wäre
dann eine Technologie und ließe sich durch Regeln leiten. Die Pädagogik
wäre jene Wissenschaft, die die Regeln der Technologie begründet. Diese
Anleitung der Praxis Analogie hält Flitner für einen Irrtum, denn da es keine allgemein gültigen
durch Theorien? Regeln geben kann, kann es auch keine allgemein gültige Technologie geben. Die Theorie der Pädagogik kann dann auch nicht die Funktion haben,
Praxis anzuleiten. Es ist nicht die Aufgabe der Wissenschaftler/-innen, Prakti-
kern Handlungsanweisungen und Handlungsrezepte an die Hand zu geben.

Dabei schätzt Flitner das Fakten- und Regelwissen, das die Psychologie an-
häuft, keineswegs als zwecklos oder überflüssig ein. Dieses Wissen kann
sogar das erzieherische Tun optimieren. Flitner folgt Maria Montessoris Einschätzung:

> "[...] daß wir heute auf Grund solcher wissenschaftlicher Einsich-
> ten in die Entwicklung des Menschen, in seine Beziehungen zur
> Umwelt und Mitwelt, ein ganz anderes Geschlecht aufziehen, ge-
> sündere, mutigere, kräftigere Menschen, die im Lebenskampf
> ganz andere Aufgaben bewältigen als frühere Geschlechter und
> anpassungsfähiger sind" (Flitner 1933, S. 16 f).

Aber er bringt ein ähnliches Argument wie Nohl: Dieses optimierte Menschengeschlecht wisse nicht, wozu es optimiert werden soll! Das Entscheidende ist etwas ganz anderes als das Wissen um Fakten und Regeln, es kommt nämlich in einer erzieherischen Situation darauf an, pädagogisch zu denken, diese Situation als pädagogische zu begreifen und so zu pädagogischen Antworten zu kommen. Dieses Wissen nennt Flitner pädagogische Bildung. Er schreibt, die pädagogische Bildung besteht vielmehr

> "in einer Erkenntnis des Zusammenhangs, des Ganzen, pädagogischer Besinnung im existenziellen Zusammenhang der Fragen mit dem Leben. Somit ist sie nur die Frucht eines gründlichen Studiums und strengen geisteswissenschaftlichen Denkens" (ebd., S. 17 f).

Wenn Sie diese Argumentation mit der von Hermann Nohl im vorigen Abschnitt vergleichen, so werden Ihnen gewisse Ähnlichkeiten auffallen: Die naturwissenschaftliche Herangehensweise wird nicht völlig abgelehnt. Es gibt sinnvolle Erkenntnisse von Fakten über Menschen, ihren Körper, ihr Zusammenleben und ihr Lernen und die Kenntnis dieser Fakten mag auch Erziehung optimieren. Aber jenseits dessen gibt es etwas, das sprachlich nicht sehr leicht zu fassen ist, das "Eigentliche", das "wirklich Pädagogische", "echtes pädagogisches Denken".

Diese Formulierungen zeigen, dass die geisteswissenschaftlichen Autoren "das Pädagogische" weit höher schätzen als das, was positiven Tatsachenwissenschaften zugänglich ist. Denn nur dieses Pädagogische kann die brennenden Fragen nach dem Sinn und Ziel des Handelns beantworten. Wer die Erziehungswirklichkeit hermeneutisch versteht und begreift, erkennt das Phänomen der Erziehung. Nur im ernsthaften Studium der Erziehungswirklichkeit lernt man nach Flitner das "pädagogische Denken" in der Situation. Pädagogisches Handeln ist demnach kein Anwenden von Regeln, sondern eine Fähigkeit zu verstehen und dem gemäß zu handeln. Theorie ist die Reflexion der Praxis. Erich Weniger unterscheidet verschiedene Grade der Abstraktion und damit drei Ebenen von Theorie (vgl. Weniger 1952, S. 16 ff):

Theorie ist Reflexion der Praxis

- Die Theorie ersten Grades umfasst die Einstellungen und Handlungsgewohnheiten des Praktikers, die seine Tätigkeit im pädagogischen Feld leiten, und allgemeiner der jeder Erkenntnis der Welt vorgängige Blick auf die Welt: "Es ist die eingehüllte Rationalität, die in der geistigen Haltung des Menschen liegt, die anrufende und gestaltende Kraft, die in der inneren Form des Menschen immer schon enthalten ist." (ebd.) Diese Theorie ersten Grades ist nicht bewusst. Da aber jedes Denken und Handeln Theorien ersten Grades impliziert, ist weder ein theorieloser Blick, noch ein theorieloses Handeln möglich.

- Die Theorie zweiten Grades umfasst explizites Wissen der Praktiker über ihre Handlungen, das sie benutzen "[...] in Lehrsätzen, in Erfahrungssätzen, in Lebensregeln, in Schlagworten und Sprichwörtern und was es so gibt." (ebd., S. 17). Sie entsteht durch die Reflexion der eigenen Praxis, allerdings, so wendet Weniger an dieser Stelle ein, steht sie oft nicht im "rechten Verhältnis" zur Theorie ersten Grades und daraus entsteht eine Aufgabe für die pädagogische Reflexion.

- Die Theorie dritten Grades ist schließlich die wissenschaftliche Theorie, das universitäre Geschäft. Ihre Aufgabe ist das wissenschaftliche Verstehen der Erziehungswirklichkeit, aber als solche kann sie nur nachträglich auf eine erfolgreiche Praxis zurückblicken. Weniger zitiert Schleiermacher, wenn er betont: "Aber die Theorie beherrscht an und für sich nicht die Praxis, die Theorie (der pädagogischen Wissenschaft) ist immer später. Die Theorie muß sich erst Raum verschaffen, wenn die Praxis schon begründet ist." (ebd., S. 19) Die Theorie und damit die geisteswissenschaftliche Pädagogik tritt nicht mit dem Anspruch auf, der Praxis leitende Konzepte zu liefern, die vorgängige Praxis der "deutschen pädagogischen Bewegung" hat ihre höchste Form bereits realisiert. Die Aufgabe der Theorie ist es vielmehr, ihr ein Bewusstsein dieser Höhe zu verschaffen, und Einsicht in die Verhältnisse zu ermöglichen. In der geisteswissenschaftlichen Pädagogik gilt das Primat der Praxis, die durch Theorie bewusst und damit vollkommen wird.

Die Wissenschaft vom Leben

Die Erziehungswirklichkeit ist als Teil der Lebenswirklichkeit der Gegenstand der geisteswissenschaftlichen Erziehungswissenschaft. An drei Aspekten haben wir gezeigt, wie sich in diesem Ansatz eine Wissenschaft konstituiert, die nicht abstrakte und allgemeine, sondern konkrete Aussagen über die Erziehungswirklichkeit zu machen in der Lage ist. Daran, wie sie ein Bild "des Menschen" formuliert, daran wie sie ihre Erziehungsziele konstituiert und daran, wie sie das Verhältnis von Theorie und Praxis fasst.

Zum Abschluss möchten wir den Begriff der Erziehungswirklichkeit nochmals explizieren. Sie ist ein Produkt ihrer Geschichte, und wer ihre Geschichte versteht, weiß was Erziehung ist. Sie ist wie jede Lebenswirklichkeit aus Erlebnissen aufgebaut und die Verknüpfung dieser Erlebnisse nach bestimmten Regeln bildet die Struktur der Erziehungswirklichkeit. Deshalb untersucht Hermann Nohl unterschiedliche historische Wirklichkeiten, um in deren Variationen die Grundstruktur der Erziehungswirklichkeit aufzuspüren. Das Ziel der Erziehung bleibt an das Ziel des Lebens gebunden. Das heißt, dass Erziehungsziele nicht bestimmt werden können, ohne das Leben als Ganzes, die Zeit, die Gesellschaft, das Volk, die Kultur etc. zu untersuchen. Deshalb kann die geisteswissenschaftliche Pädagogik nur aufgrund einer Analyse dieser Lebenswirklichkeit und ihrer Geschichte Ziele und Verfahren der Pädagogik bestimmen. Die Erziehungswirklichkeit wird "immer schon" von den in ihr Handelnden verstanden. Aufgabe der Wissenschaft ist es, durch wissenschaftliche Reflexion dieses Verstehen weiter zu entwickeln.

Deshalb gibt es keine einfache Hierarchie von Theorie und Praxis, beide treten in ein Wechselverhältnis. Erziehungswirklichkeit ist daher ein komplexes Zusammenwirken verschiedener Elemente. Wilhelm Flitner definiert sie als denjenigen Bereich, in dem die Frage nach der Erziehung auftaucht. In seinen Worten:

Wechselverhältnis von Theorie und Praxis

> "Erziehungswirklichkeit ist also das Ganze der Erscheinungen, in dem der Raum für erzieherische Verantwortung gefunden werden kann und immer gefunden wird" (Flitner 1933, S. 26).

2.3.2 Bildung und Kultur

Formale und materiale Bildung

Wie kann Erziehungswirklichkeit nun näher bestimmt werden? Dazu kann man zwei verschiedene Ausgangspunkte wählen. Über den Ausgang vom Individuum kommt man zur formalen Bildung, über den Ausgang von der Kultur kommt man zur materialen Bildung.

Wählt man also den heranwachsenden Menschen als Ausgangspunkt, dann kommt es darauf an, das zu erziehende Kind "wachsen zu lassen", um die rechten Kräfte in ihm zu entfalten. Die Reformpädagogik "vom Kinde aus" (vgl. Kapitel 1.2) hat diesen Standpunkt vertreten. Die Bildung der Kräfte heißt formale Bildung, weil sie nicht zu einem bestimmten Inhalt bildet, sondern nur die Methoden, die Kräfte und den Prozess bestimmt. Dem steht eine Position gegenüber, die die Kultur und die herrschenden Werte ins Zentrum rückt. Sie versteht sich als Anwalt von Tradition und Kultur und fordert, dass die objektiven Werte von den Erziehern vermittelt und dem Zögling zugänglich gemacht werden sollen. Diese Position heißt materiale Bildung, weil sie konkrete Inhalte und Gehalte als Bildung hervorrufend betrachtet.

Es ist offensichtlich, dass die geisteswissenschaftlichen Pädagogen beide Seiten für richtig halten müssen. Denn aufgrund ihres Verständnisses von Erziehungswirklichkeit sind Ziele, Inhalte und Methoden der Pädagogik in der historischen Situation und dem in ihr wirkenden Geist enthalten. Die Bewegung der Reformpädagogik und die von ihr verwirklichten Modellschulen und neuen Methoden gehören zu diesem "Ganzen der Erziehungswirklichkeit" ebenso sehr wie der preußische Staat oder die konservativen Werte der Weimarer Gesellschaft. Für die geisteswissenschaftlichen Pädagogen gilt sowohl das Eine als auch das Andere: "Führen oder Wachsen lassen", heißt ein berühmt gewordenes Buch aus den 20er Jahren von Theodor Litt, in dem er zeigt, dass beides seine Berechtigung hat (vgl. Litt 1929).

Pädagogik vom Kinde und von der Gesellschaft aus

Es gilt also, eine Vermittlung zwischen Objektivem und Subjektivem zu schaffen. In ihrer Bildungstheorie entwickelte die geisteswissenschaftliche Pädagogik die Ansätze der pädagogischen Klassiker Rousseau, Kant, Pestalozzi und Humboldt (sie veröffentlichten etwa 1770-1830) weiter.

Der Ausgang vom Zögling: Bildung

Am Ausgangspunkt einer solchen Argumentation steht der "Zögling". Wilhelm Flitner bezeichnet den Begriff als "pedantisch", er stamme aus der Waisenhaus- und Hofmeisterpädagogik des 18. Jahrhunderts (Flitner 1933, S. 77). Allerdings, so Flitner, habe man noch keinen besseren Ausdruck gefunden für "jene Person aus der Erziehungsgemeinschaft, auf die sich die pädagogische Intention richtet" (ebd.). Der "Zögling" wird nämlich nicht als Einzelner, sondern als Teil einer Erziehungsgemeinschaft zum Gegenstand. Solche Erziehungsgemeinschaften können nun mit ihrem spezifischen "Geist und Stil, ihren Sitten und Formen" geisteswissenschaftlich untersucht und verstanden werden. Schulen und Heime sind ebenso Erziehungsgemeinschaften, wie ganze Erziehungssysteme.

Die Idee, dass ein Einzelner sich selbst erziehe, so argumentiert Nohl, teile den Menschen entzwei. Ein Teil in ihm muss führen und ein anderer Teil geführt werden. Deshalb ist diese Idee der Selbsterziehung nicht ursprünglich, sondern vielmehr eine Übertragung der eigentlichen Idee: Die Dyade von Erzieher und Zögling. Nohl nennt dieses Verhältnis den pädagogischen Bezug. Das Argument noch einmal in Nohls Worten:

Der Führer in mir ist der Lehrer in mir"

"Das ursprüngliche Bildungserlebnis ist nicht die Erfahrung einer Spaltung des Ichs in Vorwaltendes und Geführtes, sondern das in einem pädagogischen Bezug Stehen zu einem Führer. [...] Im Bildungserlebnis des jungen Menschen ist wesensmäßig die Hingabe an den Lehrer und die Erfahrung von einem Wachstum und einer Formung durch den anderen enthalten" (Nohl 1961, S. 132).

Aufgrund dieser Argumentation zieht Nohl auch eine klare Grenze zur Erwachsenenbildung. Das Ziel der Erziehung ist es, den Menschen zu seiner Mündigkeit zu führen. Am Ende der Erziehung ist der Mensch reif, ein vollständiger Bürger der Gesellschaft. Er bedarf dann keiner Erziehung mehr, sondern nur noch der Ethik, der er sich als Lehre vom rechten Handeln nun selbstständig bedienen kann. Erwachsenenbildung und Kinder- bzw. Jugendbildung gehören demnach grundsätzlich verschiedenen Bereichen an.

Für Nohl ist also nicht, wie für einige Reformpädagog/-innen, das "Kind" mit seinen Kräften der Ausgangspunkt, sondern die Beziehung von Erzieher und Zögling. Er formuliert daher seinen berühmt, berüchtigt gewordenen Satz:

"Die Grundlage der Erziehung ist das leidenschaftliche Verhältnis eines reifen Menschen zu einem werdenden Menschen, und zwar um seiner selbst Willen, daß er zu seinem Leben und seiner Form komme" (ebd., S. 134).

Das Ziel der Erziehung wird dabei nicht vom Erzieher an den Zögling herangetragen, sondern von ihm im Zögling erkannt und entwickelt, denn er soll zu "seiner" Form kommen. Dabei macht es die pädagogische Haltung bzw. den "pädagogischen Takt" aus, dem Zögling nicht zu nahe zu treten, ihm nichts aufzudrängen. Es muss dem Erzieher gelingen, das Vertrauen und die Liebe des Zöglings zu erlangen.

Allerdings gibt es diese objektive Welt der Bildungsgüter, die als maßgeblich für einen hoch entwickelten Menschen betrachtet werden. Die "Form" ist nicht beliebig, sondern entspricht dem Höchsten und Besten der "Kultur". Im Kind ist diese Kultur in potentiellen Fähigkeiten angelegt, die in der geisteswissenschaftlichen Terminologie die "Höhe des Kindes" heißen. Der Erzieher muss diese "Höhe" oder das "Ziel" im Kind ebenso lieben wie das Kind in seinem gegenwärtigen Zustand. Daher argumentiert Nohl weiter:

"Entsprechend jener Doppelheit einer Liebe zum Kinde in seiner Wirklichkeit und der Liebe zu seiner Höhe, die Erhebung fordert, wird die pädagogische Gemeinschaft getragen von zwei Mächten: Liebe und Autorität [...]. Die Pädagogen haben je nach ihrer Einseitigkeit bald die eine oder andere betont, im Lebensprozeß sind sie beide verbunden" (Nohl 1961, S. 138).

Gehorsam und Autorität waren für Nohl und viele in seiner Generation ein entscheidendes Moment der Erziehung. Das bedeutet keineswegs, dass sie zwar offen Freiheit und Bildung propagieren, heimlich aber eine "Schwarze Pädagogik" des Gehorsams betrieben hätten. Im Rückblick von heute ist kaum noch nachvollziehbar, dass für das Denken dieser Pädagogen tatsächlich kein Widerspruch in der Argumentation bestand. Dem Kind wird nichts "gewaltsam aufgedrückt", denn im Begriff des "Menschen" ist das kleine Kind ebenso enthalten wie der reife Mensch. Da der reife Mensch der Inbegriff moralischer Integrität ist, kann die Erziehung zu einem solchen reifen Menschen aus der Sicht Nohls gar nicht unmoralisch sein.

Mit Gehorsam und Autorität zu Bildung und Freiheit

Der Ausgang von der objektiven Welt: Kultur

Theodor Litt bezeichnet die objektive Welt, der der Zögling gegenübersteht und in die hinein bzw. zu der hin er erzogen werden kann und soll als "Kultur", sie geht der Erziehung voraus. Sie enthält Bildungsgüter und erziehende Mächte, die in einem Wechselverhältnis zum bisher ausgeführten pädagogischen Gedankengang stehen. Er zählt die geistigen Objektivationen auf: "Staat", "Gesellschaft und Wirtschaft", "Religion", "Wissenschaft", "Kunst",

"Sittlichkeit" und "Gemeinschaft". Deren Objektivität trennt er nun säuberlich von den "pädagogischen Übergriffen", die die anderen Bereiche in ihre Gewalt bringen wollen. Gegen die "Revolutionen in der Pädagogik" stellt er klar, dass die Schule zu den konservierenden Mächten gehört, weil sie planmäßig den "Bildungszusammenhang der Generationen vermittelt". Sie ist die "Mittlerin in der Folge der Geschlechter" und die "Trägerin der Kontinuität im Wandel der Jahre und Tage" (Litt 1965, S. 98). Diese Kultur ist nicht nur gegeben, sondern stellt sogar die wesentlichen Bildungsgehalte zur Verfügung. In diesem Punkt waren sich alle einig: Die geschichtliche Welt mit ihrem Sinngefüge wurde zu einer "zweiten Welt" der Werke und Taten. Und dieses Sinngefüge wirkt bildend, weil es den Geist enthält, es hat einen Gehalt. Flitner definiert in seinem Lehrbuch:

Geschichte als Trägerin des Bildungsgehalts

> "Der Gehalt der geistigen Welt, der in den individuellen Erziehungsprozeß eingeht, wird als *Bildungsgehalt* bezeichnet. Die *sozialen Gebilde*, die ein eigenständiges, geschichtliches Leben führen, eigene Sinngefüge darstellen und ihren geistigen Gehalt der Erziehung mitteilen, seien als *erziehende Mächte* bezeichnet" (Flitner 1933, S. 93, Hervorh. im Original).

In vielen Beschreibungen der objektiven Welt fällt der Begriff "Geist". Er kommt vom lateinischen *spiritus* oder dem griechischen *pneuma*, was wörtlich so etwas wie "bewegte Luft, Hauch, Atem" bedeutet (Hügli / Lübke 2000, S. 228). Er ist einer der komplexesten Begriffe der Philosophie, wird in verschiedenen Ansätzen anders gefasst und kann hier nicht erschöpfend erklärt werden. Wir möchten an dieser Stelle lediglich dem Gebrauch des Wortes in der geisteswissenschaftlichen Pädagogik nachgehen und zwar wie mithilfe des Wortes "Geist" unter anderem die Differenz "lebendig" vs. "erstarrt / tot" konstituiert wird. Dazu nutzen wir eine diskursanalytische Methode, die zeigt, wie Theorien mithilfe von Metaphern und Differenzen "funktionieren". Der "Geist" einer Sache ist das "flüssige, bewegliche", was eine Sache lebendig macht. Man sprach daher vom "Geist der Goethezeit", vom "Korpsgeist" oder vom "Volksgeist". Geist kann einem einzelnen Menschen genauso zukommen, wie einem Kollektiv, meist der Nation, dem Volk. Der Geist eines Volkes objektiviert sich in seiner Sprache, seiner Sitte, seiner Religion, aber auch seiner Mode, seiner Wirtschaft, den Werken seiner Kunst und den Wissenschaften und "lebt" dort fort. Der "Geist" als das Lebendige steht dem relativ verfestigten, erstarrten Objektivierten einer Kultur gegenüber und hält es zusammen.

Aufgrund des "Geistes" können Staat, Erziehung, Sittlichkeit etc. als eine Einheit betrachtet werden, weil sie alle Ausdruck des Volksgeistes bzw. des Geistes der Deutschen sind. Für unseren Zusammenhang ist wichtig, dass diese Lebendigkeit des Geistes nach geisteswissenschaftlicher Auffassung verloren gehen kann. Dann bleibt nur das objektive Werk und "der Geist ist tot". Niemand sollte in der Schule "Faust" von Goethe lesen, wenn der "le-

"Vermittlung" lebendigen Geistes

bendige Geist", der in diesem Werk enthalten ist, nicht trägt und bewegt. Der Geist bringt uns in Kontakt mit dem "ewig Menschlichen", das dieses Drama enthält, es "bildet uns empor". Das Drama selbst als toter Buchstabe ist wertlos. Diese Differenz von lebendig und tot bzw. erstarrt steht hinter der Verwendung des Begriffs des Geistes in bildungstheoretischen und didaktischen Ausführungen der geisteswissenschaftlichen Pädagogen. Als Beispiel definiert Eduard Spranger Erziehung über den Gegensatz von lebendiger und toter Kultur:

> "Das Leben der Kultur vollzieht sich in zwei gleich wichtigen, aber sachlich verschiedenen Tätigkeiten: im Kulturschaffen, vermöge dessen die geistige Welt immer neue Jahresringe ansetzt, und der Kulturfortpflanzung, durch die der Kreislauf frischen Saftes aufrechterhalten wird. Diese Fortpflanzung der Kultur, die auf dem Lebendigerhalten des bereits Erarbeiteten in den werdenden Geistern beruht, nennen wir Erziehung" (Spranger 1927, S. 380).

Blumige Metaphern des Lebens und der Fruchtbarkeit sowie die Differenz tot – lebendig finden sich überall in geisteswissenschaftlichen Schriften.

Sprangers Zitat zeigt aber noch ein weiteres. Für Spranger ist nicht, wie für die Reformpädagogik der Zögling und für Nohl der pädagogische Bezug, Ausgangspunkt einer Definition von Erziehung, sondern die Reproduktion der Kultur im Generationenverhältnis. Spranger argumentiert allerdings weiter:

> "In der Erziehung kann es nicht bloß auf die Einführung in das Verständnis der gegebenen Kultur ankommen. Dann wäre sie nur ein Mittel, die bestehenden Verhältnisse mit ihren Mängeln und begrenzten Vorzügen zu verewigen. Sondern für die wahre Erziehung ist dies alles nur ein Übungsstoff, um daran in der werdenden Seele den vorwärtstreibenden Willen zum echten Wert zu entbinden. Nicht die Wahrheiten sollen überliefert werden, sondern der Wille zur Wahrheit selbst soll gestärkt und bewußt werden [...] nicht bloße Staatstreue ist das Ziel, sondern das fortbildende Staatsethos, der Wille zum wahren und gerechten Staat usw." (ebd., S. 382).

Wieder argumentiert Spranger mit der Differenz von tot – lebendig, denn es ist der lebendige Wille zur Wahrheit, ohne den die Wahrheit tot ist. Es ist der Wille zum Staat, der die an sich wertlose Staatstreue lebendig macht.

Wille zur Wahrheit – Wille zum Staat

Der Gegensatz von Individuum und Welt

Man hat Hermann Nohl und Eduard Spranger oft in einen Gegensatz gestellt, den ersten als Vertreter einer lebendigen Erziehungsgemeinschaft dargestellt, in der der Zögling die Priorität hat, und den zweiten als Vertreter einer allgemein verbindlichen "Kultur- und Wertpädagogik", in der deren Weitergabe Priorität hat. Das ist auch nicht falsch. Wichtig ist aber auch, dass beide dasselbe zentrale Problem bearbeiten, das alle geisteswissenschaftlichen Pädagogen beschäftigt. Das bearbeitete Feld spannt sich zwischen einer verbindlichen Kultur und dem sich entwickelnden Subjekt. Dieses Feld können sie nun in verschiedene Richtungen durchlaufen, Spranger eher von der "Welt" zum "Subjekt" und Nohl eher vom "Subjekt" zur "Welt", es handelt sich bei beiden um dasselbe Feld.

Beziehung von Mensch und Welt als zentrale Aufgabe

Die Beziehung von Mensch und Welt, zwischen Tradition und Subjekt, die der geisteswissenschaftlichen Pädagogik der Weimarer Zeit noch selbstverständlich war, ist für die Erziehungswissenschaft der folgenden Jahrzehnte zu einem Problem geworden, das sich nicht einfach auflösen ließ. Für die geisteswissenschaftlichen Pädagogen war dieses Verhältnis eine Aufgabe, aber kein grundsätzlicher Widerspruch. Für sie erbrachte die Erziehung die Garantie, dass Menschen in eine Welt hineinwachsen, erwachsen und mündig werden. Sie brachte die Garantie, dass sie diese Welt und die Kultur lieben lernen und weiterentwickeln. Am Ende des Erziehungsprozesses, in dem Gehorsam und Autorität durch Liebe zusammengehalten werden, stand der freie und reife Mensch, der seine Aufgaben in der Gesellschaft und den ihm zugewiesenen Platz gern und gut erfüllt.

Bildung und Kultur als deutsches Deutungsmuster

Das Problem der mangelnden Vermittelbarkeit von Bildung und Kultur wurde durch den Nationalsozialismus übermächtig. Die geisteswissenschaftlichen Pädagogen verwechselten die "objektive Kultur" des Nationalsozialismus mit der "sittlichen Volksgemeinschaft", die ihnen vorschwebte. Auch wenn sie sich später persönlich distanziert haben, so versprachen sie sich doch wie sehr viele konservative Intellektuelle 1933 ein Erreichen ihrer Ziele und Visionen mithilfe des bzw. im Nationalsozialismus. Sie verfielen den Aporien eines spezifisch deutschen Diskurses, in dem Bildung und Kultur zentrale Einsätze darstellen. Georg Bollenbeck hat die tragische Geschichte von Glanz und Elend dieses Deutungsmusters nachgezeichnet.

Hier sei seine Analyse kurz zusammen gefasst: Seit dem Anfang des 19. Jahrhunderts hat sich in Deutschland eine gesellschaftliche Gruppe gebildet, das Bildungsbürgertum. Aus verschiedenen Gründen, unter anderem ihrer politischen Bedeutungslosigkeit nach den gescheiterten Revolutionen, hat diese Gruppe eine Reihe von Deutungsmustern entwickelt. Darunter versteht man bestimmte immer wieder kehrende Weisen, über etwas zu sprechen, bestimmte Meinungen, Argumente, Bedeutungen von Begriffen etc. Deutungsmuster werden nicht immer aufs Neue hinterfragt. Sie gelten in einer bestimmten gesellschaftlichen Gruppe als wahr. Zu einem solchen Deutungsmuster gehörten die Begriffe "Bildung" und "Kultur" und was das Bildungsbürgertum darunter verstand.

Bildung war danach etwas Größeres und Bedeutenderes als bloße Fähigkeiten oder Kenntnisse. Erst durch "Bildung" erreiche der Mensch seine eigentliche Bestimmung. Und Bildung geschehe auch nicht durch irgendwelche "technischen, pädagogischen Eingriffe", sondern durch wahres Menschsein angesichts großer Werke des Geistes, etwa einer Sinfonie von Mozart, oder eines Gedichts von Goethe oder eines philosophischen Werkes von Kant. Bildung ereigne sich auch in wahrer Sittlichkeit oder Frömmigkeit. Eine so verstandene Bildung sei nur möglich und wirksam in einer Kultur, die diese Bildung enthalte, einer Kultur, in der sich der "Geist" verwirklicht habe, in der er gegenständlich, zum Objekt geworden sei. Unter den Völkern habe einzig Deutschland eine Kultur hervorgebracht, die diesem Ideal ganz entspricht. Andere Länder wie England, Frankreich und vor allem Amerika hätten zwar eine beachtenswerte "Zivilisation" erreicht, aber eine Zivilisation bestehe nur aus Bürgern, die sich zur Erfüllung ihrer jeweiligen Interessen zusammengeschlossen haben. Ihr fehle jene universale Gemeinschaft der Gebildeten, die in der Kultur spürbar wird. Zu diesem Deutungsmuster gehört auch, dass die Kultur im Niedergang sei, dass sie "einmal", vielleicht bei Goethe selbst, wahrer und echter gewesen sei, dass aber die Massengesellschaft und die Industrie, die Individualisierung etc. dazu führen, dass die Kultur immer mehr "verflache".

Bildung durch und als Menschsein

Gemeinschaft der Gebildeten als Kultur

Sie werden jetzt sehen, dass die Argumente von Nohl, Flitner, Spranger und Litt sich in dieses Deutungsmuster fügen. Das hat eine systematische und eine politische Implikation. Systematisch wird mit den Aussagen zur deutschen Kultur auf eine universelle Kulturanthropologie Bezug genommen, wenn man die deutsche Kultur als die Überlegene ansieht. Eine solche Aussage ist nämlich nur möglich, wenn man die Kulturen an einem nicht der Geschichtlichkeit unterliegenden Maßstab misst. Damit hintergeht auch die geisteswissenschaftliche Pädagogik ihre grundlegende Aussage von der Geschichtlichkeit alles Seienden.

Die politische Implikation zeigt Bollenbeck auf, indem er nachweist, dass der Nationalsozialismus diese Deutungsmuster ebenfalls bediente: der Hang zur Gemeinschaft, der Nationalismus, die Abneigung gegen den Streit der Parteien und die Demokratie, die Kampfansage gegen den Marxismus etc. Man muss nicht unbedingt Faschist gewesen sein, um 1933 im Nationalsozialismus etwas Gutes zu sehen. Von Schuld befreit diese Verwechslung nicht. Der Pädagoge Hermann Weimer schloss seine "Geschichte der Pädagogik" in der Auflage von 1941 mit den Worten:

Geistige Nähe zum National- sozialismus

> "So geht das, was Platon einst in seiner Politeia erträumt, was Fichte in den ‚Reden an die deutsche Nation' gefordert, was das erwachende Preußen in den Reformen eines Stein, Scharnhorst und Humboldt zu gestalten versucht hat, in dem einzigartigen Er-

ziehungswerk Adolf Hitlers einer alles Bisherige hinter sich lassen-
den Verwirklichung entgegen" (Weimer 1941, S. 224).

Hermann Weimer ist nicht repräsentativ für die geisteswissenschaftliche
Pädagogik. Bollenbeck zeigt jedoch in einer differenzierten Analyse, wie
"blind" die Träger der deutschen Kultur für das wahre Gesicht des Nationalsozialismus waren. Sie erkannten dieses Missverständnis, wie viele ihrer Kol-
legen aus anderen Wissenschaftsbereichen bestenfalls, als es zu spät war
und sie ihren Einfluss und ihre Positionen verloren hatten.

2.3.3   Anknüpfungen und Neuansätze nach 1945

Transformationen

Es war nach dem Krieg nicht möglich, die Theorie der Kultur auf dieselbe
Weise wieder aufzugreifen. Bestimmte Elemente dieser Kultur, wie der Gehorsam, der Militarismus oder das Völkische waren obsolet geworden. In
Bezug auf die Erwachsenenbildung urteilt Joachim Dickau in seinem Rückblick:

> "Wurden trotz dieser veränderten Ausgangssituation weitgehend
> die Vorstellungen der Weimarer Zeit sowohl hinsichtlich der politi-
> schen als auch der bildungstheoretischen Konzeptionen über-
> nommen, wurden dabei doch mindestens in zweierlei Hinsicht
> neue Akzente gesetzt: Zum einen trat an die Stelle der Dominanz
> des nationalen Gedankens die Betonung der internationalen Ver-
> ständigung und die Förderung internationaler Beziehungen, zum
> anderen wurde der stets für faschistoide Tendenzen in Anspruch
> genommene Volksgemeinschaftsaspekt durch die Pflege des Part-
> nerschaftsgedankens ersetzt" (Dickau 1980, S. 34).

Kontinuität des kulturkritischen Denkens

Trotzdem lebten bestimmte Einstellungen weiter. Vor allem der Topos, dass
die technische Welt, etwa die "Maschinenarbeit" und die "technischen Medien" den Menschen und seine Bildung bedrohen, erhielt in der pädagogischen und erwachsenenbildnerischen Literatur der fünfziger Jahre eine e-
norme Bedeutung. Bildung wird nun eine Gegeninstitution zu den in der
industrialisierten Gesellschaft ausgemachten Vermassungstendenzen. In den
erziehungswissenschaftlichen Konzeptionen von Theodor Litt und Heinrich
Weinstock wird die Bedeutung der Arbeit und des Berufs für die Bildung
herausgestellt. Nur in einer auf Arbeit bezogenen Bildung kann der arbeitende Mensch, in dem sich alle Probleme bündeln, gebildet werden (vgl. Weinstock 1957, S. 31). Mit solchen Konzeptionen bringt sich die Pädagogik in
einer Gesellschaft, in der ein völlig zerstörtes Land aufgebaut werden muss,
in der Arbeit als Überlebenssicherung das dominante Moment ist, wieder ins
Zentrum des Geschehens. An der Basis der Volkshochschularbeit dominierten

zivilisationskritische und kulturpessimistische Positionen, man widersetzte sich dem "Kulturverfall" und der "Vermassung". Man war stolz darauf, in "kleiner Zahl" und mit einer "aktiven Minderheit" wahre Bildung zu betreiben. Zentrale Gegenstände der Kurse waren nach wie vor Kunst, Literatur und Philosophie. Mit dem Aufkommen des Fernsehens in den 50er Jahren befürchtete man, dieses Medium werde jede kulturelle Eigenaktivität schmälern und die Teilnehmerzahlen reduzieren. Hans Tietgens, eine der zentralen Figuren in der Erwachsenenbildung der "Bonner Republik" urteilt über die Volkshochschule, sie wäre

> "[...] in ihrer Ausstrahlung nach außen betont antiinstitutionell, antiorganisatorisch und antibürokratisch. Mochten die Volkshochschulen praktisch auch damals schon nüchterne und nützliche Arbeit leisten, das Bild, das man von ihnen nach außen hervorkehrte, war zivilisationskritisch gefärbt" (Hans Tietgens zitiert nach Siebert 1994, S. 57).

Kategoriale Bildung und der Bruch mit der traditionalen Kultur

In den 50er Jahren begannen sich die geisteswissenschaftlichen Argumentationen zu verändern. Wolfgang Klafki hat für die Didaktik ein Konzept vorgelegt, das an den Traditionen geisteswissenschaftlicher Theoriebildung anknüpft, aber auf die Gewissheit einer gegebenen Kultur verzichtet. Er möchte die Didaktik der Schulfächer bildungstheoretisch fundieren. Unter einer Didaktik versteht er jene Theorie, die angibt, welche Inhalte gelernt und unterrichtet werden sollen. Er geht dabei von den Konzepten formaler und materialer Bildung aus, die sich in der Geschichte der Pädagogik gegenüberstehen. Beide sind einseitig und an eine neue Bildungstheorie stellt er den Anspruch, alle Momente gleichermaßen zu umfassen. Daher entwirft er die Idee einer "kategorialen Bildung". Kategoriale Bildung bedeutet, dass das Individuum sich die "Welt" kategorial erschließt. Es bedeutet aber auch umgekehrt, dass das Individuum der Wirklichkeit erschlossen worden ist.

> "Bildung nennen wir jenes Phänomen, an dem wir – im eigenen Erleben oder Verstehen anderer Menschen – unmittelbar der Einheit eines objektiven (materialen) und eines subjektiven (formalen) Momentes innewerden. Der Versuch, die erlebte Einheit der Bildung sprachlich auszudrücken, kann nur mit Hilfe dialektisch verschränkter Formulierungen gelingen: Bildung ist Erschlossensein einer dinglichen und geistigen Wirklichkeit für einen Menschen – das ist der objektive oder materiale Aspekt; aber das heißt zugleich: Erschlossensein dieses Menschen für diese Wirklichkeit – das ist der subjektive oder formale Aspekt zugleich im ‚funktionalen' wie im ‚methodischen' Sinne (S. 43). "Bildung ist kategoriale Bildung in dem Doppelsinn, daß sich dem Menschen eine Wirklichkeit ‚kategorial' erschlossen hat und daß eben damit er selbst –

75

dank der selbstvollzogenen ‚kategorialen' Einsichten, Erfahrungen, Ergebnisse – für diese Wirklichkeit erschlossen worden ist." (Klafki 1964, S. 44).

Bezug der Bildungsinhalte auf die Wirklichkeit der Lernenden

Sie sehen, dass sich der bei Nohl und Spranger analysierte Gedanke hier wieder findet: Der Prozess der Bildung bzw. Erziehung muss einerseits dem sich entwickelnden Individuum und andererseits der Dignität der Welt gerecht werden. Die Wirklichkeit dieser Welt ist für Klafki aber nicht mehr die der traditionalen Güter und Werte, sondern eine, in der sich der Mensch bewähren muss. Bei der Auswahl der Bildungsinhalte soll solchen Inhalten ein zentraler Platz eingeräumt werden, die sich auf die Wirklichkeit der Lernenden beziehen lassen.

Entscheidend ist also, dass sich das Verständnis von Welt oder Kultur verändert hat. Das wird auch im Gutachten des Deutschen Ausschusses zu "Situation und Aufgabe der deutschen Erwachsenenbildung" deutlich. Dieser Ausschuss tagte seit den späten 50er Jahren und sollte Vorschläge für eine Reform des Bildungswesens machen. Nach verschiedenen anderen Berichten zur Lehrerbildung und zu den Konfessionsschulen sowie einem Rahmenplan für das gesamte Bildungswesen veröffentlichte der Ausschuss 1960 als vierten Bericht das Gutachten zur Erwachsenenbildung. Dort heißt es:

"Je mehr die Gesellschaft in Bewegung gerät und je mehr in einem Umbruch der Zeiten die überkommenen Daseinsformen erschüttert werden, desto mehr wird jeder einzelne und jede soziale Gruppe genötigt, aus eigener Kraft und nach eigener Einsicht die neue Gestalt des Lebens zu suchen, die es dem Menschen möglich macht, sich in einer gewandelten Welt als Mensch zu behaupten. [...] In einer geschichtlichen Lage, in der kein vorgebahnter Pfad mehr verläßlich ist, hat er seinen eigenen Weg zu suchen; er hat ihn auch dann zu verantworten, wenn er glaubwürdigen Autoritäten einsichtig folgt" (14).

Und später heißt es: "Aus diesen Überlegungen ergibt sich, daß man auf die Frage, was unter Bildung zu verstehen sei, nur eine nüchterne Antwort geben kann. Gebildet im Sinne der Erwachsenenbildung wird jeder, der in der ständigen Bemühung lebt, sich selbst, die Gesellschaft und die Welt zu verstehen und diesem Verständnis gemäß zu handeln" (20).

Bildung als Bewältigung der Welt

Sprangers Idee einer vorgegebenen Kultur ewiger Wahrheit ist hier ebenso undenkbar wie Nohls Idee einer gehorsamen, liebevollen Hingabe des Zöglings an den reifen Menschen. Autorität entlastet nicht von Verantwortung. Die Welt ist nicht eine Welt der gegebenen Werte und Güter, sondern eine Welt der Probleme, die gelöst werden müssen. Das "Bewahren" hat völlig an Bedeutung verloren, es ist einem sich immer neu Einstellen, immer neu Verstehen der Welt gewichen. Aber es hat sich nicht alles geändert: Immer noch bewegt sich die Theorie zwischen dem Menschen und der Welt. Es handelt sich immer noch um eine Bildungstheorie, die objektive und subjektive Momente zu vermitteln sucht. Allerdings ist "Bildung" in ihrem positiven Sinne nicht mehr in der Kultur aufgehoben. Der Mensch kann sich nicht bilden, indem er in die Kultur hineinwächst, sich ihr anvertraut. Er ist in eine feindliche Welt "geworfen", dazu verdammt, immer neue Antworten auf immer neue Probleme aus sich selbst heraus zu produzieren. Zwischen den Zeilen des Gutachtens liest man die Klage, dass "der Mensch" allein sei angesichts der Aufgabe, die Welt zu bewältigen.

Wenige Jahre später wird diese Grundidee einer Bildungstheorie, die den "Menschen" in den Mittelpunkt stellt, verabschiedet. Mit der realistischen Wende in den Erziehungswissenschaften tritt ein völlig neuer Typus von Theorie in den Vordergrund. Dieser Typus wird im nächsten Kapitel dargestellt.

3 Zwischen Reform und Kritik

Im vorigen Kapitel wurde dargestellt, wie das Bildungswesen im Osten Deutschlands nach 1945 in einer Reihe von Reformen neu gestaltet wurde, während im Westen die Strukturen der Weimarer Zeit weitgehend übernommen wurden. Im Schulbereich blieben größere Reformen aus. Der Bereich der Erwachsenenbildung gewann zwar an Bedeutung und erreichte eine gewisse öffentliche Anerkennung, der Pluralismus verschiedenster Träger, der das System der Bundesrepublik auszeichnen sollte, hatte sich bis Ende der 50er herausgebildet. Aber die Aufgaben und Ziele der Erwachsenenbildung wurden eher in praktischer Lebenshilfe gesehen. Den Umwälzungen des Wirtschaftswachstums und der Technologisierung des Alltags gegenüber war man kritisch eingestellt.

Ab Mitte der 60er Jahren wurde dann plötzlich alles anders: Man beklagte die Rückständigkeit der Schule. Das Bildungssystem sollte sich nicht mehr bildungstheoretisch begründen, sondern auf die Grundlage lernpsychologischer Erkenntnisse gestellt werden. Dadurch sollte Unterricht effektiver und rationeller, die Prüfungen objektiver, die Ziele des Unterrichts definierbar werden. Auch die Erwachsenenbildung sollte effektiver werden und sich produktiv an der gesellschaftlichen Entwicklung beteiligen. Die Effektivitätsforderungen gingen mit der Forderung nach einer Ausweitung des Bildungssystems einher. Durch diese Ausweitung war es zugleich möglich, ein gerechteres Bildungssystem zu fordern, das allen Menschen die gleichen Chancen gewährt, ihre Fähigkeiten zu entwickeln. Für wenige Jahre gingen damit die Forderungen nach einer Reform und einem Ausbau des Bildungssystems Hand in Hand mit Forderungen nach einer gerechten Verteilung von Bildung und damit von Lebenschancen für alle sozialen Gruppen.

Neue Aufgaben: Effektivität und Chancengleichheit

In den 60er Jahren veränderte sich nicht nur das Bildungssystem, sondern auch die Wissenschaft, die das Bildungssystem zum Gegenstand hat. Neue Ansätze der Erziehungswissenschaft etablierten sich, die sich teilweise sehr stark von der geisteswissenschaftlichen Pädagogik abgrenzten, teilweise an diese mit neuen Ansätzen anknüpften. Dieser Wandel "von der Pädagogik zur Erziehungswissenschaft" innerhalb weniger Jahre wurde als "realistische Wende" bezeichnet, weil sich Pädagogik nun produktiv auf die Realität der Gesellschaft und deren Fortschritt beziehen sollte.

"Realistische Wende" zur Erziehungswissenschaft

Diese Wende ist nur vor dem Hintergrund der ökonomischen und gesellschaftlichen Entwicklungen zu verstehen. Solche Veränderungsprozesse werden seit einigen Jahren als Modernisierungsprozesse analysiert. Zunächst werden wir diese Prozesse und ihre Analyse darstellen sowie den Umbau des Bildungssystems. Die weiteren Kapitel haben die neuen wissenschaftlichen Ansätze zum Thema.

3.1 Modernisierungsprozesse

Modernisierungsschübe und gesellschaftlicher Wandel

In den 50er und 60er Jahren hat sich die soziale Realität der Bundesrepublik tiefgreifend verändert. Einen Teil der Realität solcher Modernisierungsprozesse machen Rationalisierungsprozesse aus. Sie sind das Bestreben, die Zweckdienlichkeit bzw. die Wirtschaftlichkeit von Produktions- und Arbeitsabläufen zu erhöhen und gleichzeitig die Produktivität zu steigern. Das Produktionsziel soll mit möglichst geringem Ressourcenverbrauch erreicht werden, was ständig die Anwendung von neuen und effizienteren Verfahren und die Nutzung aktueller technischer Möglichkeiten provoziert. Über die Zeit hinweg werden im Prozess der Rationalisierung ursprünglich handwerklich-künstlerische, also ganzheitliche Tätigkeiten in einzelne Elemente zerlegt und die einzelnen elementaren Tätigkeiten unter Zuhilfenahme von Maschinen und bestimmten Verfahren in immer neue Organisationsformen (z.B. Arbeitsteilung) überführt.

Der Begriff der Modernisierung meint tiefer greifende Prozesse als der der Rationalisierung: nämlich langfristig ablaufende Entwicklungen und Veränderungen, in deren Folge allmählich die angestammte kulturelle und gesellschaftliche Ordnung aufgehoben und durch neue Ordnungen ersetzt wird. Diese Transformationsprozesse verlaufen nicht nach einer bestimmten Gesetzmäßigkeit, und es ist deshalb schwierig, sie exakt zu beschreiben. Jede Definition, auch die folgende von Hans van der Loo und von van Reijen, besagt nur, dass Modernisierungsvorgänge vielschichtige und schwer zu durchschauende Vorgänge sind:

> "Modernisierung verweist auf einen Komplex miteinander zusammenhängender struktureller, kultureller, psychischer und physischer Veränderungen, der sich in den vergangenen Jahrhunderten herauskristallisiert und damit die Welt, in der wir augenblicklich leben, geformt hat und noch immer in eine bestimmte Richtung lenkt" (Van der Loo / van Reijen 1992, S. 11).

Paradoxien der Modernisierung

Van Reijen und van der Loo unterscheiden in dieser Entwicklung vier Paradoxien:

Das *Differenzierungsparadox* besagt, dass soziale Einheiten in verschiedene Teile aufgespalten werden (Maßstabsverkleinerung), durch diese Aufspaltung aber zugleich ein Zwang zu vermehrter Kooperation zwischen diesen Einheiten entsteht, der dann wiederum zu neuen größeren Funktionseinheiten führe (Maßstabsvergrößerung).

Das *Rationalisierungsparadox* nimmt die grundlegende Idee des Differenzierungsparadoxes auf gesellschaftlicher Ebene auf. Einerseits findet eine Pluralisierung von Milieus und Lebenswelten statt, andererseits wird die Produktion z.B. generalisiert, weil rationell auf einen Massenmarkt ausgerichtet. Wir finden z.B. aktuell eine Renaissance der regionalen Kulturen, andererseits werden die Hotels weltweit mit den gleichen Möbeln ausgestattet, also jede regionale Differenzierung der Inneneinrichtung negiert.

Das *Individualisierungsparadox* besagt, dass sich zunehmend ein Konzept, das in der Soziologie unter dem Begriff der individuellen oder subjektiven Modernität firmiert und mit der makrotheoretisch orientierten ökonomischen und sozialwissenschaftlichen Wachstums- und Entwicklungsforschung im Kontext der Dritten Welt verbunden ist, durchsetzt. Es geht dabei um die Rolle des Individuums im Modernisierungsprozess, konkreter, um den Prozess der psychosozialen Veränderung und Anpassung von Individuen, die zunehmend mit modernen Institutionen in Kontakt kommen (Inkeles 1984, S. 352 f). Die These lautet, dass sich weltweit ein "Syndrom individueller Modernität" durchsetzt, in dem der moderne Mensch, so Inkeles, "ein informierter Bürger, der am politischen Leben teilnimmt [ist, Anm. HJF/DW]; er weist ein ausgeprägtes Wirksamkeitsgefühl auf; er ist höchst unabhängig und autonom in seinem Verhältnis zur Tradition, insbesondere wenn er grundlegende Entscheidungen über persönliche Angelegenheiten trifft; und er ist offen für neue Erfahrungen und Ideen; das heißt, er ist relativ aufgeschlossen und kognitiv flexibel" (ebd.). Zugleich aber entstehen Abhängigkeiten gegenüber abstrakten, vielfach anonymen und groß dimensionierten Verbänden (vgl. van der Loo / van Reijjen 1992, S. 38).

Das *Domestizierungsparadox* schließlich konstatiert den Versuch, sich mithilfe der durch die wissenschaftliche Entwicklung vorangetriebenen Naturbeherrschung (Domestizierung) unabhängiger von den Naturgewalten zu machen. Zugleich aber führt diese Entwicklung zu neuen Abhängigkeiten.

Die reformpädagogischen Zielsetzungen der 60er und 70er Jahre verstehen wir (wie übrigens auch die gegenwärtigen Diskussionen) als Versuch einer Modernisierung des Subjektmodells der Bildungsinstitutionen, die auf die psychosoziale Veränderung ihres Klientels zielen; insofern sind die reformpädagogischen Bemühungen Ausdruck einer allgemeinen kulturellen und gesellschaftlichen Veränderung. Es soll um die "Umstellung von entlastenden Traditionen auf Ich-Leistungen" gehen und dies hat wesentliche Konsequenzen für die Reform der gesellschaftlichen Institutionen (Combe / Buchen 1996, S. 280). Anders gesagt: Bildung als gesellschaftliche, sozialisatorische Institution soll "subjektive Modernität" als funktionales Korrelat zu gesellschaftlichen Modernisierungsprozessen hervorbringen. Darin besteht die allgemeine Funktionalität von Bildung im Stadium fortgeschrittener Modernisierung. Denn um die Menschen für eine kapitalistische Marktgesellschaft nützlich zu machen, ist nicht mehr die disziplinierende Erziehung funktional, wie sie sich seit dem 17. Jahrhundert entwickelt hat, sondern eine, die selbstständige, moderne Subjekte produziert.

"Subjektive Modernität" als Aufgabe von Bildung

81

Dieser Zusammenhang von Modernisierung und Subjektkonstitution wird in der aktuellen internationalen sozialwissenschaftlichen Diskussion nicht nur von der Modernisierungstheorie thematisiert, sondern mit unterschiedlicher Perspektive auch von den Governementality-Studies im Anschluss an Michel Foucault (vgl. Bröckling u.a. 2000, S. 7) und von neomarxistischen Analysen des Postfordismus (vgl. etwa Hirsch 1995).

Aspekte kultureller Modernisierung

Im Folgenden sollen skizzenhaft einige weitere Zusammenhänge kultureller Modernisierung angedacht werden. Seit den 50er Jahren gab es in der Bundesrepublik ein hohes Wirtschaftswachstum, das so genannte "Wirtschaftswunder", und bald Vollbeschäftigung. Bedingt durch den hohen Mangel an Arbeitskräften wurden Menschen aus Ländern v.a. Südeuropas angeworben, wodurch sich die kulturelle Heterogenität der Gesellschaft der Bundesrepublik steigerte und zunehmend gesellschaftlich thematisiert wurde. Die restaurativen Denkweisen der fünfziger Jahre treten damit in einen Gegensatz zu den ökonomischen und sozialen Realitäten.

Neue Pädagogiken durch kulturelle Modernisierung

Mit der zunehmenden Prosperität breiterer gesellschaftlicher Schichten kam es zu einer Technisierung des Alltags: von Waschmaschine und Trockner über Fernseher, Hifi-Anlage, Videorekorder, Faxgerät, Anrufbeantworter bis zu Personalcomputern, Internet und Handys in den 90ern. Das Schlagwort der "neuen Medien" verwies jedes Jahrzehnt auf andere Kommunikationsmittel. Jede Welle neuer Geräte veränderte die Handlungs- und Kommunikationsweisen, die Formen der Zeitplanung etc. oder brachte ganz neue, bisher nicht bekannte Praktiken hervor. Wenn Praxisfelder sich hoch verdichtet transformieren, entsteht meist eine entsprechende "Pädagogik", die sich die Entwicklung und Einübung von Handlungsweisen in diesen Feldern zum Gegenstand macht. So erstaunt es nicht, dass sich in den 60er Jahren die Medienpädagogik ausdifferenzierte (vgl. Hiegemann / Swoboda 1994).

Kultur umfasst alle gesellschaftlichen Praktiken

Die Unterhaltungs- und Kulturindustrie entwickelte sich stärker als je zuvor und so veränderte sich auch der Kulturbegriff. Während Kultur noch wenige Jahre zuvor ein normativer Begriff war, der auf die innerhalb einer Gesellschaft elaboriertesten, exklusivsten und privilegiertesten Praktiken verwies und zum Ausgangspunkt der "Kulturkritik" an allem Kulturlosen, u.a. der , für alle Arten gesellschaftlicher Praktiken. Die kulturkritischen Argumentationsfiguren sind nicht völlig verschwunden und finden sich auch heute noch im öffentlichen Diskurs, aber sie haben seit den 50er Jahren stark an Bedeutung verloren. Dies hatte u.a. Folgen für die Programmgestaltung von Einrichtungen der Erwachsenenbildung. Unter "kultureller Bildung" wurde nicht mehr die Bewahrung einer emphatisch gedachten Kultur vor der Flachheit der industriegesellschaftlichen Zivilisation gedacht, sondern die Beschäftigung mit einer Vielfalt kultureller Praktiken. Die entstehende "interkulturelle

Bildung" hat in diesem Bedeutungswandel ebenso wie in der kulturellen Heterogenisierung der Gesellschaft die Bedingung ihrer Möglichkeit.

Es sind vor allem die Jüngeren, die in den 60ern zunehmend ein Unbehagen an den gesellschaftlichen Gegensätzen, an der von ihren Eltern vertretenen konservativen Moral und an der Dethematisierung der faschistischen Vergangenheit zum Ausdruck bringen. Als "Jugendkulturen" bezeichnet man Gruppen von Jugendlichen, die sich mehr oder weniger stark gegen ältere, etabliertere Generationen abgrenzen und die Differenzen in den Wertvorstellungen mit einem differenten Lebensstil verdoppeln, der Kleidungsstile, Verhaltensweisen, Musikrichtungen etc. enthält. Das Phänomen ist nicht neu, man kennt die "Halbstarken" bereits aus den 40er und 50er Jahren und nicht zuletzt die "Jugendbewegung" (s.o.) und ihre Versuche einer umfassenden Lebensreform. Die Deutung des Phänomens als "Jugendkulturen" beginnt aber in den 60er Jahren, sie domestiziert zugleich die darin enthaltene Kritik, denn solange die differenten Verhaltensweisen der Jugendlichkeit der Akteure zugeschrieben werden, verlieren sie sich mit dem Älterwerden von alleine (vgl. Willis 1978).

In den späten 60er Jahren wurden allerdings breite Kreise v.a. der Studierenden in vielen Ländern Europas, aber auch in den USA oder Mexiko politisiert. Diese Gruppen wandten sich gegen die bürgerliche Gesellschaft und etablierten neue Weisen politischer Aktivität und neue Lebensformen (z.B. Wohngemeinschaften, sexuelle Revolution usw.). Im Gegensatz zu den "Jugendkulturen" gehörte es allerdings zum Programm, in einem "Marsch durch die Institutionen" die Gesellschaft langfristig zu ändern.

Zugleich veränderte sich die politische Landschaft. 1963 endete die "Ära Adenauer" und nach dem Zwischenspiel einer "großen Koalition" regierte 1969 eine sozialliberale Koalition unter dem Bundeskanzler Willi Brandt. Die Regierungserklärung Brandts war ein "Manifest des Neubeginns", des "Aufbruchs zu neuen Ufern". Für Brandt war Demokratie nicht nur eine Staatsform, sondern eine Haltung, die alle Lebensbereiche erfasste (Glaser 2000, S. 337).

Diese sehr verkürzt und fragmentarisch genannten Zusammenhänge sollen einen Eindruck davon vermitteln, wie eng materielle und symbolische Transformationsprozesse ineinander greifen. Das Bildungssystem und die pädagogischen Ansätze, die in ihm zur Geltung gebracht werden sollen, sind in solche Prozesse verwoben und finden darin ihre Bedingung.

Pädagogik und Transformationsprozesse

3.2 Die Reform des Bildungssystems

Die Bildungskatastrophe

Das alte Bildungswesen war nicht in der Lage, diesen Modernisierungsschüben gerecht zu werden. Gegenüber den vielfältigen Anforderungen einer sich rasch verändernden Welt, dem expandierenden Arbeitsmarkt, dem tief greifenden Wertewandel, waren die auf Reproduktion der Kultur, auf Beschaulichkeit und Bewahrung angelegten Konzepte der geisteswissenschaftlichen Pädagogik nicht mehr angemessen. Dieses Missverhältnis wurde der Öffentlichkeit erst langsam bewusst. Dazu kam der Rückstand Deutschlands innerhalb der westlichen Staaten, aber auch der Rückstand des Westens gegenüber dem Osten. Am 4.10.1957 gelang es der Sowjetunion, den ersten Satelliten in eine Umlaufbahn zu schießen. Die westliche Welt erlitt den "Sputnikschock": Einer breiten Öffentlichkeit wurde bewusst, dass die sozialistischen Staaten einen wissenschaftlichen und technologischen Vorsprung hatten. Für den pädagogischen Bereich war dies Faktum bereits länger bekannt. Weil die Schulen der DDR in der Entwicklung der didaktischen Theorie und Praxis sehr viel weiter als die westdeutschen Schulen waren, hatten die Lehrer Paul Heimann, Gunther Otto und Wolfgang Schulz das neue Berliner Modell der Didaktik entwickelt. Es sollte eine klare und rationale Planung des Unterrichts und eine Bestimmung seiner Ziele bieten (vgl. Heimann 1972, S. 9 f). Die bildungstheoretische Didaktik (also die Didaktik der geisteswissenschaftlichen Pädagogik, vgl. in Kapitel 1.4. die Ausführungen zu Klafki) wurde durch diese lern- oder lehrtheoretische Didaktik abgelöst.

Lerntheoretische Didaktik als Reaktion auf Rückständigkeit

Georg Picht hat 1964 in einer Aufsehen erregende Artikelserie unter dem Titel "Die deutsche Bildungskatastrophe" auf diese Missstände hingewiesen. Zweimal hat der deutsche Bundestag sich in heftigen Debatten mit seinen Argumenten auseinandergesetzt. Picht behauptete, dass der Erfolg des ökonomischen Systems von Ausbau und Modernisierung des Bildungssystems abhängig sei:

> "Bildungsnotstand heißt wirtschaftlicher Notstand. Der bisherige wirtschaftliche Aufschwung wird ein rasches Ende nehmen, wenn uns die qualifizierten Nachwuchskräfte fehlen, ohne die im technischen Zeitalter kein Produktionssystem etwas leisten kann. Wenn das Bildungswesen versagt, ist die ganze Gesellschaft in ihrem Bestand bedroht. Aber die politische Führung in Westdeutschland verschließt vor dieser Tatsache beharrlich die Augen und läßt es in dumpfer Lethargie oder in blinder Selbstgefälligkeit geschehen, daß Deutschland hinter der internationalen Entwicklung der wissenschaftlichen Zivilisation immer weiter zurückbleibt" (Picht 1964, S. 17).

An dem Zitat lässt sich die neue Entwicklung deutlich ablesen: Der internationale Vergleich mit der Bildungsleistung anderer Staaten ist vielleicht nicht neu, aber die Kriterien haben sich völlig verändert. Nicht mehr Humanismus und deutsche Kultur gelten als Vergleichsmaßstab, sondern die Qualifizierung von Fachkräften für das Produktionssystem.

Bildungspolitik als Standortpolitik

Die Neugestaltung des Bildungswesens

In den folgenden Jahren kam es zu einem quantitativen Ausbau und zu qualitativen Veränderungen des Bildungssystems ohnegleichen: Die Bildungsausgaben von Bund, Ländern und Gemeinden steigerten sich von 15,7 Mrd. Mark im Jahr 1965 auf 44,6 Mrd. Mark im Jahr 1973. Während die Zahl der Hauptschüler/-innen in diesem Zeitraum etwa gleich blieb, verdoppelte sich die Zahl der Realschüler/-innen und Gymnasiast/-innen. Die Zahl der Studierenden verdoppelte sich auf 696.000 im Jahr 1973 (zu den Zahlen vgl. Arbeitsgruppe Bildungsbericht 1994, S. 204 ff; Anweiler u.a. 1992, S. 23). Daneben veränderten sich leitende Werte, die Lernkulturen, die Unterrichtsformen, die Ziele usw. Das Bildungswesen sollte nicht nur vereinheitlicht und ausgebaut, sondern grundlegend modernisiert werden. Dies erforderte rationelle Gestaltung, langfristige Planung in allen Sektoren, Prognosen, um künftige Entwicklungen abzuschätzen, Gesamtpläne zur Abstimmung der Maßnahmen und Berichte zu ihrer Kontrolle.

Bildungspolitische Entscheidungen waren seit 1945 Ländersache, allerdings traf die "ständige Konferenz der Kultusminister der Länder" (KMK) seit 1949 gemeinsame, konsensuelle Entschlüsse, die von allen Ländern umgesetzt wurden. Im Düsseldorfer Abkommen von 1955 und im Hamburger Abkommen von 1964 wurden die wesentlichen Vereinbarungen für eine Vereinheitlichung und einen Ausbau des Bildungswesens getroffen. Bund und Länder richteten 1965 den "Deutschen Bildungsrat" als Gremium der Politikberatung ein. Der Bildungsrat legte in den 10 Jahren seines Bestehens eine große Zahl von Einzelgutachten und 1970 einen Strukturplan für das gesamte Bildungswesen vor. Durch eine Grundgesetzänderung von 1969 wurde der Bundesregierung die Möglichkeit gegeben, eine gesamtstaatliche Bildungsplanung und Bildungsregulation zu koordinieren. Die 1970 gegründete "Bund-Länder-Kommission für Bildungsplanung" (BLK), die diese Aufgabe übernehmen sollte, legte 1973 einen Bildungsgesamtplan vor, der die Reformschritte bis 1985 festlegte (Friedeburg 1989, S. 404).

Angleichung der Bildungspolitik

Reform der Erziehungswissenschaft an den Hochschulen

Innerhalb der Erziehungswissenschaft differenzierten sich Subdisziplinen aus. An den Universitäten wurden eigene Lehrstühle für Bereiche wie Erwachsenenbildung oder Sozialpädagogik eingerichtet. Die ersten Diplomstudiengänge mit Studienrichtungen wie Erwachsenenbildung, Sozialpädagogik oder Heil- und Sonderpädagogik wurden in diesen Jahren geschaffen.

Diese universitäre Absicherung der Ausbildung hatte das Ziel, die Praxis in den außerschulischen Handlungsfeldern auf eine wissenschaftliche und professionelle Basis zu stellen. In allen Bundesländern außer in Baden-Württemberg wurde die Lehrerausbildung reformiert und an den Universitäten angesiedelt. Damit war eine alte Forderung der Lehrer, die seit dem 19. Jahrhundert erhoben wurde, eingelöst. Die Erwartungen, die mit der Professionalisierung verbunden waren, erfüllten sich nicht in der erhofften Weise. Die Reflexion von Professionalisierungsstrategien gehört daher zu einem der wichtigsten Bereiche der gegenwärtigen Diskussion sowohl in der Erwachsenenbildung / Weiterbildung als auch in der Lehrerausbildung (vgl. für die Erwachsenenbildung Nittel 1996).

Verwissenschaft-lichung und Professionalisierung

Lernen, Chancengleichheit und Begabung

Im Folgenden sollen die Grundzüge dieses inhaltlichen Neuansatzes im Bildungssystem verdeutlicht werden. Der klassische pädagogische Begriff der Bildung wurde nun als schwammig und diffus abgelehnt und durch den Begriff des Lernens ersetzt. Statt von Bildungszielen sprach man nun von Lernzielen. Hinter dem begrifflichen Wechsel steht eine veränderte Auffassung von Unterricht. Lernen sollte auf eine "wissenschaftliche" Grundlage gestellt und mit statistischen Instrumentarien untersucht werden. So sollte Unterricht effizienter und besser werden. Der neue Lernbegriff zeigte, dass Lernen in allen Bereichen des Lebens und durch das ganze Leben hindurch stattfand: in der Schule, in der Weiterbildung, aber auch in der Familie, im Alltag, im Betrieb. Mit "Lernen" war ein zentraler und einheitlicher Begriff gefunden, mit dem sich diese Bereiche, für die es zuvor verschiedene Begriffe wie Erziehung, Bildung, Unterricht etc. gab, auf gleiche Weise als Lernprozesse beschreiben ließen. So ergibt sich ein Strukturzusammenhang von Lernvorgängen, der eine Reihe von einfachen Unterscheidungen erlaubt, wie etwa die zwischen organisiertem und nicht-organisiertem Lernen (vgl. Deutscher Bildungsrat 1970, S. 36, 51). Der organisierte Teil des Lernens wurde als eine staatliche Aufgabe verstanden, die sinnvoll und rational geplant werden konnte. Das nicht-organisierte und vorbewusste Lernen und Hineinwachsen in eine Gesellschaft wurde Gegenstand der gesamteuropäischen Sozialisationsforschung (vgl. das Standardwerk Hurrelmann / Ulich 1991), das unbewusste Lernen Gegenstand tiefenpsychologischer Forschung.

Entgrenzung des Lernens

Es ist daher nicht verwunderlich, dass die Erwachsenenbildung im Strukturplan systematisch in das Bildungswesen einbezogen wurde. Der neue Begriff "Weiterbildung" bezeichnete einen quartären Bereich neben dem Primar- (Grundschulen), Sekundar- (weiterführende Schulen) und dem tertiären Bereich (Hochschulen). Er definierte sich nicht mehr über die Träger und gesellschaftlichen Gruppen, die bisher in der Erwachsenenbildung ihre Bildungsbe-dürfnisse organisierten, sondern an der Lebensphase "Erwachsensein" und den damit verbundenen Lernaufgaben und Lernerfordernissen. Weiterbildung sollte eine Dienstleistung des Staates und eine Selbstverständlichkeit für alle Bürger werden.

Nicht nur entlang des individuellen Lebenslaufs des Einzelnen, sondern auch bezüglich unterschiedlicher Herkunft und Schichtzugehörigkeit sollte das Bildungssystem homogen sein. Bisher wurde für Kinder der Hauptschule ein anderes Bildungsideal entwickelt als für Kinder, die das Gymnasium besuchten. Nun sollten alle Bildungsbereiche nach den gleichen Prinzipien und Richtzielen ausgerichtet sein. Das bedeutete: Alles Lernen sollte an den neu-esten Erkenntnissen der Wissenschaft orientiert sein, alle sollten das Lernen des Lernens lernen, die überbordende Stofffülle der Lehrpläne sollte durch exemplarisches Lernen und Lernen des Lernens ersetzt werden. Alle Fähig-keiten der Lernenden – der "ganze Mensch" – sollte gefördert werden, dazu sollten berufliche und allgemeine Bildung integriert werden. Die für das Zu-sammenleben erforderlichen Verhaltensweisen sollten erworben werden; so entwickelten sich Programme zum sozialen Lernen. Der Anspruch einer sol-chen Struktur des Bildungssystems war egalitär. In diesem Zusammenhang steht auch der Begriff der Chancengleichheit:

> "Das Recht auf schulische Bildung ist dann verwirklicht, wenn Gleichheit der Bildungschancen besteht und jeder Heranwachsen-de so weit gefördert wird, daß er die Voraussetzungen besitzt, die Chancen tatsächlich wahrzunehmen" (Deutscher Bildungsrat 1970, S. 30).

Chancengleichheit bedeutet also nicht die Gleichheit der Individuen, sondern die Förderung und Beeinflussung der Ausgangsbedingungen, so dass alle Individuen die Chancen auf gleiche Weise wahrnehmen können. Es geht um die Aufhebung von Benachteiligungen durch aktive strukturelle, curriculare und finanzielle Anstrengungen und die Beseitigung von "Lernbarrieren". Die Forderung nach Chancengleichheit war nicht nur humanistisch motiviert, zur Bewältigung der Anforderungen des Beschäftigungssystems sollten "Bega-bungsreserven" in den unteren Schichten mobilisiert werden. Dazu sollte ein neues Bildungssystem dienen, das sehr viel durchlässiger sein musste als das drei- oder viergliedrige alte System.

Chancengleichheit zwischen Emanzi-pation und Mobili-sierung

In einem Gutachten zum Strukturplan – mit dem Titel "Begabung und Ler-nen" – wird die wissenschaftliche Perspektive in diesem Programm noch einmal deutlich: Die Vorstellung einer "Begabung", die die Fähigkeiten und den Lebenslauf eines Menschen vorherbestimmt, wird von den Autoren anhand empirischer Forschung widerlegt. Der Herausgeber, Heinrich Roth formuliert treffend: "Begabung ist nicht nur Voraussetzung für Lernen, son-dern auch dessen Ergebnis" (Deutscher Bildungsrat 1969, S. 22). In diesem Gutachten tauchen alle Elemente des Programms auf: Biologen und Psychologen referieren empirische Ergebnisse zum lernenden Individuum, seiner genetischen Ausstattung, seiner psychischen Entwicklung, seiner Intelligenz. Soziologen referieren über "Schichtspezifische Formen des Sprachverhaltens und ihren Einfluss auf kognitive Prozesse" (Deutscher Bildungsrat 1969, S. 297) und andere soziale Voraussetzungen des Lernens. Erziehungswissenschaftler referieren über Möglichkeiten von Leistungstests oder die Steigerung von Motivationen oder über die "Steuerung und Steigerung der Lernleistung durch die Schule" (Deutscher Bildungsrat 1970, S. 449). In diese optimistischen, technologischen Überlegungen der Effizienzsteigerung schienen die sozialutopischen reformpädagogischen Überlegungen zur Chancengleichheit gut zu passen. Es geht danach um eine schulische Förderung von Kindern und Jugendlichen, die es ihnen ermöglichen soll, eine Leistung zu erbringen, die unabhängig von sozialen und biologischen Faktoren sein soll. Das Bildungssystem soll also eine gesellschaftlich etablierte Ungleichheit, die sich bis in die Tiefen der Subjektivität von jungen Menschen eingebrannt hat, unwirksam machen.

Bilanz der Bildungsreformen

In der westdeutschen Diskussion wurde den internationalen Vergleichen viel Bedeutung beigemessen; der Rückstand der BRD war durch den "Dornröschenschlaf" des Wirtschaftswunders und durch die alleinige Zuständigkeit der Länder für das Bildungswesen tatsächlich dramatischer als anderswo. Im Rückblick zeigt sich, dass die Modernisierungsschübe und der darauf folgende Ausbau des Bildungswesens ein internationales Phänomen der 60er Jahre war. In England wurde 1963 das "revolutionärste Bildungsprogramm der britischen Geschichte" bekannt gegeben (Picht 1964, S. 56), die französische Regierung betrachtete das Bildungssystem als wichtigste Zukunftsinvestition und lancierte Ende der 60er Jahre eine umfassende "technokratische" Reform des Bildungssystems. Auch in der DDR ging es in der gleichen Zeit im Zeichen der "wissenschaftlich-technischen Revolution" um eine Modernisierung des Bildungswesens. In den industriellen Staaten des Ostens und des Westens erlangten Fragen des Bildungswesens für rund ein Jahrzehnt einen hohen politischen Stellenwert und es wurden umfassende Reformen eingeleitet. Die Modernisierungsschübe waren daher keine nationalen, sondern politische Systeme übergreifende Phänomene. Allerdings vergrößerte sich der Abstand zu den Staaten der "Dritten Welt" und deren Armut immer mehr. Auch wenn es gewisse Fortschritte durch die internationale Entwicklungshilfe gab, und wenn die meisten demokratischen Staaten ähnliche Leitprinzipien für das Bildungswesen vertraten, gelang es vielen Ländern nicht einmal, eine Alphabetisierung und schulische Grundversorgung aller Bürger zu gewährleisten.

In den osteuropäischen Staaten kamen die Reformen in den 70er Jahren zum Stillstand, der sozialistischen Modernisierungsvariante war es nicht gelungen, das ökonomische System auf Dauer zu festigen (vgl. Anweiler u.a. 1992, S. 25 ff; Arbeitsgruppe Bildungsbericht 1994, S. 36 ff). Aber auch in der BRD verlangsamten sich die Reformen und der quantitative Ausbau in der zweiten Hälfte der 70er Jahre. Der Bildungsgesamtplan der Bund-Länder-Kommission war für einen Reformzeitraum bis 1985 ausgelegt, aber die ökonomischen und gesellschaftlichen Entwicklungen waren nicht planbar und auch nicht vorauszusehen. Schon 1973 kam es zur ersten Ölkrise und durch die dadurch bedingte Rezession waren weniger öffentliche Mittel vorhanden. Auch die viel beschworene Einigkeit der Parteien in Bildungsangelegenheiten bröckelte. Schon in der Hochphase der Bildungsreformen schrieb Bayern das dreigliedrige Bildungswesen fort, während Hessen alle neuen Schulen als Gesamtschulen ausbaute. Der Kompromiss war eine Orientierungsstufe in der 5. und 6. Klasse, die an den jeweiligen Schularten angesiedelt war. Die Umsetzung einer bundesweiten Bildungsreform scheiterte daher auch an der Zuständigkeit der Bundesländer (vgl. Klemm 1990, S. 33).

Reformstau, Unterfinanzierung und politische Kontroversen

Durch die Überfüllung der Hochschulen kam die Politik der Steigerung der Bildungsabschlüsse in weitere Strukturprobleme. Der enorme Ausbau der Sozialwissenschaften und der empirischen Forschung führte auch dazu, dass sich die Einsicht in die Nicht-Planbarkeit und Nicht-Steuerbarkeit von Lernprozessen ebenso wie die von gesamtgesellschaftlichen Entwicklungen durchsetzte. Die Sozialisationsforschung deckte die "Illusion der Chancengleichheit" auf. Faktisch veränderte sich auch in der Reformära die "stratifikatorische Selektivität", also die Wirkung des Bildungssystems, bestimmte soziale Schichten bzw. Milieus zu benachteiligen, nicht (Köhler 1992, S. 126 f).

Illusionen der Machbarkeit

Die angedeutete veränderte gesellschaftliche Situation, aber auch die veränderte politische Landschaft ließen viele Pläne unerfüllt. Gemessen an den Erwartungen und Plänen könnte man die Bildungsreformen als gescheitert betrachten. Vergleicht man die Entwicklungen im Rückblick, so zeigt sich eine vollständig veränderte Bildungslandschaft in Westdeutschland. Viele dieser Veränderungen sind aber nicht direkt auf die Strukturreformen zurückzuführen. Diese sind selbst Teil eines umfassenden Wertewandels und der kulturellen Revolution, also von Modernisierungsprozessen, von den auf Kleinbürgerlichkeit ausgerichteten 50er Jahren zu einer individualisierten und pluralen Gesellschaft.

Im Zusammenhang mit den Veränderungen im Bildungssystem kam es zu zwei neuen Ansätzen in der Erziehungswissenschaft. Die empirische Erziehungswissenschaft hatte die Bildungsreformen mitgetragen und durch empirische Forschung und die Entwicklung rationaler Unterrichtsmodelle erst möglich gemacht. Sie wird im folgenden Unterkapitel dargestellt. Die kritische Erziehungswissenschaft ging aus neomarxistischen Positionen hervor, reflektierte die Bildungsreformen gesellschaftskritisch und entwickelte eine alternative pädagogische Praxis. Das letzte Unterkapitel ist der kritischen Erziehungswissenschaft gewidmet.

3.3 Die empirische Erziehungswissenschaft

Die empirische Erziehungswissenschaft ist nicht erst in den 60er Jahren entstanden, aber ihre Vertreter waren zuvor eine eher marginale Gruppierung innerhalb der wissenschaftlichen Pädagogik. Zu erwähnen wären Ernst Meumann (1862-1912) und Wilhelm August Lay (1862-1926), die in engem Kontakt mit Schulreformern eine experimentelle Pädagogik und Didaktik entwickelten, Peter Petersen (1884-1952), der das Programm einer pädagogischen Tatsachenforschung entwickelte, um seine Schulversuche darzustellen oder Alois Fischer (1882-1973), der eine eher phänomenologisch orientierte "deskriptive Pädagogik" entwickelte (vgl. Krüger 1997, S. 40).

Dieser empirische Ansatz blieb aber in der Pädagogik randständig, bis er in den 60er Jahren unter den oben skizzierten Vorzeichen in den Mittelpunkt rückte. Vor allem zwei Personen stehen für die Programmatik dieser Wende. Heinrich Roth (1906-1983) war seit 1951 Professor für pädagogische Psychologie an der Hochschule für internationale pädagogische Forschung in Frankfurt und ab 1962 hatte er den Lehrstuhl für Pädagogik in Göttingen inne. Daneben war Roth Vorsitzender der Planungsgruppe Bildungsforschung des deutschen Bildungsrates und beeinflusste die Bildungsreformen und den forschungspolitischen Rahmen der weiteren Entwicklung der Erziehungswissenschaft (vgl. Friedeburg 1989, S. 372). Roth versuchte in einer "integrativen Wissenschaft", hermeneutische und empirische Verfahren zu verbinden und in einer pädagogischen Anthropologie zu zentrieren. Roths sehr bekannt gewordene Antrittsvorlesung in Göttingen von 1962 stand unter dem programmatischen Titel "Die realistische Wendung in der Pädagogischen Forschung". Dort formuliert Roth:

Realistische Wende

> "Es ist nun meine These, daß sich in allen Grund- und Hilfswissenschaften der Pädagogik eine realistische Wendung vollzogen hat, ein zunehmender Einbau erfahrungswissenschaftlicher Methoden, die die Pädagogik erst noch nachzuvollziehen und in ihrem Bereich auf ihre originale Weise für sich selbst nachzuentwickeln hat." (Roth 1962, S. 482).

Für Roth ist es gerade die empirische Forschung, die das humanitäre Erziehungsziel von Freiheit und Selbstbestimmung durch Aufklärung über die Erziehungsverhältnisse möglich machen kann (ebd., S. 490).

Die streitbare Reflexion und wissenschaftstheoretische Grundlegung der empirischen Erziehungswissenschaft hat Wolfgang Brezinka in seiner Schrift "Von der Pädagogik zur Erziehungswissenschaft" von 1971 vorgelegt, auf die wir noch genauer eingehen werden.

Ziel einer empirischen Erziehungswissenschaft ist die Erforschung des Erziehungs- und Unterrichtsgeschehens und des lernenden Individuums. Während Erziehungswirklichkeit in der geisteswissenschaftlichen Ausrichtung ein ganzheitlicher Phänomenbereich war, auf den sich Pädagogik in einem Praxis-Theorie-Praxis-Zirkel bezieht, wird in der empirischen Pädagogik Erziehungswirklichkeit als Komplex von allgemeinen Aussagen betrachtet, die nach empirischen Methoden erkannt und erforscht werden können. Es wird allerdings nicht mehr als Aufgabe der Erziehungswissenschaft verstanden, Ziele für Erziehung und Bildung zu bestimmen, dies sei vielmehr Aufgabe der Politik. Die Erziehungswissenschaft wurde auf diese Weise zu einer Sozialwissenschaft, die sich in ihrem Methoden- und Aufgabenverständnis an anderen Sozialwissenschaften, insbesondere der Psychologie und der Soziologie, orientierte.

Sozialwissenschaftliche Erforschung der Erziehungs-praxis

3.3.1 Empirie und Forschungslogik

Innerhalb der Wissenschaftstheorie der empirischen Wissenschaften sind verschiedene Erkenntnisprogramme zu unterscheiden, die sich jeweils in Auseinandersetzung und Kritik an dem vorausgehenden Erkenntnisprogramm entwickelt haben. Diese Entwicklung vom frühen, manchmal auch "naiv" genannten Positivismus zum kritischen Rationalismus, der die Grundlage für die Neuorientierungen der empirischen Erziehungswissenschaft in den 60er Jahren wurde, möchten wir zunächst darlegen.

Der Empirismus

Eine der Grundthesen des klassischen Empirismus oder Positivismus, wie er von Philosophen wie Bacon, Comte, Hume oder Spencer in der Neuzeit vertreten wurde, ist, dass die Quelle der Erkenntnis nicht die Vernunft sondern ausschließlich die Erfahrung, das "im Erlebnis Gegebene" oder "die Tatsachen" sein könne. Positivismus heißt diese Auffassung, weil sie die Welt als etwas Gegebenes betrachtet, als etwas das "ist" und erkannt werden kann und muss. Damit wird unterstellt, man könne ohne theoretisches Vorverständnis und ohne eigene Interessen, also ohne einen durch den Beobachter, den Betrachter, die Wissenschaftlerin verzerrten Blick forschen.

Die Repräsentation der Tatsachen

Wilhelm Dilthey zeigte, dass eine solche voraussetzungslose und allgemein gültigen Erkenntnis unmöglich ist und entwickelte eine eigene Methodologie der Geisteswissenschaften. Die Philosophen des so genannten logischen

Empirismus oder Neopositivismus brachten eine ähnliche Kritik vor, aber sie gaben im Unterschied zu Dilthey das Ziel – die voraussetzungslose Erkenntnis – nicht auf. Sie waren der Auffassung, dass die Sprache mit ihren unpräzisen, schwammigen und ungenauen Formulierungen, ihren Fallstricken und den in ihr versteckten, unerkannten heimlichen Begehrlichkeiten der Grund für die unzureichende Erkenntnis sei. Diese Alltagssprache bestimme die wissenschaftliche Sprache noch allzu sehr. Die Wissenschaftssprache müsse zu einer allgemeinen bzw. idealen Sprache werden, in der jedes Wort und jede begriffliche Beziehung genau definiert sind. Dies ist das Programm des Neopositivismus. Der radikalste Versuch dieser Art ist der "Tractatus logico philosophicus" (1918) von Ludwig Wittgenstein. Um die Form dieser Schriftlichkeit zu zeigen, zitieren wir die ersten paar Zeilen:

> "1. Die Welt ist alles was der Fall ist.
> 1.1. Die Welt ist die Gesamtheit der Tatsachen nicht der Dinge.
> 1.2. Die Welt ist durch die Tatsachen bestimmt und dadurch, daß es alle Tatsachen sind.
> 1.3. Denn die Gesamtheit der Tatsachen bestimmt, was der Fall ist und auch, was alles nicht der Fall ist.
> 1.4. Die Tatsachen im logischen Raum sind die Welt" (Wittgenstein 1969, S. 11).

Auf der Suche nach einer idealen Sprache

In dieser Form argumentiert Wittgenstein im gesamten Tractatus. Es handelt sich um den Versuch, eine völlig neue Sprache zu erfinden, mit der man nicht mehr viele Worte machen muss, um etwas sehr präzise zu sagen. Diese neue Sprache würde eher einem medizinischen Skalpell oder einer mathematischen Formel gleichen als der Alltagssprache. Allerdings: alles was den geisteswissenschaftlichen Pädagogen wichtig war, Normen, Werte, Kultur, Praxis usw. ließe sich in dieser Sprache nicht aussprechen oder beschreiben. Wittgenstein ist dabei sehr konsequent, sein letzter Satz des Tractatus, der Satz Nummer 7 ist:

> "7. Wovon man nicht sprechen kann, darüber muß man schweigen" (ebd., S. 115).

Diese Arbeit Wittgensteins eignet sich besonders gut, um das Projekt des Neopositivismus auf der Suche nach einer neuen Sprache zu veranschaulichen, weil die sprachliche Form der Abhandlung dem Inhalt entspricht.

Andere Versuche sind nicht so radikal wie der Wittgensteins, gehen aber in dieselbe Richtung. Für die Forschung bedeutsam wurden u.a. die Arbeiten von Rudolph Carnap, einem Mitglied des "Wiener Kreises", mit dem auch Wittgenstein in Verbindung stand. Carnap unterscheidet zwischen Beobachtungssprache und Theoriesprache. Die Beobachtungssprache ist nicht theoriehaltig, aber präzise und unmittelbar verständlich. Zunächst muss Realität über elementare Beobachtungsaussagen der Beobachtungssprache beschrieben werden. Die Beobachtungsaussagen sind zu verifizieren, d.h. mithilfe empirischer Forschung, also mittels Experimenten, Umfragen, Beobachtungen etc. ist zu beweisen, dass sie wahr sind. Erst auf dieser Beobachtungssprache baut die theoretische Sprache als Abstraktion und Generalisierung auf. Die theoretischen Aussagen können nämlich durch Induktion aus den Beobachtungsaussagen geschlossen werden. Die Induktion ist ein logisches Schlussverfahren, das den Schluss von elementaren auf generelle Aussagen ermöglicht (vgl. Seiffert 1971 I, S. 133; Krumm 1995, S. 142 ff).

Der kritische Rationalismus

Der wissenschaftstheoretische Ansatz, der in den 60er Jahren zur Grundlage der neuen Erziehungswissenschaft wurde, das Erkenntnisprogramm des kritischen Rationalismus, war eine Weiterentwicklung des Neopositivismus. Der Wissenschaftstheoretiker Karl Raimund Popper zeigte 1934 in einer Kritik am logischen Empirismus, dass dessen zentralen Annahmen nicht haltbar seien. Zum einen zeigte er, dass eine theoriefreie Beobachtungssprache nicht möglich sei, zum anderen, dass die Möglichkeit von Induktionsschlüssen eine Illusion sei. Damit war eine der wichtigsten Praktiken des logischen Empirismus, die Verifikation, widerlegt. Popper bringt zum Beweis das Beispiel der weißen Schwäne: Der Satz "Alle Schwäne sind weiß" ist eine Verallgemeinerung unserer Alltagserfahrung. Er ist durch einen "Induktionsschluss" entstanden, also ein logischer Schluss, bei dem aus einer Reihe einzelner Erfahrungen auf einen allgemeinen Satz geschlossen wird. Weil wir immer wieder sehen / erfahren, dass Schwäne weiß sind, schließen wir schließlich, dass der Satz "Alle Schwäne sind weiß" wahr ist. Dieser Satz ließe sich nach Carnap nun verifizieren, indem man viele Schwäne aufsucht und ihre Farbe überprüft. Genau dieses Verfahren lehnt Popper mit folgendem Argument ab: Ich kann noch so viele Schwäne überprüfen, ich weiß nie, ob es irgendwo auch schwarze Schwäne gibt, die ich noch nicht überprüft habe. Tatsächlich gibt es schwarze Schwäne, wenn auch sehr wenige. Durch den Satz "Es gibt schwarze Schwäne" ist jedoch der Satz "Alle Schwäne sind weiß" widerlegt. Eine solche Widerlegung ist keine Verifikation, sondern eine Falsifikation und das Verfahren der Falsifikation ist nach Popper das einzig gültige Verfahren, um weitere Erkenntnisse zu gewinnen.

Popper schließt daraus weitreichende Folgerungen: Der Versuch, ein konsistentes Theoriegebäude durch Erfindung einer präzisen Sprache sozusagen am grünen Tisch aufzustellen ist zum Scheitern verurteilt. Vorrang hat die empirische Falsifikation von Theorien und nicht das Aufstellen von Theorien. Die Wissenschaft muss, so Popper, mit den "Mythen" beginnen, sie ist auf die vorwissenschaftliche Umgangssprache und die Alltagssätze angewiesen. Als "wahr" gilt ihr aber nur, was die methodische "Kritik" des kritischen Rationalismus übersteht. Es geht also darum, aus Theorien, die lediglich logisch konsistent, also in sich schlüssig sein müssen, möglichst genaue Sätze abzuleiten. Solche Sätze – die Hypothesen – sollen anhand der Wirklichkeit durch empirische Forschung widerlegbar sein. Wissenschaftlicher Fortschritt besteht also nicht darin, die Wahrheit von Hypothesen festzustellen (Verifikation), sondern ihre Falschheit (Falsifikation). Dieser Umstand hat weitreichende Konsequenzen: Das Kriterium nämlich, dass eine Aussage wahr ist, wenn sie mit der Wirklichkeit übereinstimmt, kann hier nicht mehr gelten. Jede Aussage ist vorläufig und kann als falsch erkannt werden. Wird sie als falsch erkannt, kann sie weiterentwickelt und erneut überprüft werden. Nur in diesem Prozess des Verwerfens unzureichender Theorien gibt es wissenschaftlichen Fortschritt. Für den kritischen Rationalismus ist es ein ganz entscheidendes Kriterium, ob eine Theorie als falsch erkennbar ist. Wenn sie so allgemein oder "unklar" formuliert ist, dass sie sich nicht widerlegen lässt, so ist sie keine Theorie im Sinne des kritischen Rationalismus. Dies führt unter anderem dazu, dass kritische Rationalisten geisteswissenschaftliche Thesen schon deshalb nicht diskutieren, weil sie zu unklar und nicht widerlegbar sind.

Falsifikation statt Verifikation

Sie haben gesehen, wie die empirische Wissenschaftstheorie eine ähnliche Kritik am Positivismus übt wie Dilthey. Es sei nämlich nicht möglich, allgemeine pädagogische Sätze und Tatsachen empirisch festzustellen. Aus dieser Kritik heraus entwickelt sie aber andere Konsequenzen. Diese bestehen nicht in der Hinwendung zum Einzelfall und zum hermeneutischen Verstehen dieses Einzigartigen, sondern in der Erfindung eines raffinierten Systems der wissenschaftlichen Forschung. Sprachliche Präzision, handwerkliche Exaktheit der methodischen Durchführung, genau beschriebene und von allen einsehbare und daher intersubjektiv überprüfbare Forschungsmethoden sind ihr wissenschaftliches Ideal.

Forschung ist ein Prozess, in dem der einzelne Forscher in den Hintergrund rückt. Folgt man Poppers Forschungslogik, dann kann ein Einzelner in der Forschung gar nicht zu Fortschritt kommen. Dazu ist es nämlich notwendig, dass viele Forscher, mit verschiedenen Methoden an den denselben Theoriemodellen arbeiten und diese zu widerlegen und weiter zu entwickeln suchen. So entstehen ganze Forschungsprogramme, bei denen sich die einzelnen Forscher aufeinander beziehen. Wenn man zu einem Thema forschen möchte, so muss man sämtliche Arbeiten, die es zu dieser Forschungsfrage bereits gibt, einbeziehen, um von diesem Niveau aus weitere Schlüsse zu finden. Nur im Fortschritt eines solchen Forschungsprogramms und nicht aufgrund der genialen Arbeit eines Einzelnen können Theorien generiert und generiert und falsifiziert werden, kann Wissenschaft vorankommen. Daher sind Objektivität und Intersubjektivität ebenso Kriterien für die Forschung wie die Gültigkeit und Nachprüfbarkeit der Folgerungen und die Widerspruchsfreiheit der entworfenen Theorien.

Die Logik der Forschungsprogramme

3.3.2 Von der Pädagogik zur Erziehungswissenschaft

Grundlagen kritisch rationaler Erziehungswissenschaft

Die Vertreter einer empirischen Erziehungswissenschaft wollten ein kritisch-rationales Forschungsprogramm etablieren. Während die früheren empirischen Ansätze von der experimentellen Pädagogik einschließlich der von Heinrich Roth vertretenen Position (s.o.) noch dem Erkenntnisprogramm des Empirismus zugehörten, weil "von der Annahme einer sicheren pädagogischen Tatsache, von einem festen empirischen Fundament, von der Möglichkeit theoriefreier Beobachtung und Verifikation von Aussagen ausgegangen wurde" (Krumm 1995, S. 147), haben sich die meisten ihrer Vertreter seit den 60er Jahren auf den kritischen Rationalismus bezogen. Um dieses Ziel zu erreichen, mussten sie sich vom Theorie-Praxis-Verständnis der Geisteswissenschaftler lösen, denn die hermeneutische "Bewegung" aus der Praxis heraus in die Theorie und zurück in die Praxis habe, so Brezinkas Kritik, eine Fülle von Theorien produziert, in denen sich Aussagen über das "Sein" und das "Sollen" vermischen. Die überkommene Pädagogik ist ein Komplex von Aussagen, in dem solche über Ziele der Erziehung mit den darin enthaltenen Werturteilen, aber auch Vorschriften über erzieherisches Handeln ebenso wie Vorschläge über bestimmte Organisationsformen, dazu noch Auffassungen über die richtige Lebensführung enthalten sind und all das ist untrennbar verknüpft mit den beschreibenden und erklärenden Aussagen über die Erziehungswirklichkeit. Was Brezinka als kritischen Rationalisten an Theorien, interessiert ist "Pädagogisches Wissen", etwas, das klar definiert, behauptet, überprüft und falsifiziert werden kann. Empirisch abgesichertes Wissen ist dann die Basis von Theoriebildung. Zu einem solchen "Pädagogischen Wissen" haben die Geisteswissenschaftler seiner Meinung nach nicht viel beigetragen. Wolfgang Brezinka argumentiert:

> "Mit dem ‚philosophischen Denken' scheint das pädagogische Denken zumindest jene Tendenz gemeinsam zu haben, daß es immer wieder von vorn anfängt und sich bisher kaum forschrittsfähig machen ließ" (Brezinka 1971, S. 5).

Zu diesem Problem, dass die Pädagogik mit ihrem "Wissen" nicht vorankommt, kommt ein zweites: In diesem Wissen vermischen sich "Sein" und "Sollen" unzertrennlich, also Aussagen, die nach Brezinka unterschiedlichen Logiken angehören. Eine Wissenschaft, darin sind sich alle kritischen Rationalisten einig, impliziert selbst keine normative Position und darf deshalb keine Werturteile enthalten.

Ablösung normativen Wissens durch empirisches Wissen

Wie Sie im letzten Kapitel gesehen haben, ist beispielsweise Wilhelm Flitner tatsächlich der Auffassung, dass das pädagogische Denken sogar in jeder pädagogischen Situation neu anfängt. Brezinka strebt allerdings nach einer

Wissenschaft, die als Forschungsprogramm zu einem Fortschritt kommt, so dass das "Wissen" über pädagogische Zusammenhänge anwachsen kann.

Aus diesen Argumenten leitet sich Brezinkas Definition einer "Theorie" ab. Sie dürften darin unschwer die oben beschriebene Wissenschaftstheorie von Karl Popper wieder erkennen:

> "Eine Theorie ist ein streng logisch geordnetes System von Aussagen. Sie enthält Beschreibungen, Erklärungsversuche und eventuell auch Voraussagen. Charakteristisch sind für sie Hypothesen, d.h. Behauptungen, die von vornherein als korrigierbar und nicht als endgültig feststehend betrachtet werden. Theorien sind frei von Werturteilen. Ihr Zweck ist es zu informieren. Sie können auch Wertungen beschreiben und erklären, aber das bedeutet nicht, daß sie deswegen selbst normativ werden. Eine Theorie wird nur versuchsweise und provisorisch festgehalten, bis sie durch eine Bessere ersetzt werden kann. Ihr Wert hängt davon ab, ob sich aus ihr überprüfbare Hypothesen ableiten lassen. Sie ist ein Hilfsmittel, eine Zwischenstufe im nie endenden Prozeß der Erkenntnisgewinnung. Eine Theorie enthält keine Forderung an irgend jemanden, sein Verhalten zu ändern. Sie wird in deskriptiver, sachlicher, rationaler und kognitiver Sprache vertreten" (Brezinka 1971, S. 13).

Die Pädagogik bezieht sich allerdings auf einen Gegenstandsbereich, in dem gehandelt werden muss. Für solche Handlungen sind Normen, Ziele und Handlungsanweisungen nötig. Im ersten Abschnitt haben wir gezeigt, wie die sozialgeschichtliche Situation gerade der 60er und 70er Jahre einen verstärkten Handlungsdruck nahe legt und ein allgemeiner Wille bestand, das gesamte Erziehungssystem möglichst rational und geplant neu zu gestalten. Eine jüngere empirische Analyse pädagogischer Fachzeitschriften zeigt, dass gerade in den 70er Jahren (also den bildungspolitischen Reformjahren) viele normative und handlungsrelevante Aussagen propagiert wurden. Allerdings ist das kein Widerspruch, Brezinka möchte keine Pädagogik, die sich handlungsrelevanter Aussagen enthält. Er möchte diesen Aussagen nur den Titel der "Wissenschaft" entziehen und sie als Politik verstehen. Daher entwirft er drei Untergliederungen der Pädagogik:

Differenzierung der Erziehungswissenschaft

Zur Erziehungswissenschaft im engeren Sinne gehören die theoretische Erziehungswissenschaft und die Historiographie der Erziehung. Sie produzieren nomologisches Wissen, also Wissen über Gesetzmäßigkeiten des Gegenstandsbereichs.

Einen weiteren abgetrennten Bereich bildet die Philosophie der Erziehung. Sie befasst sich einerseits mit der Kritik bestehender normativer pädagogischer Aussagen und andererseits mit der Absicherung und Begründung von Zielentscheidungen. Sie übernimmt daher diejenigen Aufgaben, die die Erziehungswissenschaft im engeren Sinn aufgrund ihrer Selbstbeschränkung gar nicht leisten kann.

Den dritten Bereich bilden die praktischen Erziehungslehren. Hier ordnet Brezinka die Geisteswissenschaften ein. Gerade weil eine Erziehungswissenschaft nur über Wirkungszusammenhänge in Erziehungsfeldern informieren kann, sind diese praktischen Erziehungslehren notwendig. Das produzierte nomologische Wissen muss für die Praxis umgesetzt, übersetzt und umgeformt werden (vgl. Brezinka 1978, S. 236 ff).

Diese drei Bereiche stehen nicht unvermittelt nebeneinander, sondern bilden ihrerseits ein System der Pädagogik, dessen Aussagen sich gegenseitig ergänzen.

Empirische Forschung

Brezinka hat ein Forschungsprogramm beschrieben, das eine empirische Pädagogik im Sinne des kritischen Rationalismus begründete. Zahlreiche Forscher/-innen haben nicht nur an Universitäten an diesem Programm gearbeitet, außeruniversitäre Institute wie das "Deutsche Institut für internationale pädagogische Forschung" (DIPF) in Frankfurt oder das "Max-Planck-Institut für Bildungsforschung" (MPI) in Berlin haben daran einen großen Anteil. Allein ihr Anwachsen zeigt, dass die Ausbreitung der empirischen Erziehungswissenschaft unmittelbar mit den Modernisierungen im Bildungswesen zusammenhing: Anfang der 60er Jahre gab es nur fünf außeruniversitäre Forschungseinrichtungen mit einem Etat von 6 Mio. Mark. Im Jahr 1970 gab es bereits 27 solcher Institute mit einem Etat von über 53 Mio. Mark (Ingenkamp 1992, S. 27). Umgekehrt konnte Georg Picht (1964) sein Buch über die "Bildungskatastrophe" nur schreiben, weil er bereits auf Forschungen zur Bildungsökonomie, also empirische Forschungen über die ökonomischen Zusammenhänge und Bedingungen im Bildungswesen, zurückgreifen konnte.

Auch in der Erwachsenenbildung hat sich ab dieser Zeit eine empirische Forschungspraxis entwickelt. Einer der wichtigsten Gegenstandsbereiche der Erwachsenenbildungsforschung sind die Teilnehmenden oder Adressaten, ihre Voraussetzungen, ihre Interessen und ihre Motivationen. Als Beispiel soll die in den 60er Jahren von Willi Strzelewicz, Hans-Dietrich Raapke und Wolfgang Schulenberg durchgeführte "Göttinger Studie" ausgeführt werden. Die Forschergruppe wendete in den USA entwickelte Forschungsmethoden an, indem sie eine Umfrage mit einem Fragebogen, Gruppendiskussionen und Einzelinterviews kombinierte. In der Umfrage wurden 1850 Personen aus allen sozialen Schichten befragt. Die Gruppendiskussionen und die Einzelinterviews wurden verwendet, um Probleme und Fragestellungen, die aufgrund der Umfrage entstanden sind, zu beantworten. Zu den den Proband/-

Das Forschungsprogramm der Erwachsenenbildung

97

innen gestellten Fragen gehörten: "Was gehört für Sie zu einem gebildeten Menschen?" oder auch "Hätten Sie Lust, sich noch in irgendeiner Weise weiterzubilden?" Die Forscher untersuchten auf diese Weise die Bildungsvorstellungen der Bevölkerung und konnten so den Zusammenhang zwischen der gesellschaftlichen Lage und den Bildungsvorstellungen zeigen. Bildungsvorstellungen verraten beispielsweise, ob Menschen der Gesellschaft eher aktiv oder passiv gegenüberstehen (vgl. Strzelewicz, u.a. 1973, S. 568 ff; zum Forschungsprogramm in der Erwachsenenbildung vgl. Born 1991). Allerdings können wir im Bereich der Erwachsenenbildung um die Jahrtausendwende ein Defizit in der empirischen Erforschung konstatieren.

3.3.3   Aporien der empirischen Erziehungswissenschaft

Die eigentliche Zielsetzung einer empirischen Erziehungswissenschaft, wie sie Brezinka versteht, besteht in ihrer integrativen Absicht, nämlich ein "System der Erziehungswissenschaft" zu begründen. Das allerdings hat einige problematische Implikationen. Pädagogisches Handeln wird von Brezinka in drei voneinander geschiedene Typen getrennt und jedem dieser Handlungstypen wird eine pädagogische Subdisziplin zugeordnet. Dem zweckrationalen Handeln die Erziehungswissenschaft, dem Wissen um pädagogische Zwecke eine Philosophie der Erziehung und dem praktischen Handeln eine Praktische Pädagogik. Die Besonderheit der Position Brezinkas besteht nun darin, dass er die ",Möglichkeit einer übergreifenden Vereinigung der verschiedenen pädagogischen Satzsysteme in einem "Gesamtsystem des pädagogischen Wissens" bestreitet (Herzog 1988, S. 87). Das ist insofern bedeutsam, als Brezinkas Interesse eben darin besteht, eine "Metatheorie der Erziehung" zu begründen. Herzog zeigt nun weiter, dass die von Brezinka vorgenommene Dreiteilung pädagogischen Handelns das Resultat einer normativ eingesetzten analytischen Philosophie ist: "Für Brezinka aber ist genau dies die entscheidende Frage. Die Pädagogik soll endlich zur Wissenschaft werden. Mit Hilfe der "Metatheorie der Erziehung" werden daher wissenschaftliche Sätze über Erziehung nicht (logisch) analysiert, sondern (normativ) begründet" (Herzog 1988, S. 91). Die unterschiedlichen Diskurse werden nach Herzogs Auffassung von Brezinka nicht an ihrer Eigenlogik gemessen, sondern die normativ gewendete analytische Philosophie konstituiert zu allererst die Dreiteilung und jede Art von Erziehungstheorie wird im Folgenden an diesem System gemessen.

Normative Begründung des "Systems der Erziehungswissenschaft"

Eine weitere problematische Implikation besteht in der Auffassung, pädagogisches Handelns und Wissen seien technologisch und die ihr zugeordnete wissenschaftliche Disziplin eine "technologische Wissenschaft". Dies wird deshalb innerwissenschaftlich problematisch, weil Brezinka Erziehung als ein Probierhandeln bestimmt. Dies deshalb, weil Erziehung prinzipiell über die Bedingungen ihres Erfolgs nicht verfügen kann. Brezinkas Handlungsbegriff, und dies würde eine vertiefte Lektüre von Brezinkas Arbeiten aufweisen, ist nicht nur unvollständig (vgl. Oelkers 1981, S. 753), sondern führt auch zu immanenten Inkonsistenten. Brezinka hat in einer Erwiderung auf die Kritik Herzogs geantwortet. Seine Antwort auf den Technologievorwurf und auf den Vorwurf, Erziehung als ein kausal determiniertes Geschehen zu verstehen, verdient eine genaue Lektüre (Brezinka1988, S. 261-269) gerade auch deshalb, weil sein Entwurf einer Metatheorie der Erziehung aus nicht unbedingt wissenschaftsimmanenten Gründen in Vergessenheit geraten ist.

Inkonsistenz des Handlungsbegriffs

3.4   Die kritische Erziehungswissenschaft

Das gesellschaftliche Klima in der Bundesrepublik der späten 60er Jahre ermöglichte nicht nur die lang ausstehenden Reformen des Bildungssystems, sondern zog auch eine Reihe von theoretischen Positionen nach sich, die die gesellschaftlichen Verhältnisse nachhaltiger zu durchdringen suchten, als es durch die reformorientierten Kräfte geschehen ist. Ihre Grundlage waren neomarxistische Theorien, also unterschiedlich weiterentwickelte Ansätze von Positionen, auf die die Arbeiterbildung bereits zurückgegriffen hatte. Daraus entstanden eingehende Analysen des Verhältnisses von Ökonomie und Bildungssystem auf der einen Seite und alternative Konzepte einer Erziehung zur Emanzipation auf der anderen Seite. Wir werden in diesem Kapitel zwei recht verschiedene Varianten der kritischen Erziehungswissenschaft skizzieren:

Der als "Kritische Theorie" bekannte Ansatz wurde von einer Reihe von Schülern der geisteswissenschaftlichen Pädagogen auf die Erziehungswissenschaft übertragen. Individuelle und kollektive Emanzipation waren die Erziehungsziele dieses Ansatzes. Wesentliche Anregungen gab dabei das Frankfurter Institut für Sozialforschung.

Die zweite Variante knüpfte direkter an die polit-ökonomischen Arbeiten des Neomarxismus an und entwickelte eine kritische Bildungsökonomie im Gegensatz zur bürgerlichen Bildungsökonomie, die Grundlage der Bildungsreformen geworden ist, um deren ideologischen Charakter in Form einer Verschleierung gesellschaftlicher Verhältnisse aufzudecken.

3.4.1   Erziehung und Emanzipation

Die Entstehung des Frankfurter Instituts für Sozialforschung

Die Herausbildung der "Kritischen Theorie", die später auch als "Frankfurter Schule" bezeichnet wurde, geht insbesondere auf die Arbeiten von Theodor W. Adorno (1903-1969) und Max Horkheimer (1895-1973) zurück, die am Institut für Sozialforschung in Frankfurt tätig waren. Das Institut wurde bereits Anfang der zwanziger Jahre gegründet und knüpfte an die ökonomischen Ansätze von Karl Marx und die psychoanalytischen Theorien von Sigmund Freud an. Während sich die Arbeit des Instituts in den Anfangsjahren auf die marxistische Analyse stützte und interdisziplinär die empirischen Arbeiten anderer Wissenschaften in die eigenen meist ökonomischen Arbeiten mit einbezog, verschob sich der Arbeitsschwerpunkt Anfang der dreißiger Jahre stärker auf die Analyse von Entstehungs- und Bedingungszusammenhängen sozialer Prozesse und der Kultur. In diesem Zeitraum wurde Horkheimer Leiter des Instituts und erhielt den Lehrstuhl für Sozialphilosophie an der Frankfurter Universität. Durch die nationalsozialistische Diktatur wurden die Frankfurter Wissenschaftler zur Emigration gezwungen und führten ihre Studien im Exil fort. Erst 1949 kehrten sie zurück, um die Arbeit am Frankfurter Institut für Sozialforschung wieder aufzunehmen.

Die Studien, die im Exil entstanden sind, zeugen von dem Schock über den Faschismus. Sie bearbeiteten eine zentrale Frage: Wie konnte eine Gesellschaft in der Barbarei enden, die nach allgemeiner Auffassung auf Fortschritt und Aufklärung und auf zunehmende Besserung der menschlichen Verhältnisse hin ausgelegt war. So entstanden die Studien zu "Autorität und Familie" (Horkheimer) und die "Studien zum autoritären Charakter" (Adorno). Die Forschungsgruppe versuchte zu zeigen, wie unter den Sozialisationsbedingungen, d.h. den gesellschaftlichen Einflüssen auf das Aufwachsen und die Entwicklung von Menschen, der bürgerlichen Gesellschaft ein "autoritärer Charakter" entstehen konnte und musste, und wie die klassenspezifische Struktur dieser Gesellschaft zu einer Reproduktion der Herrschaftsstrukturen beitrug.

In der philosophischen Arbeit "Dialektik der Aufklärung" von Horkheimer und Adorno, die beide gemeinsam im Exil schrieben und die 1947 in Amsterdam veröffentlicht wurde, entwickelten sie die noch weiter gehende These, dass schon in der abendländischen Aufklärung selbst der Widerspruch einer formalen Rationalität angelegt sei. Dieser Rationalität waren die Herrschaftsverhältnisse geschuldet, mit denen der Mensch seine äußere Natur und auch seine eigene innere Natur unterworfen hat. Die formale Rationalität und nicht die Irrationalität brachte schließlich die totalitären Formen des Faschismus hervor (Adorno / Horkheimer 1997, S. 45, 61 f). Die "Dialektik der Aufklärung" wurde 1969 wieder aufgelegt, als ihr die Studentenbewegung, selbst Ausdruck eines gesellschaftlichen Umbruchs, erneut zu Aktualität verholfen und sie bekannt gemacht hat.

Barbarei durch formale Rationalität

Die Emanzipation des Subjekts

Die Kultur und die Denkweisen der bürgerlichen Gesellschaft sind aus dieser kritischen Perspektive Ideologie, die die wirklichen Interessen hinter den Handlungsweisen verbirgt und beschönigt. Die Aufklärung als Programm des

Bürgertums, die sich selbst als "Entzauberung der Welt" verstand, hat für die Menschen nicht nur zu Freiheit und Wohlstand geführt, sondern zugleich neue Formen von Unterwerfung erzeugt.

> "Die Steigerung der wirtschaftlichen Produktivität, die einerseits die Bedingungen für eine gerechtere Welt herstellt, verleiht andererseits dem technischen Apparat und den sozialen Gruppen, die über ihn verfügen, eine unmäßige Überlegenheit über den Rest der Bevölkerung. Der Einzelne wird gegenüber den ökonomischen Mächten vollends annulliert. Dabei treiben diese die Gewalt der Gesellschaft über die Natur auf nie geahnte Höhe. Während der Einzelne vor dem Apparat verschwindet, den er bedient, wird er von diesem besser als je versorgt. Im ungerechten Zustand steigt die Ohnmacht und Lenkbarkeit der Masse mit der ihr zugeteilten Gütermenge" (Adorno / Horkheimer 1997, S. 4 f).

Der gesellschaftliche Fortschritt, dessen Ziel die immer bessere Beherrschung der Natur und damit die Nutzbarmachung dieser für den Menschen ist, erscheint ambivalent. Er führt zu einer Herrschaft von Menschen über Menschen, weil diejenigen Klassen, die den "technischen Apparat" besitzen, Macht über jene haben, die ihn bedienen müssen. Diese Entmündigung wird noch verdoppelt, denn je mehr Wohlstand der Apparat als Ganzer produziert, desto weniger durchschauen die Unterworfenen den Zusammenhang, desto leichter werden sie ohnmächtig und lenkbar. Diese Situation macht Emanzipation als Antwort auf die Entmündigung notwendig. Die kritische Theorie formuliert damit im Gegensatz zu den traditionellen Theorien ein eindeutiges gesellschaftliches Ziel: die Schaffung einer "künftigen Gesellschaft als der Gemeinschaft freier Menschen, wie sie bei den vorherrschenden technischen Mitteln möglich ist" (Horkheimer 1992, S. 234).

Horkheimer differenziert den Begriff kritischer Emanzipation von der Emanzipation des Individuums. Es geht nicht – wie in der Aufklärung – darum, die individuellen Freiheiten maximal auszuweiten, gleichzeitig aber die gesellschaftlichen Rahmenbedingungen als objektiv gegeben hinzunehmen:

Emanzipation durch Kritik der Verhältnisse

> "Während es zum Individuum in der Regel hinzugehört, daß es die Grundbestimmungen seiner Existenz als vorgegeben hinnimmt und zu erfüllen bestrebt, während es seine Befriedigung und seine Ehre darin findet, die mit seinem Platz in der Gesellschaft verknüpften Aufgaben nach Kräften zu lösen und bei aller energischer Kritik, die etwa im einzelnen angebracht sein sollte, tüchtig das Seine zu tun, ermangelt jenes kritische Verhalten durchaus des Vertrauens in die Richtschnur, die das gesellschaftliche Leben, wie es sich nun einmal vollzieht, jedem an die Hand gibt. Die Trennung von Individuum und Gesellschaft, kraft derer der Einzelne die vorgezeichneten Schranken seiner Aktivität als natürlich hinnimmt, ist in der kritischen Theorie relativiert" (Horkheimer 1992, S. 224).

Damit erscheint als Ziel kritischer Wissenschaft die Möglichkeit mündiger Subjekte, welche Herrschaftsverhältnisse und ideologische Interessen gesellschaftlichen Handelns durchschauen und sich nicht vom ideologischen Schein verführen lassen. Kritische Theorie ist daher nicht nur praxisrelevant, sondern sie ist selbst eine gesellschaftliche Praxis, ihr Ziel ist nicht die Produktion von reinem Wissen, sondern die Produktion kritisch denkender und handelnder Subjekte. Der nächste Abschnitt folgt Horkheimers Begründung des Plans einer solchen kritischen wissenschaftlichen Praxis.

Kritische Theorie und gesellschaftliche Praxis

Max Horkheimer prägte den Begriff der "kritischen Theorie" 1937 und grenzte damit den vom Frankfurter Institut vertretenen sozialphilosophischen Ansatz von den traditionellen, vorherrschenden soziologischen Theorien, worunter z.B. diejenigen von Emile Durkheim oder Max Weber zu verstehen sind, ab.

Wissenschaft als kritische Praxis

In der kritischen Erklärung von sozialen Prozessen sollen der gesellschaftliche Kontext und die historischen Entstehungsbedingungen einbezogen werden, während in den traditionellen Theorien eine universelle Gesellschaftstheorie entwickelt wird, die die eigentlichen sozialen Tatsachen und Prozesse von dieser Universalität abspaltet. Während die traditionelle Theorie also eine Kluft zwischen Praxis und Theorie entstehen lässt, löst die kritische Theorie diese Kluft auf. Die traditionelle Theorie begreift die Widersprüche innerhalb der Gesellschaft als systemimmanente Notwendigkeiten und umgeht damit jede weitere Erklärung, die Kritische Theorie dagegen thematisiert diese Widersprüche und versucht die dafür verantwortlichen Mechanismen aufzudecken. Ziel der Kritischen Theorie ist also die permanente Arbeit an der Überwindung von Mechanismen, die Ungleichheit und Unterwerfungen produzieren und reproduzieren.

Die traditionelle Theorie kann diese Ziele gar nicht in den Blick bekommen, da ihr Charakter nur zur Anhäufung von Wissen taugt. Mit den Worten Horkheimers:

> "Theorie gilt in der gebräuchlichen Forschung als ein Inbegriff von Sätzen über ein Sachgebiet, die so miteinander verbunden sind, daß aus einigen von ihnen die übrigen abgeleitet werden können. Je geringer die Zahl der höchsten Prinzipien im Verhältnis zu den Konsequenzen, desto vollkommener ist die Theorie. Ihre reale Gültigkeit besteht darin, daß die abgeleiteten Sätze mit tatsächlichen Ereignissen zusammenstimmen. Zeigen sich dagegen Widersprüche zwischen Erfahrung und Theorie, so wird man diese oder jene revidieren müssen. Entweder hat man schlecht beobachtet oder mit den theoretischen Prinzipien ist etwas nicht in Ordnung. Im Hinblick auf die Tatsachen bleibt die Theorie daher stets Hypothe-

se. Man muß bereit sein, sie zu ändern, wenn sich beim Bewältigen des Materials Unzulänglichkeiten herausstellen. Theorie ist das
aufgestapelte Wissen in einer Form, die es zur möglichst einge-
henden Kennzeichnung von Tatsachen brauchbar macht" (Horkheimer 1992, S. 205).

Der Positivismus der traditionellen Theorie unterstellt, dass Wissenschaft
außerhalb aller gesellschaftlicher Zusammenhänge und Bedingungen stattfindet. Das ist aber weder der Fall noch prinzipiell möglich. Wissenschaft, so
Horkheimer, sei eingebettet in den geschichtlichen, ökonomischen und sozialen Kontext und deshalb nie objektiv. Wissenschaft sei ein Produkt der jeweiligen Gesellschaft und wissenschaftliche Fragestellungen entstehen unmittelbar aus ihr heraus. Wenn folglich die traditionellen Wissenschaften
zwischen den erfahrbaren sozialen Tatsachen einerseits und den theoretischen Gesetzesaussagen andererseits differenzieren, so begreift sich die
Wissenschaft als ein Bereich außerhalb der Gesellschaft, während sie
zugleich die gegebenen gesellschaftlichen Verhältnisse reproduziert, indem
sie sie durch ihre theoretischen Naturalisierungen und Notwendigkeitserklä-
rungen legitimiert. Damit entlarvt Horkheimer die traditionellen Theorien, die
in ihren Aussagen von universellen und neutralen Gesetzesaussagen ausge-
hen, als ideologisch, weil sie die realen Verhältnisse verschleiern.

*Traditionelle Wis-
senschaften als
Ideologieproduzen-
ten*

"Soweit der Begriff der Theorie jedoch verselbständigt wird, als ob
er etwa aus dem inneren Wesen der Erkenntnis oder sonst wie
unhistorisch zu begründen sei, verwandelt er sich in eine verding-
lichte, ideologische Kategorie" (Horkheimer 1992, S. 211).

Die traditionelle Theorie wirkt somit systemerhaltend, weil die Mechanismen,
denen die jeweilige Gesellschaft und auch die Wissenschaft selbst gehor-
chen, nicht reflektiert werden und folglich auch keine Handlungsalternativen
und neue Perspektiven entwickelt werden können, die zu einer Überwindung
des Systems führen könnten. Wissenschaft muss sich erst als eine gesellschaftlich bedingte Tätigkeit begreifen, um ihr eigenes Verhältnis zu den
gesellschaftlichen Rahmenbedingungen analysieren zu können. Erst dann
kann sie zu einer stetigen Erneuerung der Gesellschaft beitragen. Um aber
die bestehenden Verhältnisse zu überwinden, müssen die Wissenschaften
selbst erst einen Perspektivenwechsel vollziehen.

Kritischer Rationalismus und kritische Theorie

Die Vertreter der Frankfurter Schule erkannten in den 60er Jahren im Kritischen Rationalismus einen Ansatz, der in der soeben beschriebenen Weise
die gesellschaftlichen Verhältnisse wissenschaftlich verdeckte (vgl. Adorno
u.a. 1993). Sie warfen ihm vor, Wissenschaft auf das Sammeln von Fakten zu
reduzieren, die Aneinanderreihung von messbaren Tatsachen als unabrück-
bare Wahrheit darzustellen und soziale Phänomene technizistisch wie das

Funktionieren einer Maschine erklären zu wollen. Durch die scheinbare Eindeutigkeit des methodologischen Vorgehens im Kritischen Rationalismus, durch den jedes Verhalten in Tatsachen, Fakten und Zahlen ausdrückbar wird, entsteht eine durch Fakten objektivierte Wahrheit in allen Wissenschaftsbereichen, die die Notwendigkeit, soziale Prozesse allererst zu deuten, umgeht. Das soziale Umfeld wird als gegebene Konstante akzeptiert und setzt dem Einzelnen scheinbar natürliche Grenzen, die auch in den Wissenschaften nicht weiter in Frage gestellt werden. Das bloße Aneinandersetzen von Einzeltatsachen könne nicht die jeweiligen gesellschaftlichen Verhältnisse erfassen und die zugrunde liegenden Mechanismen darlegen. Untersucht wird nur das subjektive Verhalten innerhalb der "objektiven" Rahmenbedingungen. Die erhobenen Fakten werden dann als Objektivität ausgelegt, sind aber nicht mehr als subjektive Meinungen, auch wenn sie als statistische Durchschnittswerte dargestellt werden. Anstatt sich der gegebenen Denkmuster unterzuordnen oder sich derer zu bedienen, müssen diese als Produkt der gesellschaftlichen Verhältnisse betrachtet und kritisch hinterfragt werden.

Positivismusstreit

Die Debatte zwischen Adorno und Habermas auf der einen, und Popper und Albert auf der anderen Seite ist als "Positivismusstreit in der deutschen Soziologie" bekannt geworden und markiert eine der entscheidenden Linien der theoretischen und theoriepolitischen Auseinandersetzungen in den Sozialwissenschaften.

Methodologie kritischer Forschung

Da die Kritische Theorie von einer Interdependenz gesellschaftlicher Strukturen ausgeht, der zu untersuchende Gegenstand folglich unter dem Einfluss sozialer, ökonomischer und politischer Rahmenbedingungen steht, erfordert dies die Entwicklung von Forschungsmethoden, die diese Zusammenhänge aufzudecken und zu reflektieren in der Lage sind. Auch um die in den empirischen und hermeneutischen Wissenschaften entwickelten methodologischen Ansätze für die kritische Theorie fruchtbar zu machen, reformulierte Jürgen Habermas, der die nachmarxistische Ära der Frankfurter Schule seit den späten 60er Jahren repräsentiert, in dem bekannt gewordenen Aufsatz "Erkenntnis und Interesse" die Position Horkheimers (Habermas 1970).

Die Interessen der Erkenntnis

Habermas unterscheidet als leitende wissenschaftliche Erkenntnisinteressen das technische, das praktische und das emanzipatorische (Habermas 1970, S. 155). Das Erkenntnisinteresse der empirisch-analytischen Wissenschaften sei ein technisches. Auch wenn die Wissenschaft in ihrer Selbstbeschreibung an der reinen Beobachtung der Natur interessiert ist, so ergibt sich ihr voller Sinn doch erst als prognostisches Wissen aus seiner technischen Verwertbarkeit. Hierzu gehören nach Habermas die Naturwissenschaften und die Sozialwissenschaften, sofern sie sich an empirischen oder kritisch-rationalen Ansätzen orientieren. Sie haben diese Position bei Brezinka kennen gelernt. Für die historisch-hermeneutischen Wissenschaften führt das Sinnverstehen anstelle der Beobachtung zu den Tatsachen. In der Auslegung von Texten ist die Hermeneutik an tradierten Sinnzusammenhängen orientiert und richtet sich ihrer "Struktur nach auf möglichen Konsensus von Handelnden im Rahmen eines tradierten Selbstverständnisses" (ebd., S. 158). Das leitende Erkenntnisinteresse historisch-hermeneutischer Wissenschaften ist damit Erhalt und Erweiterung dieser Sinnhorizonte, und dies nennt Habermas praktisch. Inwiefern das Streben nach Konsolidierung der Kultur auf die geisteswissenschaftliche Pädagogik zutraf, hoffen wir im ersten Kapitel gezeigt zu haben. Das dritte Erkenntnisinteresse, das emanzipatorische, leitet die kritischen Sozialwissenschaften. Es befragt Wissen, ob es nicht "ideologisch festgefroren" und historisch zu verändern ist. Sein Einsatz ist das reflektierte Bewusstsein:

> "Der methodologische Rahmen, der den Sinn der Geltung dieser Kategorie von kritischen Aussagen festlegt, bemisst sich am Begriff der Selbstreflexion. Diese löst das Subjekt aus der Abhängigkeit von hypostasierten Gewalten. Selbstreflexion ist von einem emanzipatorischen Erkenntnisinteresse bestimmt" (Habermas 1970, S. 159).

Zur Aufgabe kritischer Wissenschaft gehört es aber auch, die notwendige Verknüpfung von Erkenntnis und Interesse aufzuweisen. Habermas zeigt, dass es kein interesseloses Erkennen gibt (vgl. Habermas 1970, S. 159 ff).

Unmöglichkeit von Erkenntnis ohne Interesse

Es ist also durchaus möglich, die Methodologie der empirisch-analytischen und hermeneutischen Ansätze zu rezipieren, solange man sie an dem eigentlich kritischen, dem emanzipatorischen Erkenntnisinteresse ausrichtet (vgl. Habermas 1982, S. 89 ff).

Erziehungswissenschaften als Handlungsforschung

Der Erziehungswissenschaftler Wolfgang Klafki, der in den fünfziger Jahren noch deutlich geisteswissenschaftlich orientiert war, nimmt in den 60er und 70er Jahren die Impulse der kritischen Theorie auf. Klafki geht davon aus, dass sich die verschiedenen methodischen Ansätze nicht ausschließen, sondern ergänzen. Die Interpretation und Deutung eines Sachverhalts in seinem geschichtlichen Kontext ist, nach Klafki, notwendig, um die Fragestellung überhaupt formulieren und verstehen zu können. Die empirischen Methoden führen dann zu einer soliden Messung von sozialen Fakten, deren Verwendung und eventuelle Konsequenzen aus den gewonnenen Erkenntnissen wiederum nur mit Hilfe der interpretativen Verfahren möglich ist.

> "Man kann das Verhältnis als einen ständigen dynamischen Rück-
> koppelungsprozeß beschreiben: von hermeneutischer Entwicklung
> der Fragestellungen und Hypothesen über die erfahrungswissen-
> schaftliche Überprüfung dieser Hypothesen zur hermeneutischen
> Interpretation der so gewonnenen Ergebnisse und zur Herleitung
> neuer Hypothesen für neue empirische Untersuchungen usf."
> (Klafki 1976, S. 36 f).

Das ideologiekritische Hinterfragen der jeweiligen gesellschaftlichen Verhältnisse ergibt sich für Klafki aus zwei Erkenntnissen. Erstens entstehen pädagogische Fragestellungen unmittelbar aus der gesellschaftlichen Funktion der
Pädagogik. Zweitens können Freiheit, Selbstbestimmung und Emanzipation
für das Individuum nicht verwirklicht werden, solange sie nicht für die gesamte Gesellschaft gelten. Die Ideologiekritik verfolgt innerhalb der Erziehungswissenschaft die Aufgabe, die pädagogische Praxis auf unbewusste
Interessenlagen und Instrumentalisierungen sowohl der Teilnehmer/-innen
als auch der Organisator/-innen zu prüfen.

> "Pädagogische Zielsetzungen, Theorien, Einrichtungen, Lehrpläne,
> Methoden, Medien sind erstens daraufhin zu untersuchen, ob sich
> in ihnen unreflektierte gesellschaftliche Interessen ausdrücken,
> zweitens darauf hin, ob bestimmte gesellschaftliche Gruppen ihre
> Interessen bewußt hinter bestimmten Zielsetzungen, Theorien
> usw. verbergen, um bei anderen Menschen bzw. Kindern und Ju-
> gendlichen Ideologien, falsches Bewußtsein zu erzeugen" (ebd., S.
> 53).

Verknüpfung empi-
rischer, hermeneuti-
scher und kritischer
Forschung

Für Klafki gewinnen erst in diesem Kontext die hermeneutischen und empirischen Methoden an Sinn. Der hermeneutisch-historischen Interpretation
kommt dabei die Aufgabe einer "planenden und hypothetisch entwerfenden
wissenschaftlichen Methode zu" (ebd., S. 47). Die Interpretation bleibt nicht
auf eine deskriptive historische Einordnung des Forschungsgegenstandes
beschränkt, denn nach einer ideologiekritischen Reflexion kommt im For-
schungsprozess die zusätzliche Aufgabe eines Entwurfs für die Zukunft hinzu, der ebenfalls im jeweiligen Kontext interpretiert werden muss. Ebenso ist
die Interpretation oder Ideologiekritik abhängig von einer faktischen Überprüfung der gesellschaftlichen Verhältnisse, womit der Empirie eine besondere Bedeutung zukommt.

Inhalte einer kritischen Erziehungswissenschaft

Nach Vorstellung der Kritischen Theorie übernimmt die Erziehungswissenschaft die Aufgabe, Emanzipation innerhalb der Erziehungsprozesse zu verwirklichen, folglich Erziehung als eine Erziehung zur Emanzipation zu begreifen.

Individuelle Emanzipation als Aufgabe der Erziehung

Da die Pädagogik aus einem fundamental emanzipatorischen Interesse heraus gestalte, so Klafki, ist es auch Aufgabe der kritischen Erziehungswissenschaft, die gesellschaftlichen Rahmenbedingungen zu reflektieren und praxisorientierte Ansätze zu deren Umsetzung zu entwickeln.

> "Unter solchen Leitvorstellungen muß die Theorie Modelle der heute und der in naher Zukunft möglichen Veränderungen, Verbesserungen oder Neuplanungen entwerfen, z.B. Modelle der Erwachsenenbildung oder des Schulsystems, einer im Sinne des Demokratisierungsprinzips veränderten inneren Organisation pädagogischer Institutionen, neue Curricula, Erziehungs- und Lernmethoden, neue Hilfsmittel des Lehr- und Lernprozesses usf." (ebd., S. 45).

Nach seiner Vorstellung muss die handlungsorientierte Wissenschaft in enger Verflechtung mit den Lehrern selbst an der Gestaltung von Curricula arbeiten. Für Klafki ist das Demokratieprinzip hier grundlegend und erfordert entsprechend eine Mitbestimmung und -verantwortung sowohl der Lehrkörper als auch der Wissenschaften.

Ziel ist es auch in der Erziehungswissenschaft nicht, den Idealtypus von "Erziehung" zu finden und dogmatisch daran festzuhalten. Auch die hier formulierten Ansprüche an eine emanzipatorische und ideologiekritische Wissenschaft begreifen sich selbst als historisch bedingte Forderungen, die im geschichtlichen Prozess immer neu interpretiert werden müssen (ebd., S. 46).

Die Erziehungswissenschaften begreifen sich aber, wie auch schon aus dem Zitat deutlich wird, als die praktische Umsetzung der politischen und gesellschaftlichen Forderungen. Damit verknüpft ist ein handlungsorientierter Ansatz der Erziehungswissenschaften, der in diesem Kontext in eine "Aufklärung" innerhalb der Erziehung mündet. So fordert Adorno in einem Radiogespräch von 1969 unter dem Titel "Erziehung zur Mündigkeit", dass die Aufgabe der Erziehung in einem Bewusstmachen der Verschleierung der realen Verhältnisse liegen müsse. Nach Adorno also, dass

Ideologiekritik als Aufgabe der Erziehungswissenschaft

> "[...] die Erziehung eine Erziehung zum Widerspruch und zum Widerstand ist. Ich könnte mir etwa denken, daß man auf den Oberstufen von höheren Schulen, aber wahrscheinlich auch von Volksschulen gemeinsam kommerzielle Filme besucht und den Schülern ganz einfach zeigt, welcher Schwindel da vorliegt, wie verlogen das ist; [...] so daß man einfach versucht, zunächst einmal über-

haupt das Bewußtsein davon zu erwecken, daß die Menschen immerzu betrogen werden, denn der Mechanismus der Unmündigkeit heute ist das zum Planetarischen erhobene mundus vult decipi, daß die Welt betrogen sein will" Adorno 1970: 145).

Auch Klaus Mollenhauer sieht in der Erziehung primär die Aufgabe, "*das Potential gesellschaftlicher Veränderung hervorzubringen*" (Mollenhauer 1968, S. 67, Hervorh. im Original.). Die eigentliche Fragestellung sei, wie das "pädagogische Feld" beschaffen sein muss, um die Heranwachsenden zu Vernunft und Mündigkeit zu erziehen.

Gesellschaftliche Emanzipation als Aufgabe des Erziehungssystems

Der Begriff der Sozialisation gewinnt in dieser Zeit enorm an Bedeutung. Mollenhauer führt damit die Diskussion des Deutschen Bildungsrats um Begabung in eine ganz andere Richtung weiter. Zum bereits erwähnten Gutachten "Begabung und Lernen" hat Mollenhauer ebenfalls einen Beitrag geleistet, ausschlaggebend für die Leistung und den Lernfortschritt sind ihm zufolge die sozialisatorischen Rahmenbedingungen, die das Lernen mehr oder weniger fördern. Mit dieser Annahme kommt der Pädagogik eine neue Aufgabe zu. Es hängt vom gesellschaftlichen Umfeld ab, wie erfolgreich eine Person in ihrem Lernen ist. Im Erziehungsprozess agieren, so Mollenhauer, die Eltern als "Sozialisationsagenten", die den Heranwachsenden ihre Normen und Werte übertragen und ihnen bestimmte Rollen zuweisen. Dabei sind auch die Eltern beeinflusst von ihrem gesellschaftlichen Umfeld, den schichtspezifischen Normen, Werten und Verhaltenscodices. Erziehung ist so verstanden eine gesamtgesellschaftliche Aufgabe, da sie direkt beeinflusst von ihr stattfindet (vgl. Deutscher Bildungsrat 1969, S. 292 ff). Zu dieser Zeit beziehen sich entsprechend viele Forschungsarbeiten auf die Wirkung von Einstellungen, Werten und Schichtzugehörigkeiten auf die Entwicklung von Kindern

3.4.2 Kritische Neuentdeckung: Bildungsökonomie

Freerk Huisken veröffentlichte 1972 eine Kritik bürgerlicher Didaktik und Bildungsökonomie, in der er darauf hinweist, dass die reformpädagogische Debatte vornehmlich "auf die effektive Gestaltung der Prozesse in Unterricht und Schule" ziele (Huisken 1972, S. 13). Diese Neuausrichtung, deren Ursachen und ökonomischen Implikationen stehen im Mittelpunkt der Analyse von Huiskens Arbeit. Huisken bringt die These vor, mit der Bildungsreform verändere sich das Verhältnis von Erziehung, Politik und Ökonomie:

> "In der Tat setzten sich ökonomische Zwänge hinter dem Rücken der bürgerlichen Pädagogen und Unterrichtstheoretiker durch, und ihr Geschäft bestand zu einem gut Teil darin, diese von ihnen selbst nicht durchschauten Zwänge zu verschleiern" (Huisken 1972, S. 19).

Huisken zeigt dann, wie sich der ökonomische Diskurs in den didaktischen einschreibt, wie er diesen verändert und hegemonial wird.

Eine in diesem Sinne verstandene Bildungsökonomie können wir als Teil eines Prozesses bezeichnen, in dem die Disziplin, hier die Erziehungswissenschaft, ihre eigene Entwicklung kritisch untersucht, also reflexiv wird, indem sie ihre eigenen Entstehungs- und Produktionsprozesse in den Blick nimmt. Es geht der Erziehungswissenschaft also nicht "nur" um die Bereitstellung von "Technologien der Erziehung", sondern um eine "materialistische Analyse des Ausbildungswesens" (Altvater / Huisken 1973, S. XI).

Aus Sicht der Bildungsökonomie dienen Qualifikationsprozesse der "Produktion und Reproduktion des Arbeitsvermögens", der "Erhöhung der Produktivität im Prozess der Verwissenschaftlichung der Produktion" und sie verringern die "Mehrwert- und Profitrate der Einzelkapitale", da sie den "Wert der Arbeitskraft erhöhen" (vgl. Baethge u.a. 1973, S. 440-441).

Einbindung der Bildungsinstitutionen in ökonomische Verwertungsprozesse

Erziehungsinstitutionen und deren Veränderungen haben also erhebliche ökonomische Folgewirkungen, wobei die Veränderungen in einem pädagogischen Diskurs immer nur als idealistisch gedachte Reformen thematisiert werden. Bildungsinstitutionen sind in einen gesellschaftlichen Prozess der Formierung und Effektivierung eingebunden und stellen nach Ottomeyer "totale Institutionen" dar (Ottomeyer 1977, S. 212). Bildung hat also eine Systemfunktion. Die Bildungsreformen der 60er Jahre lassen sich dann bildungsökonomisch als eine zunehmende Subsumption der lebendigen Arbeit unter das Kapital analysieren (vgl. Becker / Jungblut 1972, S. 24).

Auch für die Erwachsenenbildung problematisiert Werner Markert 1973 deren reflexiven Potentiale:

> "Wie weit nun werden die realgesellschaftlichen Bedingungen, unter denen emanzipatorische Erwachsenenbildung heute zu leisten wäre, in den neueren Theorien der Erwachsenenbildung reflektiert [...]?" (Markert 1973, S. 167)

Markerts Urteil ist vernichtend. Erwachsenenbildung zeichne sich durch eine Pädagogisierung und Psychologisierung gesellschaftlicher Problemlagen aus und diene so der Herrschaftsstabilisierung, ein Verdikt, das auch ein Thema von Axmachers Arbeit über Erwachsenenbildung im Kapitalismus ist.

Die 1974 veröffentlichte Dissertation von Dirk Axmacher argumentiert ebenfalls ausgehend von der marxistischen Theorie der politischen Ökonomie. An ihr soll die bildungsökonomische Position ausführlicher expliziert werden. Für die marxistische Theorie ist das Basis-Überbau-Theorem konstitutiv. Danach ist die ökonomische Produktionsweise die basale gesellschaftliche Praxis, und von dieser werden alle anderen gesellschaftlichen Praktiken – eben auch die Erziehungspraktiken – determiniert. Das heißt, dass es letztlich die ökonomischen Praktiken sind, die den Horizont dessen bestimmen, was pädagogisch denkbar und machbar ist (Althusser 1977, S. 110 ff). Die Funktion des Erziehungssystems definiert sich daher aus der Relation, die es zum Produktionssystem einnimmt. In dieser Relation hat es neben anderen Teilsystemen (z.B. Polizei, Religion, Justiz etc.) die Funktion der Reproduktion der Produktionsbedingungen. D.h. um die Produktion aufrecht zu erhalten genügt es nicht, die unmittelbare Produktion selbst aufrecht zu erhalten, also die Fabriken, die Dienstleistungsunternehmen etc., vielmehr müssen die Bedingungen dieser Produktion, die sich durch alle gesellschaftlichen Bereiche ziehen, permanent aufrecht erhalten werden. Zu diesen Bedingungen gehören einerseits konkrete Qualifikationen, mit denen in einer Gesellschaft Arbeitskräfte für die verschiedenen gesellschaftlichen Tätigkeiten (re-)produziert werden. Das betrifft insbesondere Berufsbildung und Erwachsenenbildung. Aber diese fachliche Qualifikation genügt nicht, um die Verhältnisse zu reproduzieren, es bedarf vielmehr der Produktion bestimmter Verhaltensweisen, Einstellungen, Motivationslagen etc. um das ökonomische System und damit die Ausbeutungsverhältnisse zwischen den sozialen Klassen aufrecht zu erhalten. Das Erziehungssystem kann daher als einer der herausragenden Systeme zur Reproduktion der Produktionsbedingungen angesehen werden. Dirk Axmacher untersucht nun, wie die Erwachsenenbildung in Deutschland mindestens seit den frühen Arbeiterbildungs- und Volksbildungsvereinen diese Funktion übernommen hat.

Erwachsenenbildung: Individualisierung des Erwachsenen

Zwei Thesen Axmachers möchten wir aus dieser Argumentation herausgreifen. Die erste betrifft den Übergang von der Volksbildung zur Erwachsenenbildung, der sich, wie Sie bereits gesehen haben, über den längeren Zeitraum von 1933 bis 1950 vollzogen hat. Axmacher konstatiert, dass der Gegenstand der Erwachsenenbildung, nämlich der individuelle Erwachsene, ein neuer Gegenstand sei, den es in der Volksbildung nicht gegeben habe. Wenn Axmacher recht hat, wäre damit eine bedeutende Zäsur, ein Bruch innerhalb der Geschichte des volks- bzw. erwachsenenbildnerischen Denkens markiert:

> "In den Mittelpunkt aller folgenden Betrachtungen rückt der Erwachsene, die individuelle Arbeitskraft, und sie verstellt den Blick darauf, wie die Individuen sich als Volk konstituieren und ihren materiellen Lebensprozeß organisieren. Das Volk als ‚buntes Tier', als letztlich irrationales, ‚das durch die ratio beherrscht und geführt', das durch List und Gewalt, später dann auch, in Grenzen, durch ‚Volksbildung' bemeistert werden muß, dieses Volk stellte noch eine historische Qualität dar, die aus dem unterschiedslosen, isolierten, zu bildenden Erwachsenen, wie es scheint, verschwunden ist. Die historische Qualität ist in der politischen Ökonomie der Erwachsenenbildung zu rekonstruieren" (Axmacher 1974, S. 49).

Axmacher These ist also, dass die neue Erwachsenenbildung nach 1945 einer "Entdeckung / Erfindung des Erwachsenen" als für seinen Beruf zu qualifizierendes Individuum gleichkommt. In der irrationalen Thematisierung des "Volkes" in der Weimarer Volksbildung sei – so Axmacher – noch eine historische Qualität aufbewahrt, nämlich das Wissen über die kollektiven Bedingungen des Lebensprozesses, ein Wissen, dem die politische Ökonomie der Erwachsenenbildung rational – im Gegensatz zur Volksbildung – gerecht zu werden beabsichtigt, das aber von der bürgerlichen Erwachsenenbildung der Bildungsreformer durch die "Entdeckung / Erfindung" des Erwachsenen als lernendes Individuum verstellt wird.

Die zweite These Axmachers betrifft einen Wandel in den Formen der Qualifikation, denn die Forderung nach allgemeiner Bildung, die die bürgerliche Erwachsenenbildung vorträgt, deckt sich mehr und mehr mit einer Forderung, die aus der sich verändernden Struktur der Produktionsverhältnisse erwächst. Der Anteil der erforderlichen allgemeinen Qualifikationen nimmt gegenüber den besonderen, direkt auf die berufliche Tätigkeit bezogenen, immer mehr zu. So erklärt sich die zunehmende Formalisierung des Erwachsenenbildungssektors.

Die Reproduktionsfunktion allgemeiner Qualifikationen

> "Daß sie [die Qualifikationsinstanz der Erwachsenenbildung, Anm. HJF, DW] ihren informellen Charakter mehr und mehr abstreift und als organisierte und formalisierte Lernarbeit zur lebensbegleitenden Funktion wird, ist als pädagogische Antwort auf die fortgeschrittene kapitalistische Ökonomie zu verstehen." (Axmacher 1974, S. 115)

Die Rolle der Durchsetzung dieser formalen Qualifikationsinstanz übernimmt nun mehr und mehr der Staat. Der Erwachsenenbildungssektor wird in dem Maße vergesellschaftet, also der Reproduktionsfunktion unterworfen und staatlich finanziert und gelenkt, wie die Herstellung allgemeiner Qualifikationen für die Reproduktionsfunktion an Bedeutung gewinnt.

In der bürgerlichen Erwachsenenbildung, so die Analyse Axmachers, wird dieser Zusammenhang affirmativ diskutiert im Kontext von "Schlüsselqualifikationen" oder "extra-funktionalen Qualifikationen". Mit diese Qualifikationen steht der "lernende Erwachsene" als Einzelner, als Individuum dem System gegenüber. Die Qualifikationsinstanz Erwachsenenbildung muss, um ihrer Funktion gerecht zu werden, individualisierend wirken.

> "Dieser Zusammenhang muß berücksichtigt werden, um das in der Erwachsenenbildung fest verwurzelte Axiom der Individualisierung des Lernens in seinem gesellschaftlichen Kontext zu begreifen. Dabei kommt der Individualisierung des Lernens nicht nur, wie von kritischen Pädagogen frühzeitig betont wurde, die Funktion zu, die ökonomischen Konkurrenzverhältnisse im Sozialisationsprozeß der Individuen zu verankern; vielmehr ist es auch Mo-

ment in der kapitalistischen Gesellschaftlichkeit der Arbeit, daß das individuelle Arbeitsvermögen und die individuelle Potenz der Arbeit sich dem Kapital konfrontieren. Bildsamkeit im Kapitalismus ist eine individuelle Angelegenheit." (Axmacher 1974, S. 138)

Diese Zusammenhänge, der Entstehung der Vorstellung eines individuell lernenden Erwachsenen, der entsprechenden Bildungsinhalte und der entsprechenden Form des Bildungssystems zeigt Axmacher an einer Reihe von Debatten und Themen der Erwachsenenbildung.

Wenn auch die eigentlichen bildungsökonomischen Erträge dieser Zeit eher bescheiden geblieben sind, hat die kritische Bildungsökonomie mit dazu beigetragen, einen Tatsachenblick in der Erziehungswissenschaft zu etablieren, der neben den gesellschaftlichen Bedingungen pädagogischer Praktiken auch die der Theorieproduktion thematisierte.

4   Die Rückkehr der Lebenswelt

4.1   Gesellschaftliche Entwicklungen

Im Folgenden berichten wir von den Entwicklungen in Erziehungswissenschaft und Erwachsenenbildung seit den 80er Jahren. Die Auswahl von Themen und Literatur ist dabei noch schwieriger als in anderen Phasen. Das liegt
nicht nur daran, dass seither sehr viel mehr publiziert wurde, ein expandier-
tes Hochschulwesen produziert eben auch weit mehr Literatur. Es liegt auch
daran, dass für die vorhergehenden Phasen in unzähligen Einführungen und
Handbucharikeln bereits ein relativer Konsens darüber entstanden ist, was
als "wichtig" oder "wegweisend" zu gelten hat. Bei den 80er Jahren ist eine
solche Entscheidung erst zu treffen. Der Schwerpunkt der folgenden Ausführungen liegt auf der Wende zu einem neuen Theorietypus: den kulturalistischen bzw. interpretativen Ansätzen. Wir haben dabei besonderen Wert auf
Entwicklung und Herausbildung dieser Ansätze gelegt, um die Konsequenzen und die Veränderung wesentlicher erziehungswissenschaftlicher Fragestellungen deutlich zu machen. Wir haben uns dabei schwerpunktmäßig auf
erwachsenenpädagogische Literatur bezogen, da durch diese Beschränkung
der Argumentationszusammenhang deutlicher wird. Ähnliche Entwicklungen
könnten aber auch für andere Subdisziplinen der Erziehungswissenschaft,
wie die Schulpädagogik, beschrieben werden.

*Neuer Theorietypus:
Interpretative
Ansätze*

Reformstau und Gegenreform

Schon im Laufe der 70er Jahre zeigten sich Risse im gesellschaftlichen Re-
formoptimismus, wie wir es bereits im Abschnitt über eine Bilanz der Bildungsreformen beschrieben haben. Das Wirtschaftssystem war von Rezessi-
onen getroffen, immer mehr öffentliche Mittel wurden gestrichen oder
ausgesetzt. Die Expansion und Reform des Bildungswesens kamen ins Stocken.

Dazu kam aber auch die bildungspolitische Einsicht, dass die "Realität eines
Bildungssystems" weit komplizierter und rationaler Planung weit weniger
zugänglich war, als man dachte. Neuere Forschungen, z.B. zur Chancengleichheit und zur schichtspezifischen Sozialisation, entmutigten. Die soziologische Bildungsforschung – etwa von Pierre Bourdieu in Frankreich – zeigte, dass die prinzipielle gesellschaftliche Funktion des Bildungssystems nicht
darin besteht, soziale Ungleichheiten aufzulösen, sondern sie zu reproduzieren, sie immer wieder neu herzustellen (Bourdieu / Passeron 1971, S. 20 ff).
Mit anderen Worten: Es ist die basale Funktion des Bildungssystems, eine
ungleiche Verteilung von Kompetenzen und damit auch von materiellen

Chancen herzustellen, weil die ungleiche Verteilung ein Bestandteil der Re-produktion des ökonomischen Systems unter den gegebenen Verhältnissen ist. Chancengleichheit durch Bildung muss so eine Illusion bleiben, weil die dem Bildungssystem damit zugeschriebene Aufgabe seiner basalen Funktion diametral entgegensteht. Diesem Zusammenhang konnte keine noch so gut gemeinte Reform entgehen. Damit schwand die Vision der Reformen des Bildungsrates, langfristig ein Bildungssystem zu entwerfen und durchzuset-zen, das rational geplant, klar gegliedert und gerecht organisiert wäre und das die Interessen aller Bürger ebenso gut befriedigt wie die Interessen des Wirtschaftssystems.

Politische Kontro-versen in der Bildungspolitik

Dieses Stocken der Reformen ist auch auf eine sich polarisierende Bildungs-politik der Bundesländer zurückzuführen. Während die SPD-regierten Länder die Reformen vorantrieben, entwickelten die CDU-regierten Länder bereits in den 70ern eine andere, konservativere Bildungspolitik. Eine gemeinsame Bildungspolitik aller Bundesländer war undenkbar geworden, der Bildungsrat wurde aufgelöst, der Bildungsgesamtplan versandete, weitere bundesweite Planungsanstrengungen gab es nicht (vgl. Klemm 1990). Die Wahlergebnisse von 1982 und die liberal-konservative Bundesregierung war daher weniger der Auslöser als eine Bestätigung dieser Entwicklung.

Neben aller Kritik an diesem Konservatismus darf eines nicht übersehen wer-den: Sowohl in Baden-Württemberg als auch in Bayern sind die Bildungsaus-gaben gegenwärtig höher als in sozialdemokratisch geführten Bundeslän-dern. Außerdem zeigt der Schulleistungsvergleich zwischen den Bundesländern für die beiden genannten Bundesländer deutlich bessere Werte. In solchen Ergebnissen kommt zum Ausdruck, dass Reformen nicht einfach zu einer Verbesserung der Leistungen eines Systems führen. Umge-kehrt folgt daraus aber auch nicht, dass das klassischer strukturierte Bil-dungssystem zu besseren Leistungen führt. Die Vergleiche zeigen ebenfalls, dass die Leistungen in skandinavischen Ländern, die die Reformen konse-quent umsetzten, besser sind. Die Wirkungszusammenhänge sind weit kom-plexer als es die Gegenüberstellung von konservativ und fortschrittlich nahe legt.

Die Freiheit der Erwachsenen

Konservatives Konzept von Mün-digkeit

Eine neokonservative Erziehungsprogrammatik wurde auf den Kongressen mit den Titeln "Tendenzwende" (Podewils 1975) oder "Mut zur Erziehung" (kritisch Benner u.a. 1978) vorgetragen und in der bildungspolitischen Dis-kussion vertreten. Sie wendete sich vor allem gegen eine emanzipatorische Pädagogik. Sie warf ihr unter anderem vor, erwachsene Menschen unmün-dig zu halten, um sie beherrschen zu können. Die Logik einer solchen Argu-mentation soll im Folgenden deutlich gemacht werden. Robert Spaemann hat auf dem Kongress "Tendenzwende" den Begriff der Emanzipation aus konservativer Sicht expliziert:

> "Analog zur Entlassung des Sohnes aus der väterlichen und des Sklaven aus der herrschaftlichen Gewalt bezeichnet das Wort später jeden Akt, durch welchen der Betroffene den Rechtsstatus der Mündigkeit erwirbt. Mündigkeit wird hier aber ebenfalls als ein Rechtsbegriff verstanden. Sie meint die Befugnis, seine eigenen Interessen selbst wahrzunehmen, verbindliche Rechtsgeschäfte abzuschließen, seine Bürgerrechte im Rahmen einer geltenden Rechtsordnung Gleicher unter Gleichen wahrzunehmen" (Spaemann 1975, S. 76).

Emanzipation ist also – nach Spaemann – eigentlich ein Begriff des Rechts und des Übergangs, die emanzipatorische Pädagogik transponiere ihn aber auf einen pädagogischen Prozess. An Spaemans Argumentation lassen sich Unterschiede einer konservativen zu einer emanzipatorischen Erziehungsvorstellung sehr gut zeigen:

- Vom konservativen Standpunkt her ist Emanzipation ein einmaliger Akt, in dem jemand aus einer unmündigen in eine mündige Rolle wechselt. Mündigkeit ist dann ein Zustand der Verantwortung und Freiheit, sie ist nicht das Ziel, sondern der Anfangspunkt des erwachsenen Lebens. Umgekehrt bleibt nämlich Kindheit und Jugend ein Reich der Beherrschung durch die Eltern und Lehrer. Nach dem Schwellenübergang zur "Mündigkeit" folgt das Leben des Erwachsenen. Für die Kritische Theorie und Erziehungswissenschaft hingegen ist Emanzipation ein dauerhafter Prozess des Individuums, eine Lebensaufgabe der Entunterwerfung von gesellschaftlichen Verhältnissen, die nicht "zu Ende" kommt. Mündigkeit bleibt dann ein Ziel, auf das man in einem permanenten Prozess hinstrebt. Der Erwachsene ist aber, nur weil er erwachsen ist, ebenso wenig "mündig" wie das Kind "unmündig" ist.

- Mündig oder emanzipiert ist man für Spaemann durch einen juridischen Sprechakt der Verwalter der Unmündigkeit. Subjekt der Emanzipation ist der Entlassende / Freilassende, nicht der Freigelassene. Auf diesen Umstand weist Spaemann hin, wenn er das Analogon des Vaters und des Sklavenherrn bringt. Vom kritischen Standpunkt hingegen ist Mündigkeit eine Qualität, die die eigene Subjektivität erreicht. Nur durch die eigene Arbeit an sich selbst, nicht durch Gnaden der Autorität kann man mündig werden.

- Entlassen werden Mündige in der konservativen Vorstellung nicht in eine selbst gestaltete Realität, sondern als Unterdrücker in dasselbe System, das sie unterdrückte. Der Sohn wird zum (männlichen) Bürger und der Sklave zum Freien. Das System des Patriarchats oder der Sklaverei hinter sich zu lassen ist nicht das Ziel. Für Kritische Theorie und emanzipatorische Pädagogik hingegen heißt Emanzipation zugleich

Überwindung der gesellschaftlichen Verhältnisse, die Unmündigkeit produzieren. Zur Mündigkeit kommen heißt dann "Abarbeitung alles Gesetzten", der Mensch sollte "seiner selbst" und nicht der überkommenen Gesellschaft "habhaft werden" (Heydorn 1972, S. 7 f).

Hinter der Position von Spaemann steht ein konservativer Liberalismus. Die einzelnen sind mit dem Moment ihrer Mündigkeit "frei", solange sie sich im Rahmen der Gesetze bewegen. Diese erwachsenen politischen Subjekte werden aber durch den Mündigkeitsbegriff der Kritischen Theorie, so Spaemans Kritik, zu Unmündigen degradiert. So kommt Spaemann zu der Behauptung, dass die Kritische Theorie nicht mehr, sondern weniger Mündigkeit erzeuge und darüber hinaus die Gesellschaft freier Subjekte pädagogisiere. Die Ideologen der Emanzipation würden mit ihrer Theorie ihre "Herrschaft" auf Dauer legen:

> "Denn der Zeitpunkt, in dem die Emanzipation vollendet, die Mündigkeit aller erreicht ist, kann – wie gezeigt – der Definition der Mündigkeit nach ohnehin nicht eintreten. Das Ideal wäre nämlich erst erreicht mit totaler Transparenz aller für alle. Es wäre erst erreicht, wenn die personale Identität aufgelöst, der Prozess der Ichfindung unter der Führung des Über-Ich rückgängig gemacht, die Partialtriebe freigesetzt wären, kurz, wenn das Subjekt der Mündigkeit verschwunden wäre. Es wäre der Zeitpunkt, in dem alle Menschen die natürlichen und geschichtlichen Bedingtheiten ihrer Existenz in der Reflexion eingeholt und aufgeschoben hätten. Dieser Zeitpunkt wird nicht eintreten. Das heißt aber: Die Herrschaft der Emanzipatoren ist auf Dauer angelegt. Was aber heißt dann ‚Emanzipation'?" (Spaemann 1975, S. 82)

Mut zur Erziehung und Wertepädagogik

Patriarchale und bürgerliche Gesellschaft

Im neokonservativen Denken ist die Erziehung das, was sie für die geisteswissenschaftlichen Pädagogen war: derjenige Prozess, in dem das Kind (Sohn) in Liebe und Gehorsam zu den Eltern (Vater) zum Erwachsenen (Mann) wird. Der Erwachsene wird durch die Statuspassage der Freilassung in die Gesellschaft zum Bürger und damit ist der Zuständigkeitsbereich der Erziehungswissenschaft beendet. Erwachsenenbildung hat bestenfalls die Aufgabe einer technologischen Unterstützung des selbst gewählten Lernens.

Die Kohl-Regierung versprach darüber hinaus mit großem Pathos eine "geistig-moralische Wende" für Deutschland und eine Rückkehr zu traditionalen Werten. Während der ganzen 80er und 90er Jahre wird in der öffentlichen Bildungsdiskussion der Topos einer neuen "Wertepädagogik" vorgebracht, da Werte den Kindern wieder vermittelt werden müssten. Während die Kritische Theorie versucht, den Prozess zu fassen, in dem neue Generationen ihre eigenen Werte zu setzen in die Lage kommen, heißt Wertevermittlung hier im Sinne der geisteswissenschaftlichen Pädagogik, dass die Werte von der erwachsenen Generation bestimmt und der jungen Generation angeeignet werden (vgl. kritisch die Beiträge in Masschelein / Wimmer 1996).

4.2 Transformationen pädagogischer Handlungsfelder

Einen besonderen Aspekt der Veränderung pädagogischer Handlungsfelder möchten wir hier herausgreifen. Während wir im letzten Kapitel eher auf Initiativen des Staates und der Institutionen hingewiesen haben, spielten seit den 80er Jahren selbstorganisierte Formen der Bildungsarbeit eine wichtige Rolle.

Die Entwicklungen hängen auch mit der historischen Situation zusammen: Die linken Bewegungen der späten 60er und der 70er Jahre, wie sie im Zusammenhang mit der Kritischen Theorie beschrieben wurden, gerieten nicht zuletzt im "Deutschen Herbst" mit dem Terrorismus und der "Verteidigung der freiheitlich demokratischen Grundordnung" durch die etablierten Parteien in eine Krise. Viele resignierten, weil der Traum der großen politischen Veränderungen hin zu einer erneuerten und gerechteren Gesellschaft gescheitert schien.

Die Wendung zum Eigenen

Die Aktivität richtete sich nun verstärkt nach innen, auf die eigene Befindlichkeit, die Gestaltung und Selbstverwirklichung des psychologischen "inneren Kerns" oder auch die Befreiung des eigenen Körpers. Bis in die 90er entfaltete sich eine vielfältige Szene, die von der Gruppendynamik über die Körpererfahrung bis zum New Age reichte und die bisweilen als "Psychomarkt" abgewertet wird. Die in diesen Szenen entwickelten alternativen Lebensstile beinhalteten allerdings neue Formen der Subjektivierung, also des Verhältnisses des Subjekts zu sich selbst und des Umgangs mit sich selbst. Die darin gepflegten Handlungs- und Gestaltungsformen von Gruppen speisten sich zum großen Teil aus pädagogischen und therapeutischen Handlungselementen und wirkten auf diese zurück. Sie sind daher ein wichtiges Element in der Entwicklung des Gegenstandsbereichs der Erziehungswissenschaften.

Innenwendung kritischer Gruppen

So kam es in den 80er Jahren auch zu einer Renaissance von mythologischen Erzählungen, volkstümlicher Musik, alten Ritualen, alternativer Medizin etc. Es entwickelte sich ein erstaunliches Interesse für das Mittelalter, der Körper galt als von der modernen Welt verschüttet und wieder zu entdecken usw. Kurz: in vielen Bereichen wurde ein altes und heterogenes (uneinheitliches) Wissen wieder entdeckt und praktiziert. Der Universalismus der Moderne, der sich beispielsweise auch in den groß angelegten Reformen und Vereinheitlichungen des Bildungssystems zeigt, wurde aus dieser Perspektive zu einem Gegenstand der Kritik (Kamper u.a. 1982; Capra 1984; für die Erwachsenenbildung z.B. Kade / Geißler 1982).

Die Pädagogik der neuen sozialen Bewegungen

Andererseits entwickelten sich in den 70er Jahren die "neuen sozialen Bewegungen": die Frauenbewegung, die Ökologiebewegung, die Friedensbewegung, die Eine-Welt-Bewegung etc. Weder der Einsatz für die Gleichberechtigung der Geschlechter noch für Ökologie oder Frieden war neu, auch wenn die "Grenzen des Wachstums" (Meadows 1972) und damit die Grenzen der Entwicklung und Ausbreitung der westlichen Zivilisationen mehr und mehr in den Blick rückten. Es handelte sich um eine neue Weise, die Themen anzugehen. Während das Ziel 1968 ein groß angelegter "Marsch durch die Institutionen" war, um die Politik der Gesellschaft als Ganzes zu verändern, ging es in den neuen sozialen Bewegungen darum, durch konkretes Handeln in einzelnen Politikbereichen zu wirken. Das eigene Leben sollte mit den Idealen in Einklang stehen. Beispielsweise kämpfte man einerseits für die Erhaltung ökologischer Ressourcen, und entwickelte andererseits für sich selbst einen alternativen, ökologieverträglichen Lebensstil. So entstand eine lebhafte Debatte über einen Wertewandel hin zu postmaterialistischen Werten, zur Abwendung vom Konsum etc. (Inglehart 1989). In den sozialen Bewegungen entstanden auch spezifische Pädagogiken: v.a. eine Umweltpädagogik / Ökopädagogik, eine Friedenspädagogik und eine feministische Pädagogik, die Heinz-Hermann Krüger in seiner Einführung in die Erziehungswissenschaft als eigenständige Ansätze darstellt (Krüger 1997, S. 153 ff, 165 ff).

Ausdifferenzierte Pädagogiken nach Politikfeldern

Etablierung der außerschulischen Bildung

Als dritter Bereich ist die außerschulische Kinder- und Jugendbildung zu nennen. Häufig gegen die staatlichen Ämter und gespeist aus dem Idealismus der Akteure entstand in den 70er Jahren ein großer Bereich der heute selbstverständlichen außerschulischen Bildungsarbeit. Bis weit in die 80er Jahren wurde dieser Bereich in einer vorinstitutionalisierten Form vergesellschaftet, d.h. er wurde durch öffentlich bezahlte Stellen zu einer staatlichen Leistung, während die Träger zumeist als gemeinnützige Vereine unabhängig blieben. Zumindest in diesem Bereich gelang ein "Marsch durch die Institutionen": Viele Stellen in den Jugend-, Sozial- und Gartenbauämtern der Kommunen sind heute mit Pädagog/-innen besetzt, die in der Konstitutionsphase dieses Handlungsfeldes in den 70er Jahren aktiv waren, und die sich derselben Handlungsrationalität verpflichtet fühlen, wie die Pädagog/innen in den gemeinnützigen Vereinen. Sogar Kultusminister/-innen werden bisweilen von "pädagogischem Fachpersonal" gestellt.

"Marsch durch die Institutionen"

Engagement und Institutionalisierung

In diesen drei Bereichen außerschulischer und gering institutionalisierter Handlungsfelder entwickelte sich Pädagogik weitgehend ohne staatliche Initiative. Allerdings nicht ohne professionelle Pädagog/-innen, denn die Absolvent/-innen der Hochschulen stellten einen großen Teil der Akteure in diesen Bereichen. Bald kam es darüber hinaus zu komplexen Finanzierungs- und Überlebensformen solcher Aktivitäten irgendwo zwischen Bildungs- markt, staatlichen Zuschüssen und ehrenamtlichem Engagement.

Diese Bereiche gehören zu den Schnittstellen, an denen pädagogische Handlungselemente, die sich aus sozialwissenschaftlichem Wissen speisen, in das Alltagshandeln übergehen und dazu führen, dass weite Bereiche der Gesellschaft "pädagogisiert" werden (z.B. Kade 1993, S. 389 f, Nittel 1996). Diese "Zirkularität des Wissens" wird im wissenschaftstheoretischen Kapitel (s.u.) nochmals aufgegriffen.

4.3   Modernisierung, Individualisierung, Risikoproduktion

Auch im nächsten Abschnitt wiederholen sich Begriffe und Elemente, die bereits im zweiten Kapitel von Bedeutung waren: Modernisierung und Indi- vidualisierung werden erneut, nun aber mit neuen thematischen Schwer- punkten diskutiert.

Risiko und Sicherheit

Ende der 80er Jahre wurde die Theorie reflexiver Modernisierung des Sozio- logen Ulrich Beck sehr populär. Die gesellschaftlichen Modernisierungspro- zesse, die das pädagogische Feld sowohl in der Phase der Industrialisierung als auch in der Bildungsexpansion der 70er Jahre bestimmten, können als Prozesse einfacher Modernisierung gefasst werden. Sie werden von der Vorstellung bestimmt, der Zustand nach einem Modernisierungsprozess sei in jeder Hinsicht besser als der vor einem Modernisierungsprozess. In dem- selben Sinn wird das Wort "modern" auch in der Umgangssprache benutzt. Becks Risikotheorem besagt demgegenüber, dass diese Vorstellung eine Illusion ist: Modernisierungsprozesse produzieren Nebenfolgen, die nicht absehbar sind und außer Kontrolle geraten können. Die erzeugten Unsicher- heiten und Risiken sind weder beherrschbar noch einholbar (Beck 1986, z.B. S. 17 f). Während frühere Zeiten es mit Hölderlin hielten: "Wo Gefahr ist, wächst das Rettende auch", da paraphrasiert der Soziologe Luhmann iro- nisch: "Wo aber Kontrolle ist wächst das Risiko auch", denn gerade der Ver- such, über verstärkte Kontrolle die Risiken zu bändigen, erzeugt immer neue Risiken (Luhmann 1991, S. 103). Daher kann von einem einfachen Zusam-

Auseinandertreten von Modernisierung und Fortschritt

119

menhang von Modernisierung und Fortschritt nicht mehr gesprochen werden.

Gesamtgesellschaftlich wurden etwa die Risiken durch ökologische Schäden der Modernisierung diskutiert, Mitte der 80er ließ der Unfall in dem russischen Kernkraftwerk Tschernobyl alle die Risiken der Atomenergie spüren. Die Technikfolgenabschätzung etablierte sich in der Politikberatung. Aber auch individuell produzieren Modernisierungsprozesse Unsicherheit, denn die Einzelnen sind für Erfolg oder Misserfolg ihres Lebens selbst verantwortlich. Erwachsenenpädagogisch bedeutet dies, dass sie in dem ständigen Bemühen des Lernens leben müssen, ohne abschätzen zu können, welche Qualifikation und welches Wissen für ihre Zukunft notwendig sein wird (Kade / Seitter 1998, S. 54).

Reflexion produzierter Risiken

Diese Notwendigkeit, die von der Modernisierung produzierten Probleme in die Handlungspläne mit einzubeziehen, bezeichnen Ulrich Beck, Anthony Giddens und Scott Lash als "reflexive Modernisierung". Die Modernisierung wird sich selbst zum Problem, es wird nicht mehr einfach modernisiert, vielmehr werden die Grundlagen der Moderne bzw. der Modernisierung selbst hinterfragt. "Modernisierung der Moderne meint also nicht linear zunehmende Rationalität und Kontrolle." (Beck / Giddens / Lash 1996, S. 9).

Individualisierung und der Zwang zum eigenen Leben

Neben der Potenzierung der Risiken ist das Individualisierungstheorem in pädagogischen Kontexten eine weitere populäre These Becks:

> "In der individualisierten Gesellschaft muss der Einzelne [...] bei Strafe seiner permanenten Benachteiligung lernen, sich selbst als Handlungszentrum, als Planungsbüro in Bezug auf seinen eigenen Lebenslauf [...] zu begreifen. [...] Auf diese Weise müssen die gesellschaftlichen Determinanten, die in das eigene Leben hineinschlagen, als ‚Umweltvariable' begriffen werden, die durch ‚Maßnahmenphantasie' [...] für den eigenen Lebensraum abgemildert, unterlaufen und außer Kraft gesetzt werden können. Gefordert ist ein *aktives Handlungsmodell des Alltags*, das das Ich zum Zentrum hat" (Beck 1986, S. 217, Hervorh. im Original).

Fortgeschrittene moderne Gesellschaften, so die These, zeichnen sich dadurch aus, dass die Einzelnen zunehmend ihr "eigenes Leben" (Beck 1996, S. 41) leben wollen und müssen. Individualisierung bedeutet hier die zunehmende Verantwortungszuschreibung des Einzelnen für das eigene Leben. Die sozialen Einbettungen in Familie, Beruf, Vereine, Kirchen etc. verlieren an Bedeutung. Dafür wird der Lebenslauf zu einer entscheidenden Institution für den Einzelnen: Er verläuft nicht mehr selbstverständlich, sondern birgt viele Möglichkeiten der Bewährung und des Scheiterns. Allerdings fangen

Standardisierungen das sich ausdifferenzierende Spektrum an Möglichkeiten wieder auf:

> "Das eigene Leben ist gar kein eigenes Leben! Jedenfalls nicht in dem Sinne einer frei schwebenden, selbstbestimmten, allein dem Ich und seinen Vorlieben verpflichteten Lebens. Es ist vielmehr genau umgekehrt Ausdruck einer späteren, geradezu paradoxen Form der Vergesellschaftung" (Beck 1996, S. 41).

Individualisierung als Zumutung

Die Individualisierungstendenzen sind also keine Befreiung, die / der Einzelne befindet sich vielmehr in einem Dickicht von Institutionen, die sein Leben bestimmen: Arbeitsmarkt, Sozialstaat, Kindergarten, öffentlicher Nahverkehr etc. Neu ist, dass die / der Einzelne gezwungen ist, selbst zu Akteur, Jongleur, Inszenator etc. des eigenen Lebens zu werden. Tut sie /er das nicht, droht der Absturz. Kurz: "Trotz – oder besser: wegen – der institutionellen Vorgaben ist also das eigene Leben zur Aktivität verdammt" (Beck 1996, S. 42). Reflexive Modernisierungsprozesse verwandeln so alle Biografien in individualisierte Biografien und die damit gegebenen Freiheiten in riskante Freiheiten (vgl. Beck / Beck-Gernsheim 1994, S. 10-39).

Das eigene Leben und die Sorge um sich

Fragt man nach der erziehungswissenschaftlichen Relevanz dieser Situation, so zeigt sich zunächst, dass die zunehmende Reflexivität des Ichs, der Biographie, der eigenen Situation, also auch die zunehmende Thematisierung des Ich, der Biographie und der Situation in pädagogischen Zusammenhängen eine notwendige Folge dieser Modernisierungsprozesse ist. Die Fähigkeit, nicht nur sein Leben und seinen Alltag aufrecht zu erhalten, sondern ihn zukunftsorientiert und reflexiv zu problematisieren, wird zu einem wichtigen Faktor in der Verteilung von Lebenschancen. Selbstthematisierung in pädagogischen Kontexten ist also keineswegs nur Nabelschau, sondern erfüllt wesentliche Funktionen für das "eigene Leben". Für das eigene Leben "Sorge" tragen hieße dann, Sorge für das eigene Selbst, aber auch Sorge für Andere und Verantwortung zu tragen (Beck 1996, S. 46 f). Dies bezeichnet der englische Modernisierungstheoretiker Anthony Giddens als "aktives Vertrauen", das für das Leben in der Moderne unerlässlich ist (Beck / Giddens / Lash 1996, S. 319; Giddens 1995, S. 43 f). Praktiken der "Selbstsorge" waren historisch immer mit besonderen Formen der "Freundschaft" verbunden (Foucault 1986, S. 71; Foucault o.J.).

Befähigung zur Selbstsorge als pädagogische Aufgabe

Oder nochmals erziehungswissenschaftlich: Wenn es stimmt, dass die Sorge für das eigene Leben ein zentrales Problem ist, dann erlangen die pädagogischen Institutionen und die in ihnen praktizierten Formen von gemeinsamer Sorge eine wesentliche Funktion (vgl. Forneck 2002a, S. 257). Pädagogische Praktiken wären dann solche, die wesentlich Techniken der Selbstentwicklung sozialisieren würden. Allerdings bergen solche Übertragungen soziologischer Theorien in pädagogische Handlungsorientierungen einige Probleme. Wir möchten dies am Beispiel der Untersuchung des Soziologen Schulze, der die Gesellschaft als "Erlebnisgesellschaft" (1992) charakterisiert, exemplarisch deutlich machen.

Die zentrale These Schulzes besteht darin, dass er eine grundlegende Veränderung der Mentalitäten und psychischen Dispositionen bei den Individuen, also Modernisierungsprozesse, diagnostiziert: Die "Basismotivation" der / des Einzelnen soll in der "Erlebnisorientierung" bestehen, sie / er orientiert sich am "Projekt des schönen Lebens". Diese neue Orientierung impliziert nun, dass die auf Veränderung der Lebensumstände gerichtete Außenorientierung im menschlichen Handeln aufgegeben wird und an deren Stelle eine "Funktionalisierung äußerer Umstände für das Innenleben" tritt (Schulze 1992, S. 35). Ziel ist die Steigerung der innerpsychischen Erlebnisqualität. Damit ist den Individuen eine Steigerung des Selbstbezugs abverlangt (Schulze 1992, S. 40) dem eine Verstärkung des "innenorientierten Lernens" (66) korrespondiert. Das Individuum muss "für die Entstehung von Erlebnissen [...] die bedeutungsaufbauende Arbeit des Subjekts" (115) bewerkstelligen.

"Innenorientiertes Lernen" als Strategie der Erlebnissteigerung

Diese neue Grundmotivation konstituiert nun neue soziale Milieus. Diese bedingen die Notwendigkeit einer neuen Theorie sozialer Schichtung. Letzteres ist von soziologischem Interesse.

Pädagogisch ist der Ausgangspunkt von Schulzes Kultursoziologie bedeutsam: "Wenn nämlich die Diagnose von der Erlebnisgesellschaft zutrifft, dann muss mit fundamentalen Veränderungen nicht nur in den Erziehungsverhältnissen selbst gerechnet werden; vielmehr stehen auch die bislang entwickelten Antworten zu Disposition, die gerade als pädagogische Reaktion auf die Modernisierung moderner Gesellschaften programmatisch entworfen und pragmatisch entwickelt worden sind" (Winkler 1993, S. 49).

Winkler vertritt die These, dass in der Pädagogik eine bisher stillschweigend unterstellte Voraussetzung galt, nämlich dass die gesellschaftlichen Lebensbedingungen selbst sozialisatorisch wirken. Die pädagogische Aufgabe bestehe nun darin, den pädagogischen Umgang nicht nur mit einer höheren Rationalität zu gestalten, sondern zugleich auch den Kindern und Jugendlichen Optionen (gegenüber ihrer bisherigen Sozialisation) aufzuweisen. Die Determination wurde so pädagogisch in Freiheit umgewandelt: Individuen sollten in die Lage kommen, eine gegenüber ihrer Sozialisationsgeschichte freie Wahl zu treffen. Diese Freisetzung geschah immer in einem sozialen Zusammenhang, etwa der Klassengemeinschaft. Neben der freien Individualität war so immer auch die soziale Individualität gedacht.

Winkler vertritt die Auffassung, dass beide Voraussetzungen nun fraglich werden:

"Einmal wird Freiheit gleichsam konkret apriorisch; es geht eben nicht darum, Subjektivität gegenüber sozialen Festsetzungen zu ermöglichen, vielmehr stellt sich die Aufgabe, diese Freiheit in einer Weise zu kultivieren, die sich nicht auf soziale Bedingungen, Inhalte und Normen berufen kann" (ebd., S. 50).

Das neue Problem lasse sich nur durch eine Intensivierung der Pädagogik lösen, die an einem sozial selbständigen Ort inszeniert werden müsse und so eine individuelle Gesellschaftlichkeit synthetisiere.

Die Individuen werden nun in radikaler Weise zum Gegenstand pädagogischer Bemühungen. Denn Pädagogik kann sich nicht mehr als in einer Folge zum Sozialisationsprozess stehend begründen. Es kann keinen konstitutiven Bezug mehr auf Institutionen und soziale Gruppen geben, weil diese faktisch nicht mehr existieren. Auf der Ebene pädagogischer Pragmatik drückt sich dies in der zu beobachtenden Subjektivierung des pädagogischen Geschehens aus. Die Legitimation pädagogischen Handelns wird auf das Subjekt zentriert, nicht mehr aus seiner Einbettung in einen kulturellen, bzw. gesellschaftlichen Entwicklungsprozess. Solche Ansätze können auch die Dialektik von Subjekt und Welt nicht mehr denken. Lernen legitimiert sich nur noch aus der Binnenwendung. Dies heißt aber auch, dass der Bildungsbegriff selbst sich in einer Krise befindet, da die ihn nur sinnvoll machenden sozialisatorischen Implikationen nicht mehr gegeben sind.

Subjektivierung des Pädagogischen

Diese wenigen Andeutungen zu den pädagogischen Implikationen (radikale Intensivierung pädagogischer Bemühungen, Verlust eines konstitutiven Bezugs auf Institutionen, Krise des Bildungsbegriffs durch seine Subjektivierung) sollen deutlich machen, dass in linearen Übertragungen soziologischer Gesellschaftsdiagnosen auf pädagogische Zielsetzungen erhebliche Problemlagen enthalten sind. Auch in der Erziehung entgeht man nicht den Fallstricken der reflexiven Modernisierung.

Doch zu dieser unserer Position und zu den Problemen einer solchen pädagogischen Lesart von Modernisierungstheorien, kommen wir im vierten Kapitel nochmals zurück.

4.4   Die reflexive Wende: Alltag und Lebenswelt

In den letzten drei Abschnitten haben wir eine Reihe von gesellschaftlichen Problemlagen und Entwicklungen, bisweilen pädagogischen Antworten auf diese oder weitergehenden Auseinandersetzungen diskutiert. Während sich darin eine verschlungene Komplexität zeigt, lässt sich in den wissenschaftlichen Ansätzen der späten 70er und der 80er Jahre doch eine erstaunliche Gemeinsamkeit ausmachen. Der Blick richtet sich gebannt auf die Subjektivität der gesellschaftlichen Akteure, ihre Lebenswelten, ihre alltäglichen Denk- und Handlungsweisen. Wo man Begründungen über objektive Zusammenhänge gesucht hatte, etwa über gesamtgesellschaftliche Analysen von Bildungsbedarfen oder über die empirische Absicherung des Lernens, da ging man zunehmend von den subjektiven Interessen und Horizonten der Schüler, der Teilnehmenden etc. aus.

Was ist passiert? Es handelt sich nicht nur um ein einfaches Scheitern der großen Pläne, aber auch nicht einfach um eine emphatische Hinwendung zum Teilnehmer. Gewissermaßen spiegelt sich das Scheitern der großen Aspirationen, seien sie reformerischer oder kritischer Provenienz, in einer Hinwendung zu bescheideneren Themen. Zugleich erscheinen die Aspirationen als verstiegene Illusionen, solche Entwicklungen haben wir skizziert. Hinter den zerbrechenden großflächigen Tableaus, mit denen man die gesellschaftliche Wirklichkeit auf den Punkt zu bringen versuchte, trat ein offenbar Erfolg versprechendes neues Thema hervor. Der Adlerblick fürs Ganze bricht zur kaleidoskopischen Wahrnehmung des Mannigfaltigen. Die verstreuten Formen des "Wissens" sind ins Blickfeld geraten: das Wissen der Teilnehmenden, der Leitenden, der Wissenschaftler, der alltäglich handelnden Menschen etc. Das Wissen der Wissenschaftler/-innen ließ sich mit dem Wissen der Praktiker/-innen und das Wissen der Leitenden mit dem Wissen der Teilnehmenden nicht einfach aufrechnen. Jeder Mensch hat – so die neue Überzeugung – in seinen Handlungsweisen, sei es bezüglich seines beruflichen Handelns oder seiner lebenspraktischen Probleme und Gewohnheiten bereits ein Wissen entwickelt, das eine eigene Dignität (Geltung) besitzt und von wissenschaftlich oder professionell generiertem Wissen nicht einfach "überschrieben" werden kann. Dieses Wissen wird plötzlich zum Problem, das nach einer Lösung verlangt, und zwar einerseits in der theoretischen Begründung und Zielformulierung pädagogischen Handelns und andererseits in der didaktischen Konkretisierung und Transformation der pädagogischen Praxis.

Hinwendung zum Wissen der Vielen

Auch die theoretischen Begründungsformen wechseln: Man spricht seit dem Kongress der Deutschen Gesellschaft für Erziehungswissenschaft (DGFE) im Jahre 1978 von einer "Alltagswende" (Lenzen 1978, vgl. auch Thiersch 1978 und 1992) oder gar von einem "Paradigmenwechsel" (Lenzen 1980) in der Erziehungswissenschaft. Die Lebenswelttheorien von Alfred Schütz sowie Berger / Luckmann machen "Karriere". Die kulturalistischen und interpretativen Ansätze verstehen den pädagogischen Handlungszusammenhang weder als etwas nur Objektives wie die empirische Erziehungswissenschaft, noch als etwas bloß Subjektives. Der Gegenstand der pädagogischen Wissenschaft sei vielmehr symbolisch strukturiert, eingebettet in sozial geteiltes Wissen, in Lebenswelten, in sprachliche Strukturen, in Diskurse, in Deutungsmuster etc. Menschliches Handeln und subjektiver Sinn können über die Analyse solcher Symbolsysteme verstanden werden. Denn auch die Handelnden sind auf solche Sinnsysteme angewiesen, um sich und andere zu verstehen (vgl. Giddens 1997, S. 29 ff).

Sinn- und Symbolsysteme

Dabei gibt es unterschiedliche Auffassungen davon, inwieweit und vor allem in welcher Weise der subjektive Sinn durch objektive Faktoren beeinflusst oder gar konstituiert wird. Gibt es also überindividuelle Strukturen, aufgrund derer sich Sinn konstituiert? Wie kann menschliches Handeln verstanden werden? Weiterhin ist von der Perspektive der allgemeinen Sozialtheorie, also einer Theorie des sozialen Handelns von Menschen her, die spezifisch erziehungswissenschaftliche Perspektive zu bestimmen: Es handelt sich dann um die Prozesse der Entstehung bzw. Veränderung und Entwicklung von sozialen Akteuren, also Handelnden, insofern sie in pädagogischen Institutionen stattfinden. Im Folgenden wird auch gezeigt, dass pädagogische Institutionen aus Sicht der sozialen Handlungstheorie keineswegs nur die öffentlichen Einrichtungen wie Schulen, Erwachsenenbildungsträger oder wie Betriebe, VHS oder IHK sind. Unter Institutionen sind vielmehr sozial geteilte und weitergegebene und so verfestigte Handlungsmuster zu verstehen: die Familie, auch die Peer-Group. Unter der Bedingung eines erweiterten Institutionenbegriffs können auch in die Alltagswelt diffundierende Handlungsweisen und pädagogische Strukturelemente wie "Feedback" oder pädagogische Methoden wie die "Zukunftswerkstatt" als Institutionen verstanden werden. Gegenstand der Erziehungswissenschaften ist in solchen Institutionen stattfindendes Lernen und das Handeln professioneller Akteure.

Blick auf Akteure und Institutionen

Wir werden diese Entwicklung im Folgenden anhand von Ansätzen der Erwachsenenbildung verdeutlichen. Gerade hier treten die neue Begriffe wie "Teilnehmerorientierung", "Alltagswissen", "Lebenswelt", "Erfahrung", "Subjekte", "Deutungsmuster", "Prozess" etc., die jetzt ins Zentrum pädagogischer Diskurse rücken, auf. Selbst dies kann aber nur exemplarisch geschehen. Zwei Gruppen von Alltags- bzw. Lebenswelttheorien der frühen 80er Jahre möchten wir dabei vorstellen. Die alltagsweltlichen Ansätze von Lutz von Werder und Peter Alheit schreiben kritisch-emanzipatorische Ansätze weiter. Wir werden ihnen die Arbeit über "Soziologische Phantasie und exemplarisches Lernen" von Oskar Negt voranstellen, die bereits zehn Jahre früher entstanden ist, weil dort bestimmte Argumentationsfiguren zum ersten Mal auftauchen. Anschließend möchten wir die theoretische Konstruktion und pädagogische Rezeption der Lebenswelttheorien anhand einer Arbeit von Enno Schmitz sowie die Weiterentwicklung anhand verschiedener Varianten des Deutungsmusteransatzes nachzeichnen.

4.4.1 Alltag und Emanzipation

Alltag gilt in diesem Kontext als eine Sphäre des Vertrauten, sich Wiederholenden, relativ Identischen. Bestimmt wird der Alltag von den objektiven Strukturen der kapitalistischen Produktionsverhältnisse. Er erscheint damit als spezifisches Produkt der bürgerlichen Gesellschaft. Der Alltag reduziert die Individuen auf ihre private Reproduktion und trennt sie von der Erkenntnis der objektiven Struktur ihres Lebens und Arbeitens. Die Verhältnisse produ-

Kapitalisierung der Tretmühle Alltag

zieren Anpassungsmechanismen und Selbstvergewisserungen, der Alltag wird zu einem Ort der Flucht. Aus Sicht emanzipatorischer Alltagstheorien sind Entfremdung und Langeweile durchgehende Charakteristika des modernen Arbeits- und Familienalltags (Werder 1980, S. 22 f). Aus diesem Alltag, der in der modernen Gesellschaft als "Gehäuse" oder als "Tretmühle" erfahren wird, wünschen Menschen sich den Ausbruch. Der aber wird in der "Erlebnisgesellschaft" (Schulze 1992) des entwickelten Kapitalismus in Warenform auf speziellen Märkten und in historisch nie da gewesener Vielfalt angeboten: von der Medienwelt über die Freizeitindustrie bis zur Erlebnispädagogik. Selbst die Möglichkeiten des "Ausbruchs" sind also noch von der kapitalistischen Produktionsweise des Warentauschs bestimmt und damit gebunden, sie drängen nicht zu produktiven Veränderungen von Welt und Gesellschaft (Ottomeyer / Wedekind 1996).

Vertritt man eine solche Alltagstheorie, dann muss das Alltagsbewusstsein selbst kritisiert werden und auch jede Pädagogik, für die Alltagsorientierung bedeutet, sich an Bewusstsein und Bedürfnissen der Subjekte zu orientieren. Peter Alheit führt an, dass eine "lebensweltorientierte Jugend- und Erwachsenenbildung", die als Stadtteilarbeit oder Kulturarbeit die subjektiven Welten nur bestätigt oder den "Jugendkulturen" lediglich Entfaltungsraum bietet, für die Jugendlichen und Erwachsenen als Subjekte keinen Gewinn bringt, weil sie ihre Lage im System nur verdoppelt (Alheit 1983, S. 166).

Wie legitimiert sich pädagogisches Handeln?

Die Aufgabe einer emanzipatorischen Pädagogik müsse also die kommunikative und praktische Relativierung des Alltags mit seinen quasi-natürlichen Selbstverständlichkeiten unter modernen industriegesellschaftlichen Bedingungen sein. Dabei eröffnet sich aber sogleich eine entscheidende Frage: Wohin soll der Alltag transformiert werden? Wer bestimmt die Ziele? Wie legitimieren Pädagog/-innen diesen Anspruch gegenüber ihrer Klientel? Oder auch: Wie kann eine "paternalistische Stellvertreterpolitik" mit "idealistischer Aufklärungsattitüde" (Alheit 1983, S. 157) in der Bildungsarbeit vermieden werden? Es stellt sich also das Problem einer Bildungsarbeit, die Außen- und Innensicht vermittelt und die Gesellschaft nicht in "Wissende" und "Bornierte" teilt (vgl. grundlegend Forneck 1987).

Oskar Negt: Soziologische Phantasie und exemplarisches Lernen

Ein solches Konzept versuchte Oskar Negt bereits 1971 in seiner Schrift "Soziologische Phantasie und exemplarisches Lernen" vorzulegen, die als Praxiskonzept für die Bildungsarbeit der Gewerkschaften gedacht war. Die Rekonstruktion soll exemplarisch zeigen, wie das Alltagsbewusstsein, dessen transformative Möglichkeiten und der pädagogische Prozess in emanzipatorischen Bildungstheorien miteinander verschränkt sein können.

Die Gewerkschaften hatten nämlich das Problem, dass sich aus dem alltäglichen Kampf um bessere Arbeitsbedingungen immer weniger "von selbst" ein klassenspezifisches Bewusstsein der Arbeiter/-innen einstellte. Das Alltagswissen der Teilnehmer/-innen wird für die pädagogische Praxis zum Problem: Die Arbeiter/-innen finden sich mit ihrer Situation ab und eifern bürgerlichen Bildungsidealen nach; d.h. sie wählen eher "zweckfreie Bildung" oder kümmern sich um ihr privates Wohl. Der alte Teilnehmertypus des Arbeiters, dem marxistische Argumentationen geläufig waren, verschwindet mehr und mehr. Kurz: Eine Passung zwischen Interessen und Vorverständnis der Teilnehmenden sowie dem Kursgeschehen, wie sie offenbar in der älteren Bildungsarbeit bereits als dem Kurs vorgängiges Einverständnis vorhanden war, verschwindet.

Für Negt stellt sich somit ein Vermittlungsproblem: Die Erfahrungen im Arbeitsalltag müssten mit einer theoretischen Analyse der gesellschaftlichen Verhältnisse erst vermittelt werden, damit Arbeitende zu einem Klassenbewusstsein gelangen können. Das "Einverständnis", das zuvor selbstverständlich war, muss erst in der Bildungsarbeit geschaffen werden. Es genügt nicht, "Wissen" zu vermitteln, eine marxistische "Theorie" vorzutragen oder über Details des Arbeitsrechts zu informieren. Arbeiterbildungsarbeit muss sich in einer neuen Weise auf das Alltagswissen und die Alltagserfahrungen der Teilnehmenden beziehen und dort anknüpfen. Diese Orientierung der Bildungsarbeit an den Teilnehmenden und ihrem Alltagswissen ist typisch für viele pädagogische Konzeptionen der 80er und 90er Jahre. Typisch sind auch die beiden Probleme, auf die Negt mit seiner "Theorie der Arbeiterbildung" eine Antwort finden muss. Eine Bildungsarbeit, die sich am Alltagswissen der Teilnehmenden orientiert, darf nämlich, wenn sie anspruchsvoll sein will, zweierlei nicht:

Auseinandertreten von Alltagserfahrung und gesellschaftlichen Verhältnissen

Sie darf dem Alltagswissen gegenüber nicht affirmativ sein. Würde sie die Geltung von Inhalt und Form des Alltagswissens vollständig akzeptieren, so würden die Teilnehmenden die Bildungsveranstaltung verlassen, wie sie sie begonnen haben. Lernprozesse finden aber erst dann statt, wenn sich das Wissen der Teilnehmenden in irgendeiner Weise verändert. Ansonsten verlieren Bildungsveranstaltungen ihren Sinn.

Sie darf das Alltagswissen aber auch nicht als rein technisches Vehikel verwenden, um ihre Ziele besser zu erreichen. Die Orientierung an den Teilnehmenden würde dann tatsächlich zu einer optimierten Technologie zur Erreichung von vordefinierten Bildungszielen verkommen.

An diesen beiden inakzeptablen Extremfällen zeigen sich normative Implikationen zahlreicher Theorien der letzten Dekaden: Sie beinhalten, dass zu Lernprozessen deren Reflexion und das Begreifen des Gelernt-Habens gehört. Sie implizieren auch, dass die Teilnehmenden als Subjekte mit ihrem spezifischen Wissen ernst genommen werden.

Teilnehmerorientierung zwischen Nichtaffirmation und Akzeptanz

Das Bildungsziel bleibt für Negt nach wie vor ein Klassenbewusstsein, also eine Übereinstimmung des subjektiven Bewusstseins der Arbeiter mit ihrer objektiven Klassenlage. Anders formuliert: Ziel ist es, den Verblendungszusammenhang, den das kapitalistische System als Schein produziert, aufzulösen. Die Bildungsarbeit trägt das adäquate historische Bewusstsein aber nicht von außen an die Arbeiter heran, vielmehr sind "Intentionen auf ein Bewusstsein seiner objektiven Lage" bereits im Alltagsbewusstsein enthalten. Der Klassenantagonismus der kapitalistischen Ausbeutungsverhältnisse ist auch vom "falschen Bewusstsein" der Apathie her erfahrbar. Um von der konkreten Lage mit ihrem ambivalenten Bewusstsein aus Apathie und Klassenkampf diese Vermittlung zum Begreifen der objektiven Lage zu erreichen, ist "soziologische Phantasie" notwendig. Damit ist ein soziologisches Denken gemeint, das in der Lage ist, konkrete Erlebnisse auf ihre gesellschaftliche Bedeutung hin zu analysieren und damit die Einbettung solcher Ereignisse und Einzelheiten in gesellschaftliche Systeme zu begreifen.

Für die Bildungsarbeit müssen daher die Inhalte der Bildungsveranstaltungen anders ausgewählt werden. Sie orientieren sich nicht an der Systematik eines Stoffgebiets, sondern werden exemplarisch ausgewählt. Ein Kurs zum Arbeitsrecht beispielsweise, ein klassisches Thema für Arbeiterbildungsveranstaltungen, soll nicht einfach mit dem Recht als solchem vertraut machen. Eine exemplarische Auswahl hieße in der bürgerlichen Pädagogik, dass solche Bestimmungen oder Artikel ausgewählt werden, die innerhalb der Systematik des Rechts typisch oder exemplarisch wären. Das ist hier nicht gemeint, vielmehr heißt exemplarisch, dass sich die Rekonstruktion des Stoffes auf die Situation der Teilnehmenden bezieht. Die Erfahrungen, die sie in den Bildungsveranstaltungen machen, sollen mit den Erfahrungen in der Arbeitswelt verknüpft werden, nur so können sie zu einem Werkzeug im Klassenkampf werden. Detailinformationen oder einen Überblick über die Rechtssystematik können sich die Arbeiter dann im Selbststudium aneignen (Negt 1981, S. 97 f).

Verknüpfung von Alltagserfahrung und Bildungsanspruch

Die Rechte werden dabei nicht als faktisch geltende dargestellt, sondern als von den Arbeitern erkämpfte und damit prekäre Rechte rekonstruiert. Das Bewusstsein des historischen Kampfes, der in dem bereits erreichten Stadium des relativen Wohlstands der Arbeiter steckt, ist immer in die Bildungsarbeit mit einzubeziehen. Soziologische Phantasie oder auch soziologisches Denkvermögen ist demnach die Fähigkeit,

> "'von einer Sicht zur anderen ... von der politischen zur psychologischen, von der Untersuchung einer einzelnen Familie zur Einschätzung staatlicher Haushaltspläne' überzugehen und strukturelle Zusammenhänge zwischen individueller Lebensgeschichte, unmittelbaren Interessen, Wünschen, Hoffnungen und geschichtlichen Ereignissen zu erkennen" (C. Wright Mills, zit. nach: Negt 1981, S. 28).

Orientierung am Wissen des Alltags heißt hier zwar auch Orientierung an den Interessen der Teilnehmenden, zugleich werden diese Interessen und Wünsche aber nicht als unveränderbar hingenommen. Sie werden vielmehr auf eine objektive Lage bezogen und durch die Selbsttätigkeit der Teilnehmenden transformiert. Dieses Verhältnis des Alltagsbewusstseins und der Bildungsziele ist nicht willkürlich. Es wird weder durch die Subjektivität der Leiter noch durch die Subjektivität der Teilnehmenden abgesichert, sondern durch eine normative sozialwissenschaftliche Theorie.

Lutz von Werder: Alltagsorientierung in der Stadtteilarbeit

Der Berliner Erziehungswissenschaftler Lutz von Werder kritisierte 1980 die empirisch gut belegte Nicht-Teilnahme so genannter "bildungsferner Schichten" an der etablierten Erwachsenenbildung. Eine alltägliche Erwachsenenbildung, so seine Konsequenz aus dem Faktum der Nichtteilnahme, müsse sich an deren alltäglichen Lernfeldern als Inhalten orientieren, sie muss nach "draußen" in die Stadtteile gehen und neue Angebotsformen entwickeln.

Darüber hinaus benötigt eine solche Erwachsenenbildung ein "entschultes Paradigma", eine neue "Basispädagogik", in der das Machtverhältnis von Lehrer und Schüler aufgehoben ist. Die Lernprozesse sollten von den Teilnehmenden selbst organisiert werden (Werder 1980, S. 4-10). Auch von Werder bleibt dem emanzipatorischen Ansatz verpflichtet. Die Transzendierung der Alltagswelt ohne "Machtverhältnisse von Lehrern und Schülern" will er erreichen, indem seine Bildungsarbeit dort ansetzt, wo sich offenkundige Brüche und Risse in der Alltagswelt zeigen, also deren Selbstverständlichkeit zerbricht (ebd., S. 14). So kann von Werder auch ein Curriculum mit Bildungszielen entwickeln, die mithilfe solcher Brüche im Alltag erreicht werden sollen.

Selbstorganisation von Lernprozessen als Deinstitutionalisierung

Peter Alheit: Biografische Arbeit am Eigensinn

Peter Alheit, dessen Kritik der emanzipatorischen Arbeiterbildung als "paternalistische Stellvertreterpolitik" wir bereits zitiert haben, fragt nicht, wie die Erfahrung von Arbeitern organisiert sein sollte, sondern warum Arbeiter Erfahrungen "so und nicht anders machen – widersprüchlich, vielschichtig und gegebenenfalls ganz untypisch" (Alheit 1983, S. 182). In diesem Atypischen macht er einen "Eigen-Sinn" aus, der sich gegen die kapitalistische Verwertung sperrt. Arbeiter sollen über das Erzählen von Geschichten mit einer "Grabungsarbeit" beginnen, in der sie nach der Geschichte ihrer eigenen Arbeit suchen. So können sie sich ihres Eigensinns bewusst werden und schon diese Bewusstwerdung wäre Widerstand. Eigensinn kommt bei Alheit aufgrund des widersprüchlichen Charakters des Alltags selbst zustande.

Eine ähnliche Wendung vollzieht Dirk Axmacher, dessen Arbeit "Erwachsenenbildung im Kapitalismus" wir im zweiten Kapitel vorgestellt haben. Der Eigensinn, der sich gegen die pädagogischen Institutionen wendet, wertet Axmacher als "Widerstand gegen Bildung" (vgl. die Diskussion in Kipp u.a. 1992).

Zusammenfassung

Ob man den marxistischen Bezugsrahmen Negts teilt oder nicht, so sind mit seinem so genannten "Erfahrungsansatz" in der Bildungsarbeit doch wesentliche Elemente einer Didaktik, wie sie sich in den folgenden Jahrzehnten entwickelt hat, angelegt:

- Die Orientierung an einer Zielgruppe und die damit verbundene professionelle Rekonstruktion der Bildungsbedürfnisse und Bildungsvoraussetzungen.
- Die Orientierung an den Erfahrungen, die die Teilnehmenden aus ihrem Leben mitbringen. Theorie bekommt "lediglich" die Funktion, zur Reflexion dieser Erfahrungen zu dienen. In der Bildungsarbeit werden also Erfahrungen mit der Reflexion gemacht, die an die Lebenserfahrung anschließen.
- Nicht nur ein von außen gesetzter Stoff, sondern die alltäglichen Handlungs- und Denkweisen selbst werden thematisch und verändern sich.
- Die Entwicklung eines Begriffs des Exemplarischen, die sich nicht an der Systematik des Stoffes, sondern am zukünftigen Handeln der Teilnehmenden orientiert.
- Das Ernstnehmen der Eigentümlichkeiten und Subjektivitäten der Teilnehmer/-innen und das Vertrauen auf deren Problemlösekompetenzen.

In den späteren erwachsenenpädagogischen Konzepten wurde Negts Arbeit immer wieder, wenn oft auch nur mittelbar, aufgegriffen. Es etablierte sich in den 80er Jahren in der Erwachsenen- und vor allem der Jugendbildung ein Bereich der lebenwelt- bzw. alltagsorientierten Arbeit. Pädagogische Institutionen, das war die Konsequenz, drangen "vor Ort" in das Leben der Menschen ein, der vorgestellte Ansatz von Lutz von Werder ist eines von vielen möglichen Beispielen (resümierend für die Sozialpädagogik vgl. Thiersch 1992).

Die Aporien der Problematik, bei Akzeptanz der Subjektivität der Lernenden noch emanzipatorische Bildungsarbeit zu begründen, hat Alheit allerdings herausgekehrt. Er gibt die wissenschaftliche Konstruktion eines alternativen

Bewusstseins, aber auch die Entwicklung eines Katalogs von demokratischen Lernzielen und die Orientierung an Brüchen auf. Mit der Arbeit am "Eigensinn" zieht er sich auf die minimalste Position zurück, die emanzipatorische Pädagogik noch einnehmen kann.

Damit aber unterliegt auch diese einer "Modernisierung", handelt es sich doch mit diesem Rückzug auf den Eigensinn um eine emanzipatorische Form einer Entwicklung, die wir mit der Subjektivierung des Pädagogischen angedeutet hatten.

4.4.2 Lebensweltorientierte Erwachsenenbildung

Enno Schmitz veröffentlichte Anfang der 80er Jahre in der "Enzyklopädie Erziehungswissenschaft" einen Handbuchartikel, in dem er auf einer anderen theoretischen Grundlage als Negt, Werder oder Alheit basierend eine Erwachsenenbildung als "lebensweltlichen Entwicklungsprozess" fasste. Er rekurriert auf der Theorie des symbolischen Interaktionismus nach George Herbert Mead und der verstehenden Soziologie, wie sie Alfred Schütz und seine Schüler Thomas Luckmann und Peter Berger entworfen haben (Schmitz 1984; Mead 1998; Berger / Luckmann 1997). Diese Theorieperspektive und die Konsequenzen für die Erwachsenenpädagogik sollen im Folgenden beschrieben werden.

Alltagswissen und Lebenswelt

Nach Mead haben Gegenstände oder Handlungen keine objektive Bedeutung, vielmehr wird diese Bedeutung von den beteiligten Subjekten ausgehandelt. Eine pädagogische Handlung bzw. ein didaktisches Strukturelement kann beispielsweise etwas Konkretes wie eine bestimmte Intervention einer Kursleiterin, oder etwas Allgemeineres wie die Anordnung von Tischen und Stühlen in einem Kursraum sein. Solche Gegenstände und Handlungen sind nichts "Natürliches" und haben keine feststehende Bedeutung. Ob die Intervention "verständlich", "hilfreich" oder gar "unfair" ist, unterliegt der Deutung der beteiligten Subjekte. Je nach der Bedeutung, die der Handlung der Kursleiterin zugewiesen wird, werden die Teilnehmer/-innen unterschiedlich handeln usw. (Forneck 2002b, S. 106 f). Dies gilt nicht nur für pädagogische Handlungssituationen, sondern für jedes Handeln, auch für das Alltagshandeln. Dieser ständige Prozess des Deutens und Aushandelns verläuft allerdings nicht beliebig. Die Bedeutung von Gegenständen und Handlungen wird nicht jedes Mal grundlegend revidiert und wir können keineswegs völlig frei über unsere Handlungen oder gar über deren Bedeutungen entscheiden. Wir leben vielmehr in einer Welt symbolischer Bedeutungen und gewohnter Handlungen, die uns das meiste, was passiert, als selbstverständlich erscheinen lassen. Berger und Luckmanns wissenssoziologische Theorie, die zu-

Die objektive Wirklichkeit ist produziert

nächst 1966 in New York erschienen ist, soll nun zeigen, wie diese Wirklichkeit, die uns "normal" oder "faktisch" vorkommt, entstanden ist. Sie zeigt damit deren soziale Konstitution auf. Die Welt, so wie sie eben "ist", ist weder natürlich noch notwendig so, sondern eine menschliche von und in menschlichen Gemeinschaften produzierte. So entsteht eine objektive Wirklichkeit. Im Prozess des Aufwachsens wachsen wir in diese Welt hinein und internalisieren sie. Ohne die sinnhaft internalisierte Welt ist die Identität unserer Person nicht denkbar. So entsteht eine subjektive Wirklichkeit. Objektive und subjektive Wirklichkeit sind also keine getrennten Welten, sondern bedingen einander.

Institutionalisierung und objektive Wirklichkeit

Habitualisierung von Handlungen

Berger und Luckmann gehen von einer fiktiven Situation aus, in der ein einzelner Mensch noch alleine und ohne Gesellschaft ist, also auf der sprichwörtlichen "einsamen Insel". Dieser "Robinson" tut etwas, beispielsweise um sich Nahrung zu verschaffen, vielleicht gräbt er nach Wurzeln. Bald wird er bestimmte Handlungen und Vorgehensweisen entwickeln, die ihm als die besten erscheinen, etwa mit Hilfe eines angespitzten Stocks zu graben. Er wird sich nicht jedes Mal neu fragen, ob diese oder jene Vorgehensweise die bessere ist, die Handlungen werden ihm zur Routine, sie werden habitualisiert. Das ist wichtig für ihn, denn nur über Habitualisierungen wird er frei, in anderen Bereichen wieder kreativ zu sein (Berger / Luckmann 1997, S. 57). Diese Handlungen und das Wissen über diese Handlungen bilden Robinsons Wirklichkeit, seine Welt. Eines Tages trifft Robinson auf einen anderen: "Freitag" und sie beginnen, eine gemeinsame Wirklichkeit zu produzieren. Freitag beobachtet Robinson. Er wird bald sehen, wie dieser sich durch den Bart streicht und er wird es wieder sehen und sich mit der Zeit denken: "So also streicht Robinson durch seinen Bart". Es kommt zu einer Typisierung. Diese Typisierungen sind wechselseitig: Manche gelten nur für einen der beiden und werden zu einem Teil seiner Identität: "Robinson ist der, der sich so durch den Bart streicht", sagt Freitag und hat Robinson diese Rolle zugewiesen. Andere Typisierungen werden bald geteilt, es kommt zu einer Rollenübernahme: Robinson sieht, wie Freitag mit nackten Füßen durch den heißen Sand läuft, er probiert es auch und bald werden seine Füße unempfindlicher gegen die Verbrennungen. Das "durch den heißen Sand laufen" wird bis in seinen Körper hinein zu einem Teil von Robinson, seiner Habitualisierung, aber auch zu einer wechselseitigen Typisierung, die beide teilen. Robinson hat Freitags Rolle übernommen und zu einem Teil seines eigenen Repertoires gemacht: Taking the role of the other, wie Mead es nennt. Das "mit nackten Füßen durch den Sand laufen" wird aber auch zu einer Handlung, die beide in gleicher Weise ausführen können, sie wird von den konkreten Akteuren unabhängig, in gewissem Sinne objektiv, gegenständlich. In ihren gemeinsamen Interaktionen auf dieser Insel entwickeln sie so eine ganze Menge Habitualisierungen, Typisierungen, gemeinsames Wissen, ihre Rollen und

Identitäten. Sie bilden eine Welt, die ihnen das Leben und Überleben immer besser und leichter gestattet und ihnen anhand des Wissens über diese Welt auch erklärt, warum das so ist.

In wirklichen Gesellschaften folgen nun Generationen aufeinander und erst in dem Moment, wenn die neue Generation die Typisierungen der vorhergehenden übernimmt, werden diese zu Institutionen. Es würde sich auch in der Insulanergesellschaft ein ganzes System von Institutionen bilden, die "Familie" und die Verteilung der Rollen von Vätern, Müttern, Vettern etc., die Ar der Nahrungsgewinnung, selbst die Dinge vor denen man Angst hat oder die Art und Weise, andere von etwas zu überzeugen usw. Nichts von alledem wird "natürlich" oder "notwendig" so sein, aber es wird so scheinen. Die Institutionen bilden eine objektive Welt, die allen, die darin leben, selbstverständlich ist. Die Selbstverständlichkeit genügt noch nicht. Um die Stabilität dieser Welt zu sichern, sind Legitimationen notwendig: Geschichten, Mythen später Theorien oder ganze philosophische Gebäude, vor allem kodifizierte Rechtsbücher. Alle diese Legitimationen erklären, dass die Welt ist, wie sie ist und so bleiben muss (vgl. Berger / Luckmann 1997, S. 112 ff).

Legitimation durch Geschichten

Eine gemeinsame und einheitliche Lebenswelt aller Gesellschaftsmitglieder existiert aber nur in sehr frühen Gesellschaften. Entwickelte und insbesondere moderne Gesellschaften sind hoch differenziert: nicht jeder einzelne Mensch verfügt über das gesamte Wissen der Gesellschaft. Nur sehr allgemeine Institutionen sind allen gemeinsam, etwa Institutionen wie Liebe oder Familie, das Bildungswesen, die Ernährungsgewohnheiten usw. Dieses gemeinsame Wissen nennen Berger und Luckmann die Alltagswelt. Daneben gibt es eine Vielzahl von besonderen Sinnwelten, die Sinnprovinzen (Schütz). Diese sind keineswegs allen gemeinsam, sondern nur bestimmten Gruppen von Individuen zugänglich. Eine der ältesten solcher Sinnprovinzen ist das Wissen der Priester oder Schamanen. Die Wissenschaft ist ebenfalls eine solche Sinnprovinz und auch das Wissen professioneller Pädagog/-innen.

In der Theorie von Berger und Luckmann ist die Alltagswelt das verbindende Element, das den "Kitt" zwischen den Sinnprovinzen bildet. Die Alltagswelt umgreift alle anderen Welten bzw. Sinnprovinzen und wird damit zu dem Medium, das eine gemeinsame Lebenswelt aller Menschen einer Gesellschaft konstituiert. Das Alltagswissen ist dasjenige Wissen, das alle anderen Sinnprovinzen umgreift. Man kann ein Kunstwerk betrachten, eine wissenschaftliche Theorie erörtern oder einen romantischen Film ansehen, eher früher als später holt einen die Alltagswelt, die "normale Welt" zurück. Diese Funktion der Alltagswelt ist auch wesentlich für die Aufrechterhaltung der Identität. Berger und Luckmann verdeutlichen dies an folgendem Beispiel: Ein Mann fährt morgens zur Arbeit, vielleicht blickte er nach dem Aufstehen in den Spiegel und kam sich irgendwie fremd vor, seine Frau schien ihm auch ganz unbekannt. In dem Moment, in dem er im Vorortzug alle anderen Männer in ihren Anzügen sieht, die zur Arbeit fahren, stabilisiert die Alltagswelt seine

Woher weiß ich, wer ich bin?

Identität: Er weiß, weil er sieht, dass er wie die anderen ein arbeitender Mann ist (Berger/ Luckmann 1997, S. 160). Das Beispiel zeigt noch ein zweites: Im Jahre 1966 in einem Vorortzug von New York mag es zur Selbstverständlichkeit gehören, dass "Männer" arbeiten und "Frauen" zu Hause bleiben. Heute würde es uns eher verwundern, in einem Zug nur Männer anzutreffen. Es scheint darüber hinaus, dass die Welt der Arbeit für den "Mann von 1966" eine signifikantere Wirklichkeit ist, als Beziehung und Familie, denn für Berger und Luckmann scheint selbstverständlich, dass der Mann erst auf dem Weg zur Arbeit und nicht schon beim Frühstück weiß, wer er ist. Möglicherweise ist das heute umgekehrt: Könnte es·sein, dass Männer und Frauen in der Beziehung viel eher wissen, wer sie sind, als auf dem Weg zur Arbeit? Dies sind Vermutungen, die andeuten, dass die Alltagswelten in den vergangenen Dekaden einer enormen Veränderung unterlegen sind.

Sozialisation und subjektive Wirklichkeit

Der kleine Weltausschnitt der Insel von Robinson und Freitag ist fiktiv. Er will keineswegs erklären, wie es wirklich angefangen hat. Er ist nicht historisch zu verstehen. Menschen lebten immer in Gemeinschaften und es gibt daher nirgendwo einen Anfang, in dem ein Mensch allein ist. Es gab und gibt auch keinen Naturzustand, in dem der Mensch noch gut aber einfältig ist, wie es die pädagogischen Klassiker Rousseau und Pestalozzi angenommen haben. Es gibt auch keine "ursprüngliche Erfahrung", auf welche man das danach folgende Wissen gründen könnte. Untersucht man die Konstitution von Erfahrung, so trifft man immer auf eine biographisch bestimmte Situation mit dem ihr damals eigenen Wissensvorrat. Jede Erfahrung basiert auf vorherigen Erfahrungen, man kann den "Nullpunkt der Erfahrung" nicht erreichen.

Es gibt keinen Nullpunkt der Erfahrung

Das Beispiel kann aus einem weiteren Grund so nicht stattgefunden haben. Wir haben zwar gezeigt, wie sich Robinson und Freitag begegnen und einen Neuanfang realisieren. Aber beide sind vor ihrem Zusammentreffen auf der Insel bereits in Gesellschaften sozialisiert worden, die über ein vollständiges Set an Institutionen verfügen. Die Tatsache, dass sie aus vollständig verschiedenen Gesellschaften mit verschiedenen Institutionen stammen, und nicht, dass sie noch keine verinnerlichten Institutionen gehabt hätten, macht die Sache interessant, denn so muss sehr vieles neu ausgehandelt werden.

Durch Sozialisation entsteht die subjektive Welt jedes einzelnen. Im Prozess der Erziehung werden die gesellschaftlichen Institutionen verinnerlicht, die Interaktionen, die zuvor zu einer objektiven Welt geronnen sind, werden nun zu einer subjektiven Welt. Dabei werden sie natürlich mehr oder weniger verändert, denn jede Interaktion mit den Eltern ist einzigartig und dennoch an die gesellschaftlichen Institutionen gebunden. Gesellschaft konstituiert sich also durch einen doppelten Prozess: Durch Institutionalisierung und

Legitimation entsteht aus den Interaktionen eine objektive Welt, die den Subjekten als Lebenswelt vorgelagert ist. Durch Sozialisation wird diese Welt verinnerlicht, es bildet sich eine Identität des Einzelnen aus, die durch seine Rollen in der Gesellschaft konstituiert ist.

In der primären Sozialisation wird die Alltagswelt verinnerlicht, nach ihrem Abschluss hat das Kind in sich einen von Mead so genannten "generalisierten Anderen" entwickelt. D.h. es gibt die allgemeine Vorstellung eines anderen Menschen. Danach können verschiedene sekundäre Sozialisationen folgen. Bereits die Schule ist die Einführung in eine besondere Sinnprovinz.

Entstehung der Gesellschaft durch Institutionalisierung und Identitätsbildung

Aber die primäre Sozialisation hat eine weitreichende Implikation: Die Welt wird als die einzige Welt sozialisiert. Sie erscheint dabei nicht als kontingente, auf gesellschaftlichen Vereinbarungen basierende, in einen bestimmten institutionellen Zusammenhang gehörige, sondern als unausweichliche und selbstverständliche Welt (Berger / Luckmann 1997, S. 152). Dieses unmittelbare Vertrauen in die Eltern und die von ihnen vermittelte Welt gerät im Laufe der Jugendphase meist in eine Krise, wenn die Kinder bemerken, dass die Welt ihrer Eltern einen spezifischen Ort hat, vielleicht sogar einen, den sie jetzt verurteilen. Bei Erwachsenen verhält es sich anders. In der sekundären Sozialisation benötigt das weitergegebene Wissen immer eigene Legitimationen, sie muss ihre Wahrheit erst erweisen und damit ist es immer künstlich. Eine lebensweltorientierte Erwachsenenbildung, die an Alltagserfahrungen anknüpft, um Wissen zu vermitteln, würde einen Effekt nutzen: Sie würde die Selbstverständlichkeit einer Alltagserfahrung nutzen, um ihre Themen und Ziele, die nur scheinbar aus dieser Alltagserfahrung folgen, zu legitimieren. Das ist aber, darauf weisen zahlreiche Autoren hin, nicht zu verantworten. Griffig etwa bei Dewe: "Allein dieses Nutzen ist ein Benutzen" (Dewe u.a. 1988, S. 172; vgl. Forneck 1987, S. 78-80).

Eine alltagsorientierte und damit teilnehmerorientierte Erwachsenenbildung benutzt das Alltagswissen nicht nur als Vehikel, sondern ist eine Aufarbeitung alltäglicher Erfahrungen. Aber was bedeutet "Aufarbeitung": Heißt das Vergewisserung und Bestätigung des Bestehenden, der bisherigen Erfahrungen, also erneute Sedimentierung? Das wird der Biographiearbeit oft vorgeworfen.

Oder heißt das Transformation der Wirklichkeit? Erneut die Frage: Wohin soll der Alltag transformiert werden? Gibt es Wirklichkeiten, die signifikanter sind als andere, hat die subjektive Wirklichkeit der Erwachsenenpädagog/-innen einen Vorrang vor der subjektiven Wirklichkeit der Teilnehmer/-innen? Gibt es eine Möglichkeit, Bildungsziele zu legitimieren?

Das Thema der Normativität ist nach wie vor Dauerbrenner in der Erziehungswissenschaft. Klaus Mollenhauer bringt diesen Zusammenhang im Kontext der so genannten Alltagswende in den frühen 80er Jahren zum Ausdruck:

> "Ich denke, wir sind gegenwärtig dabei, einige Hoffnungen im
> Hinblick auf die praktische Perspektive erziehungswissenschaftli-
> cher Tätigkeit der vergangenen Jahre wenigstens vorerst wieder
> zurückzustellen. Dazu gehört z.B. die auffällige Zurücknahme *i-*
> *deologiekritischer Positionen* und Analysen angesichts der Tatsa-
> che, dass es offenbar möglich ist, mit ihrer Hilfe auf unvernünfti-
> ges pädagogisches Handeln hinzuweisen, nicht aber vernünftiges
> pädagogisches Handeln zu begründen. Dazu gehört ferner die
> Vermutung, dass eine *strikt empirisch sozialwissenschaftliche For-*
> *schungspraxis* im Hinblick auf die Normproblematik eigentümlich
> leer bleibt [...]" (Mollenhauer 1980, S. 99, Hervorh. im Original).

Wie begründet
sich vernünftiges
Handeln?

Es ist also nicht möglich, vernünftiges Handeln zu begründen, es ist auch
nicht möglich, eine Theorie eines vernünftigen Alltags zu begründen. Für
Mollenhauer bleibt allein die Orientierung an der Kategorie "Zukunft" als
Qualitätskriterium.

Nach dieser problemorientierten Einführung in den symbolischen Interaktionismus und die phänomenologische Wissenssoziologie kehren wir zu spezifisch erwachsenenpädagogischen Ansätzen und Fragestellungen zurück.

Erwachsenenbildung als "lebensweltlicher Erkenntnisprozess"

Enno Schmitz definiert nun auf dem angedeuteten wissenssoziologischen
Hintergrund eine Definition von Erwachsenenbildung mit weitreichenden
normativen Implikationen. Von den bisherigen Ausführungen über die Wissenssoziologie her kann deutlich werden, dass dieser Satz bereits eine ganze
Theorie impliziert. Wir möchten dieses Implizite im Anschluss an das Zitat
erläutern, also "explizieren", die Begriffe aus dem Zitat sind kursiv gedruckt.

> "Erwachsenenbildung wurde [...] allgemein charakterisiert als ein
> Prozess der deutenden Aneignung der symbolisch repräsentierten
> Wirklichkeit. Es wird durch den Lernenden erfahren, was die zum
> Thema gemachten Ausschnitte aus der Wirklichkeit sind, und im
> Spiegel dieser Wirklichkeitsausschnitte erfährt der Lernende sich
> selbst" (Schmitz 1984, S. 50 f).

Die *Wirklichkeit* ist keineswegs ein an sich existierendes Wissen (das Funktionieren einer Maschine, eine Fremdsprache, Kommunikationstechniken), es ist
vielmehr ein in Institutionen, Regeln und Legitimationen kristallisiertes gesellschaftliches Wissen, eine objektive Wirklichkeit. Dieses Wissen ist nur über
Sprache, seine *symbolische Repräsentation* zugänglich. Dabei kann nie die
gesamte Wirklichkeit Gegenstand von Lernen sein, es handelt sich vielmehr
immer um einen Ausschnitt, einen Focus, der *Thema* ist. In erwachsenenpädagogischen Situationen ist immer ein Ausschnitt von Wirklichkeit *thema-*
tisch, während manche andere Ausschnitte der Wirklichkeit latent sind, sie

können thematisch werden, oder drängen sogar darauf. Erwachsene *deuten* diese Wirklichkeit und *eignen sie sich dabei an*, d.h. sie verinnerlichen sie. Aus der objektiven wird eine subjektive Wirklichkeit. Aus der äußeren Welt wird in einem Deutungsprozess die innere Welt. Dabei ist die Welt, die der Erwachsene im Laufe seines Lebens bereits verinnerlicht hat, für das Ergebnis der Deutung ebenso wichtig wie die gedeutete äußere Welt. Deshalb erfahren Erwachsene sich auch im *Spiegel dieser Wirklichkeitsausschnitte selbst*, ihre eigene Deutung ist nämlich das Produkt ihrer selbst und wird als solches in Erwachsenenbildungsprozessen thematisch. Diese Bestimmung geht über das übliche Verständnis von Selbsterfahrung hinaus.

Es handelt sich also um einen Prozess der Sozialisation von Erwachsenen. So wie ihn Berger und Luckmann oder Schmitz anlegen, ist er interaktionistisch. Das heißt, es gibt keine einfachen Wirkungen oder Kausalitätsbeziehungen, keine einseitigen Determinationen. Vielmehr sind alle Teile des Prozesses miteinander verschränkt und bedingen sich gegenseitig. Die innere Welt entsteht durch Aneignung der äußeren Welt, aber nur in einer Deutung, für die die bisher angeeignete innere Welt entscheidend ist.

Aneignung der äußeren Welt

In diesen Bestimmungen ist ein bestimmtes Verständnis von Lernen enthalten: Lernen heißt hier nicht nur Erwerb von Wissen, aber auch nicht Antrainieren von Verhaltensweisen und auch nicht Entwicklung von Kompetenzen. Im Lernen sind Erkennen und Handeln miteinander verschränkt. Es gibt keine Trennung zwischen psychologischen Bewusstseinsvorgängen im Inneren des Subjekts und dem Verhalten zur Umwelt außerhalb des Subjekts. Vielmehr handeln Subjekte immer intentional, sie haben "etwas" im Sinn, wollen "etwas" mit ihrem Handeln. Mead verstand Denken als verinnerlichte Gesten, Erkennen und Denken sind demnach aktives Handeln gegenüber einer Umwelt. Lernen ist nicht einfach kognitiv, sondern an Handeln gebunden. Lernen bedeutet weiterhin, neues Wissen in das bestehende Wissen zu integrieren oder das alte Wissen so zu reorganisieren, dass kein neues Wissen notwendig ist. Neue Sinnwelten können nur auf Basis der alten Sinnwelten entstehen. Schmitz schlussfolgert also:

> "Lernen ist das im Lösen von Handlungsproblemen stattfindende Erfahren der Verhaltenserwartungen anderer, die mit dem Bestreben nach erfolgreichem Handeln übernommen und dadurch erkannt werden. Diese pragmatische Verflechtung von Lernen und Handeln macht den pädagogischen Prozess eher als einen Handlungsvorgang erschließbar denn als einen innerpsychischen Lernvorgang interessant, weshalb das methodische Interesse der hier vorgestellten theoretischen Sichtweise das Augenmerk auf die Beobachtung von Verläufen erwachsenenpädagogischer Interaktion legt" (ebd., S. 56).

*Erwachsenenbil-
dung als lebens-
weltlicher Erkennt-
nisprozess*

Erwachsenenbildung wird in diesem Sinne als lebensweltlicher Erkenntnisprozess verstanden. Schmitz hat einige zusätzliche Bestimmungen in die Theorie der Lebenswelt und ihrer Genese in objektive und subjektive Wirklichkeit eingeführt: Der Theorie von Berger und Luckmann fehlte das dynamische Element. Um aus einer soziologischen Theorie eine pädagogische Theorie zu machen, müssen aber die Dynamik von Bildungsprozessen und die damit verbundenen Problematiken verstanden werden. Die Rezeption sozialwissenschaftlicher Theorien in der Erziehungswissenschaft bringt immer wieder die Gefahr mit sich, die Theorien zu direkt oder zu naiv zu übertragen. Damit wird aber innerhalb der Erziehungswissenschaft die Eigentümlichkeit des Gegenstandes verfehlt. In der Literatur der letzten Dekaden finden Sie immer wieder Diskussionen zu dieser Problematik (vgl. z.B. Maders Kritik an Groothoff: Mader, S. 1991).

An dieser Stelle seiner Argumentation erwächst für Schmitz ein weiteres Problem: Er hat bisher entwickelt, was Lernen als lebensweltlicher Prozess heißen kann. Damit hat er aber ein Lernen beschrieben, das außerhalb von spezifisch erwachsenenpädagogischen Zusammenhängen stattfindet. In diesem Verständnis lernen alle Menschen täglich, ohne dass dieses Lernen eigens als Lernen deklariert oder bewusst gemacht würde. Versteht man nun Erwachsenenbildung als empirische Wissenschaft vom Lernen Erwachsener könnte man von hier aus folgende Fragen stellen: Wie wird alltägliches Wissen von Erwachsenen verändert, gibt es nur langsame Veränderungen oder auch radikale weitreichende Neuorganisationen von Wissen? Warum und in welchen Fällen kommen solche Veränderungen in Gang? Wollen Erwachsene sich verändern oder verändern sie sich nur, wenn ihnen keine andere Wahl bleibt? Versteht man Erwachsenenbildung als Handlungswissenschaft, die sich auf das professionelle Handeln von in Institutionen Tätigen bezieht, stellen sich eine Reihe weiterer Fragen: Was passiert, wenn Erwachsene aus unterschiedlichen Sinnwelten in Veranstaltungen zusammenkommen? Was passiert, wenn das Expertenwissen von Kursleiter/-innen dem Alltagswissen von Kursteilnehmer/-innen entgegentritt? Und handlungspraktisch gewendet: Wie ist mit der Differenz zwischen dem Wissen von Expert/-innen und dem Wissen der Teilnehmer/-innen umzugehen? Wie kann das Alltagswissen transformiert werden und wohin soll es transformiert werden?

An den Bruchstellen der Lebenswelt

Schmitz behandelt einige dieser Fragen in seinen weiteren Erörterungen, er argumentiert:

> "Ein manifester Begründungszwang tritt immer dann ein, wenn das im Alltagswissen enthaltene Bild der äußeren Wirklichkeit nicht mehr mit den stattfindenden Ereignissen übereinstimmt und diese durch einen Erkenntnisprozeß für die subjektive Wahrneh-

mung erschlossen werden müssen. Dann setzt der Zustand der Überzeugung aus und wird durch den des Zweifels ersetzt. Es tritt eine Verhaltensunsicherheit ein, die zugunsten der Ermöglichung weiteren Handelns durch Reflexion, das heißt durch Deutung des zunächst nicht lösbaren Handlungsproblems vor dem Hintergrund der bisherigen Erfahrung, aufgehoben werden muss" (ebd., S. 55).

Solange die Deutungen der Alltagswelt "funktionieren" gibt es also keinen Grund zu lernen. Dieser Zustand der Gewissheit ist in traditionalen Gesellschaften gegeben. Er hat zur Voraussetzung, dass sich die objektive Wirklichkeit nicht schnell wandelt. Nur so können subjektive Wirklichkeit (das Ergebnis der Sozialisation) und objektive Wirklichkeit in Deckung bleiben. Ändert sich die Welt aber schnell, und das ist in modernen Gesellschaften der Fall, dann ist das Handlungssubjekt ständig mit Dissonanzen konfrontiert. Sie entstehen in der modernen Welt auch, weil das Wissen über die gesamte Gesellschaft distribuiert (verteilt) ist. Immer wieder entstehen Dissonanzen zwischen Sinnprovinzen. Wenn die Alltagswelt aber nicht mehr hinreicht, gerät das Handlungssubjekt in Zweifel. Die Lebenswelt selbst hat ein konservatives Element: Zunächst wird versucht, Unbekanntes auf Bekanntes zurückzuführen, das Nicht-Alltägliche wieder alltäglich zu machen. Dieses Vorgehen ist pragmatisch: Es stellt Handlungsfähigkeit wieder her und auch die Lebenswelt verändert sich, da das Alltagswissen ständig revidiert oder ergänzt wird.

Lernen als Herstellung von Handlungsfähigkeit

Es gibt aber auch Erlebnisse oder Erfahrungen, die als Krisen das Alltagswissen zu einer umfassenden Neustrukturierung herausfordern. Das Unbekannte kann dann auf der Folie des Bekannten nicht mehr beantwortet werden. Dabei eröffnet sich eine breite Spanne möglicher Wirklichkeitskrisen von der oberflächlichen Erschütterung bis zum völligen Zusammenbruch. Die im Laufe der Biographie aufgebauten subjektiven Wirklichkeitsstrukturen haben ihren Wert als Handlungsentwurf für die Zukunft verloren. Der Übergang von alltäglichen Integrationsleistungen zur Krise ist fließend. Am anderen Ende des Kontinuums stehen Grenzsituationen, Schicksalsschläge, die im Alltagsleben als unvorstellbar gelten. An dieser Stelle kann Verhalten pathologisch werden. Erwachsenenbildung, die objektive in subjektive Wirklichkeit übersetzen will, gerät hier an die Grenze ihrer Möglichkeiten. Sie geht davon aus, dass lernende Handlungssubjekte prinzipiell in der Lage sind, sich der Fortschreibung ihrer subjektiven Wirklichkeit selbst zu vergewissern. Hier ergibt sich die Grenze zu therapeutischen Interventionen oder "totalen Institutionen" (Krankenhäuser, Sekten, Gefängnisse, Psychiatrie).

Therapie als Grenzsituationen der Erwachsenenbildung

Basale Implikationen: Das Theorem der Selbsterhaltung

Für Berger und Luckmann ist die Grenzsituation schlechthin der Tod. Am Tod zerbricht die Welt als Ganzes und der Tod naher Menschen erinnert an diesen totalen Bruch. Die Sozialphänomenologie von Berger/ Luckmann enthält als sehr basale Annahme das Theorem der Selbsterhaltung. Es ist eines der Grundtheoreme der Sozialphilosophie, das vielen Theorien seit dem Anfang der Neuzeit zugrunde liegt: Ziel und Antrieb menschlichen Handelns ist die Aufrechterhaltung der Existenz. Auch Diltheys Teleologie der Lebenswelt (vgl. Kapitel 1.3) folgte diesem Gesetz einer "prästabilisierten Harmonie". Am besten – so könnte man flapsig formulieren – wenn alles so bleibt wie es ist, und wenn es sich ändern muss, dann bitte mit möglichst wenig Kraftaufwand.

Alltagswelt als Entlastung

Die Alltagswelt hat gerade diese Funktion der Entlastung. Indem sie im gewohnten Handeln die Welt aufrecht erhält und die menschlichen Interaktionen zumeist die Konsistenz und Kontinuität von Wirklichkeiten sichern, wird menschliches Leben und die Aufrechterhaltung einer Welt erst möglich (Sommer 1980, S. 39 ff). Schmitz kritisiert Positionen, die Grenzsituationen als Legitimation von Erwachsenenbildung anführen, dies bleibe der Therapie vorbehalten. Allerdings beinhaltet auch Schütz' Theorie, dass Transformationen nur dann zustande kommen, wenn die Welt, wenn auch nur im kleinen "aus der Fassung gerät".

An dieser Stelle möchten wir das theoretische Implikat der Selbsterhaltung explizit machen, da es eine bestimmte Sicht der sozialen Welt konstituiert, die in der gegenwärtigen Sozialtheorie sehr verbreitet, aber keineswegs völlig selbstverständlich ist. Ob das Soziale ebenfalls der Ökonomie des geringsten Aufwandes unterliegt, wie es die in unserer Gesellschaft hegemoniale ökonomische Diskursart nahe legt, oder ob es vielleicht auch in Termini der Verschwendung beschrieben werden kann, wäre fraglich.

Transformationstypen von lebensweltlichem Wissen

Die nächste Frage, die Schütz stellt, ist: Können die Transformationen und Veränderungen der Lebenswelt genauer beschrieben werden? In konkreten Lebens- und Handlungssituationen finden sich nach Schmitz verschiedene Typen von Transformationen. Die Differenzierung solcher Idealtypen ist eine oft gebrauchte sozialwissenschaftliche Methode, die auf den Soziologen Max Weber zurückgeht. In der sozialen Wirklichkeit, den konkreten Fällen, also hier "konkrete Transformationen von lebensweltlichem Wissen" kommen die Typen nicht in reiner Form vor, sondern bilden eine Gemengelage. Solche Idealtypen sind eine (eben sprichwörtlich idealtypische) Rekonstruktion um die soziale Wirklichkeit entweder zu ordnen oder präziser zu beschreiben.

Schmitz unterscheidet also fünf ideale Typen:

- Rollenhandeln in Gruppen: Die im Laufe der Biographie aufgebaute subjektive Wirklichkeit wird durch die Verhaltenserwartungen anderer in Gruppen und durch die impliziten Gruppenregeln immer wieder in Frage gestellt und dadurch verändert. Dieser Prozess selbst ist nicht explizit thematisch.

- Wissenserwerb durch Medien: Hier wird das Handlungssubjekt mit apersonalem Wissen konfrontiert. Apersonal heißt, dass das Wissen nicht dialogisch vermittelt ist. Das betrifft einerseits das Lernen mithilfe von Massenmedien wie Zeitungen, Rundfunk, Fernsehen, aber auch die eigenständige Arbeit mit Selbststudienmaterial und auch die Situation "monologisierender Experten" (Schmitz) in erwachsenenpädagogischen Situationen.

  Idealtypen der Transformation

- Selbstreflexion: In Prozessen der Selbstreflexion wird nicht neues zu altem Wissen hinzugefügt, sondern vorhandenes Wissen bzw. die eigene Identität in Frage gestellt und revidiert. Solche Prozesse, die nicht die Aneignung von Ausschnitten einer "äußeren Realität" betreffen, sondern die Reorganisation der inneren Realität gelten nach Schmitz nicht mehr als Bildungs-, sondern als therapeutische Prozesse.

- Gruppendynamik: Manche Gruppen lassen die Äußerung von subjektiven Wünschen, Motivationen und Handlungsweisen explizit werden. Als gruppendynamische Verfahren, sind sie in der Erziehungswissenschaft verbreitet. Die Beziehungen der Gruppenmitglieder untereinander und des einzelnen zur Gruppe werden in der Gruppe thematisch. Für den Einzelnen wird die Selbstwahrnehmung durch Explikation der Fremdwahrnehmung (Feedback) revidierbar.

- Ästhetische und religiöse Deutungen: Ein Austausch abstrakter gesellschaftlicher Sinnsysteme wie Kunst oder Religion mit den subjektiven Wirklichkeiten kann gerade deshalb stattfinden, weil diese Sinnsysteme Deutungsangebote für Subjektivität enthalten.

Anhand dieser fünf Typen kann die Schützsche Theorie operationalisiert werden, es lassen sich so Forschungsfragen präzisieren, es lassen sich auch Phänomene des Handelns in solchen Situationen besser verstehen. Es lässt sich konkreter beschreiben, welche Austauschbeziehungen von subjektiver und objektiver Wirklichkeit in erwachsenenpädagogischen Situationen stattfinden.

Professionelles Handeln in der Erwachsenenbildung

Bei genauer Betrachtung der fünf Typen wird deutlich, dass Professionelle in diesem System lediglich als Leerstelle vorkommen. Sie gestalten bestenfalls Situationen, in denen solche Transformationen möglich werden. Dort, wo sie explizit vorkommen, sind sie bloß apersonale Medien. Zum Schluss muss

Schmitz also noch die Rolle der Professionellen bestimmen. Nach seinem bisherigen Ausführungen kann die Rolle von Expert/-innen nicht darin liegen, über systematisches "Fachwissen" im klassischen Sinn zu verfügen. Denn "Wissen" ist nach diesem Ansatz immer rückgebunden an Lebenswelten, an Handlungen und an gesellschaftliche Institutionen. Es ist immer zugleich gedeutetes Wissen auf der Basis der Biographie.

Der pädagogische Professionelle als "stellvertretender Deuter"

Dazu übernimmt Schmitz von Oevermann die Figur des "stellvertretenden Deuters" als Kern einer erwachsenenbildnerischen Professionstätigkeit. Sozialisatoren (z.B. Eltern) können eine solche professionelle Rolle nicht willentlich übernehmen, weil sie notwendigerweise immer in dieser Rolle sind. Stellvertretende Deuter/-innen haben ihr eigentliches Tätigkeitsfeld jenseits der Sozialisation. Stellvertretender Deuter zu sein heißt dabei keineswegs, Deutungen oder Lösungsvorschläge vorzugeben. Die stellvertretende Deuter/-in hat nach Schmitz vielmehr drei Funktionen:

- Durch die größere Distanz zu der Situation, in der sich Kursleiter/-innen befinden, kann sie/er besser Fragen stellen und zur Selbstaufklärung der Teilnehmenden beitragen.

- Liegen die Deutungen vom Alltagswissen der Teilnehmer und den zu bewältigenden Ereignissen zu weit auseinander, so können die Professionellen als Experten oder Wissensvermittler auftreten und diese Begründungsketten nachliefern. Es handelt sich hier um systematisches Wissen, das als solches den Teilnehmer/-innen zu vermitteln ist.

- Die dritte Funktion ist die, den Handlungskontext für die bisher beschriebenen Prozesse bereitzustellen. Dazu gehört das Steuern von Kommunikationsprozessen in Gruppen. Die Erwachsenenbildner/-in übernimmt die Rolle einer Moderator/-in.

Bezogen auf die professionelle Handlungspraxis bedeutet die Bestimmung von Schmitz einen dritten Weg zwischen empirischer und kritischer Erziehungswissenschaft. Sie ist nicht mehr normativ wie die Ansätze der Kritischen Theorie, denn sie präferiert keine alternativen Lebensentwürfe jenseits der Praxis. Sie ist aber auch nicht normativ abstinent und technisch orientiert wie die empirische Erziehungswissenschaft. Erwachsenenpädagogische Situationen werden hier dadurch definiert, dass in ihnen Wirklichkeitsdeutungen und damit auch normative Geltungsansprüche und unterschiedliche Lebensentwürfe verhandelt werden.

Den Professionellen kommt dabei die Aufgabe zu, im Widerstreit der Deutungen zu vermitteln. Es ist nicht ihre Aufgabe "anderen Deutungen vorzugeben" oder ihnen die "Deutungsarbeit abzunehmen". Der stellvertretende Deuter von Schmitz hat streng genommen keine eigenen Deutungen. An dieser Stelle wird Schmitz widersprüchlich, wie sich aus folgendem Zusammenhang ergibt: Wenn es keine Differenzen der Wirklichkeiten von Leitenden und Teilnehmenden gibt, die über das "Expertenwissen" hinausgehen, dann wäre der "stellvertretende Deuter" gar nicht in der Lage, nicht zu deuten. Die Folge ist, dass die Rolle der Leitenden durchaus speziell ist und sich von der alltagsweltlichen Deutung durch eine professionelle Distanz zu den eigenen Deutungen auszeichnet. Das wäre ein hoher Anspruch.

Didaktisch ist damit eine Abkehr vom Vermittlungsparadigma impliziert. Erwachsenenbildung ist nicht vorrangig Vermittlung von unmittelbar nutzbarem Wissen, Können oder Kompetenz. Es handelt sich vielmehr um Deutungsarbeit, den aktiven Umgang mit der Bewältigung einer sich ständig transformierenden Welt. Die Arbeit an der eigenen Subjektivität ist darum immer eine zwischen Bestätigung und Transformation.

Abkehr vom Vermittlungsparadigma

Es gibt aber noch weit mehr Möglichkeiten, die Rolle von Leitenden und Professionellen zu bestimmen, als wir dies hier darstellen können. Die Diskussion um Professionalität und Professionalisierung ist seit den 80er Jahren ein weiterer Dauerbrenner in der Erwachsenenbildung.

Deutungsmusteransätze und die Erwachsenenbildung

Nun lässt sich genauer sagen, was unter interpretativen Ansätzen in den Sozialwissenschaften verstanden werden kann: Diese gehen davon aus, dass die entscheidende Frage an die soziale Wirklichkeit darin besteht, wie Subjekte ihre Welt interpretieren. Die Forschenden beanspruchen nicht mehr, durch methodisches empirisches Vorgehen einen Zugang zur sozialen Wirklichkeit zu erlangen, der jenseits solcher Interpretationen und Deutungshorizonte wäre. Die Ergebnisse empirischer Forschung sind selbst eine Interpretation. Die Produktion von Erkenntnis wird also als Voraussetzungsverhältnis betrachtet. Selbst das Wissen der Forschenden über ihre Alltagswelt und ihre Biografie weist auf sie selbst zurück. Auch wenn also geisteswissenschaftliche Theoriefragmente in interpretativen Ansätzen aufgegriffen werden, bedeutet dies keine Rückkehr zu älteren Ansätzen, wie bisweilen behauptet wird. Die Logik der alltagstheoretischen Ansätze unterscheidet sich fundamental von den Arbeiten Nohls, Sprangers oder Litts.

Interpretation von Interpretationen

Das "interpretative Paradigma" ist für die Erziehungswissenschaft bzw. die Erwachsenenbildung in doppelter Weise angelegt. Doppelt heißt, dass es sich einerseits um einen Ansatz der sozialwissenschaftlichen Erforschung des Lernens Erwachsener handelt, andererseits aber daraus Konsequenzen für die Bildungsarbeit folgen sollen, kurz: eine didaktische Konkretisierung gefordert wird. Dieser Zusammenhang und seine Problematik soll im Folgenden am Deutungsmusterkonzept thematisiert werden, das in der Erwachsenenbildung im Laufe der 80er Jahre recht populär wurde.

Als empirischer Forschungsansatz ist die Deutungsmusteranalyse ein in den Sozialwissenschaften inzwischen etabliertes Konzept. Michael Meuser und Reinhold Sackmann betonen gar, es ließe sich begreifen als

Deutungsmuster als Grundlage von Interpretationen?

> "spezifisch deutscher Beitrag zu der [...] Debatte um das Verhältnis von Handlung und Struktur, Mikro und Makro, subjektiver Intentionalität und objektivem Sinngehalt" (Meuser / Sackmann 1991, S. 14).

Der Ansatz geht auf ein unveröffentlichtes Papier von Ulrich Oevermann von 1973 mit dem Titel "Zur Analyse der Struktur sozialer Deutungsmuster" zurück. Trotz der Karriere des Konzepts in den 80er Jahren und einer inzwischen großen Anzahl empirischer und historischer Deutungsmusteranalysen argwöhnen die Autoren eines jüngeren Handbuchartikels, dass es in der theoretischen Fundierung des Konzepts zahlreiche offene Fragen gibt (Meuser / Lüders 2000, S. 74).

Insofern ist bezüglich der Frage, was Deutungsmuster eigentlich sind, noch einiges ungeklärt. Angelehnt an die Bestimmungen von Rolf Arnold (1985) sowie Meuser und Lüders (2000) lassen sich folgende Punkte zum Konzept "Deutungsmuster" nennen:

- Deutungsmuster stehen in einem funktionalen Bezug zu objektiven Handlungsproblemen, sie dienen also ihrer Bewältigung.
- Deutungsmuster sind kollektive Sinngehalte. Habituell verfestigte subjektive Deutungen einzelner sind noch keine Deutungsmuster.
- Deutungsmuster haben normative Geltungskraft, manche gelten für die gesamte Gesellschaft, manche gelten nur für einzelne soziale Gruppen.
- Deutungsmuster sind intern konsistent strukturiert, sie sind also nicht widersprüchlich solange sie nicht auf andere Deutungsmuster treffen.
- Deutungsmuster sind nicht wie Aussagen, Meinungen und Einstellungen reflexiv für die Deutenden verfügbar. Sie beruhen vielmehr auf einer tiefen Bedeutungsebene, die "latent" (im Gegensatz zu manifest) ist und nur der wissenschaftlichen Reflexion zugänglich ist.
- Deutungsmuster verfügen über eine "relative Autonomie", sie sind eine eigene Dimension sozialer Wirklichkeit und treten den Subjekten als "soziale Fakten" gegenüber (wie das Institutionen / Legitimationen bei Berger und Luckmann tun).

Deutungsmuster sind ein Ausschnitt der "Alltagswelt", sie sind als solche konkreter als das in den Alltagstheorien von Berger und Luckmann oder Schmitz thematisierte Alltagswissen. So gibt es zahlreiche Rekonstruktionen der Deutungsmuster von Lernenden oder Lehrenden und den Konsequenzen für Lernsituationen. Gegenstand können aber auch epochale kulturelle Codes sein, also Deutungsmuster, die sich über Jahrhunderte hinweg verändern und die gesellschaftliche Wirklichkeit prägen. Beispiele hierfür ist die historische Arbeit von Bollenbeck zu "Bildung und Kultur. Glanz und Elend eines deutschen Deutungsmusters" (1994) oder die Arbeit zur "Mutterliebe" von Yvonne Schütze (1986). Mutterliebe, so das Ergebnis der Analyse, ist keineswegs "natürlich", sondern hat seinen sozialen Ort in der Ausdifferenzierung von geschlechtsexklusiven Zuständigkeitsbereichen und sozialen Räumen – die Öffentlichkeit für den Mann, der Binnenraum der Familie für die Frau (Bollenbeck 1994, Schütze 1986).

Einige Deutungsmusteransätze beziehen sich allerdings weniger auf die Wissenssoziologie, sondern auf den strukturalistischen Ansatz Oevermanns. Oevermann betont die Latenz und alltagsweltliche Unzugänglichkeit von Deutungsmustern. Diese liegen den alltäglichen Aussagen vielmehr zugrunde und erzeugen sie im Sinne generierender Regeln. Was das bedeutet, zeigt sich an der Kritik Rolf Arnolds an anderen Ansätzen: Diese stehen in Gefahr einer "solipsistischen" Verengung. Indem sie Meads Theorie voluntaristisch auslegen, vernachlässigen sie die Seite der kommunikativen Konstitution von Bedeutungen. Mit anderen Worten: Man unterstellt, die Subjekte verfügten in ihrer Bedeutungszuschreibung und in ihrem Handeln über individuelle Freiheit. Tatsächlich verfügen sie aber über Bedeutungs- und Handlungsmuster, die kollektiver Natur und in der Sozialisation konstituiert sind. Der Deutungsmusteransatz Arnolds für die Erwachsenenbildung ist ein sozialwissenschaftlicher Ansatz. Sein Ziel ist es, Deutungen Erwachsener zu untersuchen. Didaktische Fragen der Transformation solcher Deutungen sind dabei zweitrangig. Sie sind auch weit schwieriger zu stellen, nimmt man nämlich an, dass Deutungsmuster gar nicht reflexiv zugänglich sind, dann ist fragwürdig wie sie in der Bildungsarbeit thematisiert werden sollen.

Ähnliches gilt für die Habitustheorie des Soziologen Pierre Bourdieu: Unter Habitus versteht er ein im Laufe der Sozialisation erworbenes und verfestigtes System von Regeln bzw. Schemata für Präferenzen des Wahrnehmens, Deutens und Handelns (Bourdieu 1982, S. 279). Der Habitus ist eine Folge der Lebensbedingungen und der Position, die eine Person in ihrer Sozialisation innerhalb einer Gesellschaft hat. Im Habitus sind also die sozialen Unterschiede der Klassen individuell sedimentiert. Die Zugehörigkeit zu den Lebensbedingungen einer Klasse ist symbolisch verdoppelt, das heißt z.B. zum Habitus gehören auch ästhetische Vorlieben und Präferenzen, etwa dass Leute aus der Unterschicht mehr grobes Fleisch essen oder dass Leute aus der Oberschicht Golf spielen etc. (ebd., S. 298 ff). Aber es gibt auch einen Bildungshabitus, also die Einstellung zur Frage, welche Rolle "Lernen" und "Bildung" in einem Leben spielen und inwiefern man sich als Erwachsener noch verändern bzw. noch lernen will und kann.

Habitus als Sedimentierung von Präferenzen

In Bourdieus Theorie ist der Habitus einerseits eng an die Sozialstruktur der Gesellschaft gekoppelt, andererseits ist er im Laufe der Primärsozialisation tief in den Körper "eingeschrieben" (Bourdieu 1987, S. 122 ff). Diese enge

Bindung von Körper und Habitus bedeutet damit auch, dass Handeln weniger als etwas vom Subjekt selbst überlegtes und gestaltetes verstanden wird, sondern als etwas sehr basales und früh erlerntes, das reflexiv nicht mehr einzuholen oder leicht zu verändern ist.

Der Habitus ist, so Bourdieu im Anschluss an die Bildungstheorie Humboldts, eine "innere Form", die in der Sozialisation geformt wurde und ihrerseits unser Denken und Handeln formt (Bourdieu 1970, S. 143). Auch der Habitus ist wie die Deutungsmuster bei Oevermann über das Leben hinweg stabil und reflexiv nicht zugänglich. Die Rezeption dieser Theorie in der Erwachsenenbildung sei also, so betonen Bernd Dewe, Günther Frank und Wolfgang Huge, ein Beitrag zur Grundlagenforschung der Bildungssoziologie, nicht aber zur Praxis der Erwachsenenbildung (Dewe / Frank / Huge 1988, S. 199). Beate Krais argumentiert entgegengesetzt:

> "Die Selbstreflexivität des Subjekts ist jedoch ein Aspekt der Praxis, an dem vor allem die Erwachsenenbildung ansetzt. Erwachsenenbildung umfaßt zwar ein äußerst heterogenes Feld an Bildungsinstitutionen, Bildungsprozessen und Bildungsinteressen, die kritische Reflexion der Praxis der Subjekte ist jedoch zweifellos – man denke an die gewerkschaftliche Bildungsarbeit, an bestimmte Veranstaltungen der Kirchen u.ä. – ein Bereich, der in der Erwachsenenbildung seinen festen Platz hat. Lebenskrisen, Praxen, die sich als defizitär erweisen, die Unhaltbarkeit ,habituell' gewordener Vorurteile angesichts einer ihnen zuwiderlaufenden Realität – all dies vermag Erschütterungen auszulösen, die bei den Individuen tiefgreifende Umstrukturierungen des Habitus bewirken. In der Anleitung dieses Prozesses der Selbstreflexion und der Umstrukturierung – also nicht, wie bisher überwiegend argumentiert, in der Verfestigung des Habitus läge die zentrale Aufgabe der Erwachsenenbildung, eine Aufgabe im übrigen, die den aufklärerischen Absichten Bourdieus voll und ganz entspräche. Die Revision des Habitus-Konzepts dergestalt, daß das Verhältnis von nicht bewußten individuellen Handlungsorientierungen und Selbstreflexivität der Subjekte erklärt würde, bleibt als Aufgabe der Bildungstheorie" (Krais in: Dewe / Frank / Huge 1988, S. 216 f).

Der Habitus, so lässt sich paraphrasieren, sei demnach weder absolut stabil noch absolut unzugänglich, gerade der gesellschaftskritische Gehalt des Begriffs macht ihn relevant für erwachsenenpädagogische Praxis.

4.4.3   Resümee der "reflexiven Wende"

Die Wendung zum Subjekt

Wir haben versucht, einige Einblicke und Ausblicke auf erwachsenenpädagogische Theorie und Didaktik zu geben. Dabei haben wir zu Beginn der 80er Jahre eine "reflexive Wende" in der Geschichte der Erziehungswissenschaften unterstellt, mit der Wissen, Intentionen und Sinn der handelnden und lernenden Subjekte in den Blick geraten sind. Diese Perspektiven wurden, weit über die Arbeiterbildung, der sie entstammen, hinaus, auch für viele Bereiche der beruflichen und allgemeinen Bildungsarbeit entscheidend. In einem Kurs für Führungskräfte über "Präsentation" geht es etwa zunächst um persönliche Werte und persönliches Auftreten, in der "Familienbildungsstätte" um die eigene Rolle als junger Vater oder Mutter und die Einschränkungen und Bereicherungen, die mit Kindern verbunden sind: Es geht also je nach Perspektive um Alltagswissen, lebensweltliches Wissen, Deutungsmuster, Habitusformen.

Die wissenschaftliche Diskussion in der Erwachsenenpädagogik der 80er Jahre versuchte Fragen wie diese zu klären: Inwiefern bestimmen Deutungen den Alltag und das Handeln von Menschen? Inwiefern sind solche Deutungen den Subjekten reflexiv zugänglich? Inwiefern kann Erwachsenenbildung an solchen alltäglichen Problemen und Handlungen ansetzen? Inwiefern soll sich Realität an die Subjekte anpassen und inwiefern Subjekte an die Realität?

Sofern es um die Vermittlung von Fachwissen ging, fragte man sich, was passiert, wenn wissenschaftliches Wissen und Fachwissen aufeinander treffen. Wie bauen Erwachsene solches Wissen in ihr Alltagswissen ein, und wie verändert sich das Alltagswissen von Erwachsenen, wenn es z.B. auf wissenschaftliches Wissen trifft. Fragen der Effektivität von Lernprozessen, der optimalen Vermittlung von Wissen oder der Entwicklung gesamtgesellschaftlicher Lernziele, wie sie in den 70er Jahren entscheidend waren, blieben demgegenüber im Hintergrund.

In der Erwachsenenbildung, aber auch in den Erziehungswissenschaften allgemein etablierte sich neben der empirisch-quantitativen Forschung eine qualitative Forschung, die wie Theorie und Praxis dem "interpretativen Paradigma" und "sozialwissenschaftlicher Hermeneutik" verschrieben sind (vgl. Tippelt 2002). Die Biographieforschung oder die Deutungsmusteranalysen sind nur ein Teil dieser Ausdifferenzierung.

Etablierung qualitativer Forschung

Die Konzepte haben sich seit den Alltagstheorien aus der Arbeiterbildung stark verändert. Diese Veränderungen haben wir deutlich zu machen versucht. In den 90er Jahren hat sich noch eine weitere "Welle" von Theorien und Ansätzen etabliert: Im Rahmen des Konstruktivismus wird nun von selbstgesteuertem Lernen gesprochen. Der Text könnte in einem solchem Sinne weitergehen. Unsere Vergleiche über die historische Entwicklung hinweg sollen dazu anregen, solche Ansätze auf ihre jeweiligen Hintergründe und Zusammenhänge zu befragen.

5   Die diskursiven Linien - Stichworte zur Wissenschaftstheorie

Die Texte der bisherigen Phasen waren so konstruiert, dass sie erziehungswissenschaftliche Zusammenhänge auf verschiedenen Ebenen thematisieren:
sozialgeschichtliche Hintergründe, Entwicklungen im Bildungssystem, erziehungswissenschaftliche Konzepte, sozialwissenschaftliche Grundlagentheorien, Ansätze der Forschungsmethoden und schließlich das Selbstverständnis
der Pädagogik als Wissenschaft. Dieser letzte Aspekt soll hier noch einmal
zur Sprache kommen.

Auch dieser Text ist eine "Einführung", allerdings unterscheidet er sich von
dem vorhergehenden in zwei Punkten: Im vorhergehenden Text war das Ziel,
Gedankengänge auszuführen, Zitate zu erläutern, bestimmte Zusammenhänge aufzuweisen, deutlich zu machen, was Konsequenzen sind usw. Kurz:
die zahlreichen Abkürzungen und das "Nichtausgesprochene", das Implizite,
das wissenschaftliche Texte ausmacht, ist in den bisherigen Texten möglichst
ausgeführt, expliziert worden. Dieser letzte Text führt ein, indem er auf bestimmte Dinge hinweist, Zusammenhänge erwähnt und einen Überblick
verschafft, ohne allerdings auf begrenztem Raum alles zur Sprache bringen
zu können, was nötig wäre. Er soll eher dazu anregen, sich mit diesen Themen zu beschäftigen, sich selbst solche Fragen zu stellen.

Hinzu kommt ein Weiteres: Niemand kann mit einem objektiven Blick auf die
Erwachsenenbildung oder die Erziehungswissenschaft eine Einführung
schreiben. Jede Einführung ist persönlich geprägt, das kann man beim Vergleich der vielen Einführungen, die sie in der Bibliothek finden können, merken. Die bisherigen Texte geben einerseits Positionen und Zusammenhänge
von einer "höheren" Warte aus wieder und versuchen der Ebene des Konsenses der "scientific community" Rechnung zu tragen; nicht ohne in der
Auswahl der Themen, in Deutung und Kritik bestimmter Ansätze, in der Art
und Weise, wie die "Ordnung der Dinge" hergestellt wird, nicht zuletzt in
den verschiedenen roten Fäden, mit denen die Textteile verwoben sind, eine
bestimmte Perspektive auf die Geschichte der Pädagogik bzw. der Erziehungswissenschaft zu verraten. Auch das ist beim folgenden Text anders, er
legt von vornherein die Perspektive offen, die unsere Arbeit und die von uns
vertretene Position auszeichnet. Sie erfahren also etwas über unsere eigene
Herangehensweise. Dies kenntlich zu machen ist wichtig.

Viele Abhandlungen, die pädagogische Theorien und Ansätze darstellen,
enden mit den Programmproklamationen der empirischen oder der kritischen Erziehungswissenschaft. Andererseits ersetzen auch explizit wissenschaftstheoretische Einführungen wie die neue Auflage von Herbert
Tschamlers "Wissenschaftstheorie für Pädagogen" (Tschamler 1996) zwar
das Kapitel über marxistische Ansätze durch ein Kapitel über radikal-

*Transformationen
des Wissenschafts-
verständnisses*

konstruktivistische Ansätze, jedoch ohne über die historischen Veränderungen im Wissenschaftsverständnis selbst zu reflektieren, die zu einer Erosion dieser Ansätze führen. Aber diese Reflektion ist entscheidend. Ausschließlich von empirischen und kritischen Programmen und Perspektiven ausgehend, kann nämlich, was heute Erziehungswissenschaft heißt, kaum verstanden werden. Beide Richtungen hatten ein teleologisches Selbstverständnis. Auch wenn bei Popper der Wahrheitsbegriff fast vollständig zurückgenommen wurde, so zielt seine Wissenschaftstheorie dennoch auf eine Perfektibilität der Welt und der Menschen insofern alle Falsifikationsbemühungen der Verbesserung von Theorie dienen. Dasselbe gilt noch in größerem Maße für die Kritische Theorie. Gerade Pädagog/-innen sind für die Idee teleologischer Perfektibilität anfällig, gehört die Orientierung an der "Zukunft" doch zu unserem Geschäft. In der heutigen Erziehungswissenschaft ist der universalisierende Blick für die großen Theorien und Entwicklungen zumeist durch das Alltagsgeschäft der Wissenschaftler/-innen ersetzt worden. Ob sich die empirischen Analysen und didaktischen Vorschläge zu einer "großen Theorie" fügen oder zur Besserung der Menschheit beitragen, stellt meist keine wichtige Frage mehr dar. Man kann dies bedauern, rückgängig machen kann man dies allerdings nur um den Preis, Einsichten, die die Erkenntnis- bzw. Wissenschaftstheorie des letzten Jahrhunderts hervorgebracht haben, zu ignorieren. Um welche Einsichten es geht und was dann Wissenschaft bedeuten kann, soll im Folgenden erörtert werden.

5.1 Transformationen des Wissens

In den 80er Jahren setzt eine Auseinandersetzung mit den Grundlagen erziehungswissenschaftlichen Denkens ein, die im deutschen Sprachraum heftiger als anderswo geführt wird. In der Postmoderne, so wird argumentiert, hätten sich alle Geltungen von Aussagen aufgelöst. Eine radikal plurale Verfassung der Gesellschaft führe zu einem "Nebeneinander" vieler kleiner Erzählungen, die keinen Platz für die Träume und Utopien der Kritischen Theorie lassen. Auslöser waren die Arbeiten neuerer französischer Philosophen, die zumeist unter dem Stichwort "Poststrukturalismus" zusammengefasst werden.

Das Ende der großen Erzählungen

Für Aufregung sorgte vor allem ein Gutachten, das Jean François Lyotard 1979 für die kanadische Regierung unter dem Titel "Das Postmoderne Wissen" erstellte. Er vertrat dort die These, dass die "großen Erzählungen" ans Ende gekommen wären (Lyotard 1994, S. 96 ff). Mit den "großen Erzählungen" meint er einerseits die von der spekulativen "Einheit der Wissenschaften" und andererseits die von der "kollektiven Emanzipation des Menschen" zur Freiheit. Also "Meta"- oder "Mega"-theorien, die versuchen, die Vielfalt der Welt auf einen einheitlichen Punkt, eine einheitliche Struktur oder einen einheitlichen Plan zu beziehen. Das Wissen in der Postmoderne – so Lyotard – sei vielmehr radikal zersplittert und werde von den großen Erzählungen nicht mehr zentriert. Es sei nicht mehr möglich, von einem exterritorialen Punkt aus die Wissensformen zu hierarchisieren, d.h. eine objektive Perspektive von "außen" einzunehmen, von der aus etwas als richtig oder falsch, als angemessen oder unangemessen, als schön oder hässlich beurteilt werden kann.

Wenn Lyotard mit dieser Analyse Recht behält, ist der klassischen Bildungstheorie aus der geisteswissenschaftlichen Pädagogik auf der einen und den emanzipatorischen Ansätzen der Kritischen Theorie auf der anderen Seite, die Grundlage entzogen. Das Problem ist das der Legitimation: Auf Zukunft angelegte Entwürfe, Zielkataloge, Entwicklungsperspektiven, ein verbindlicher Bildungskanon etc. lassen sich ebenso wenig begründen, wie eine auf Kontinuität und "Bildung" angelegte individuelle Entwicklung.

Damit ist auch die eigentümliche Verfasstheit, die die Pädagogik in Bildungsprozessen entdeckte, in Frage gestellt: dass nämlich den Menschen, die sich in Bildungsprozesse begeben, das Ziel nicht verfügbar ist, dass hingegen die Beschreibung des Prozesses und die Beschreibung von Qualitätskriterien und Zielbestimmungen für den Prozess der pädagogischen Profession verfügbar seien. Diese pädagogische Verfügung von Bildungsprozessen ist nicht mehr erziehungsphilosophisch begründbar, weil Erziehungswissenschaft keine Position außerhalb der Wissens- und Lebensformen ihres Klientels mehr einnehmen könne. Dann schwindet aber jede Möglichkeit, eine pädagogisch begründete Position gegen die unmittelbaren Bildungswünsche des Klientels zu setzen. Zu ziehende Konsequenz aus Lyotards Position wäre nun aber nicht, jede differente Position aufzugeben, und die Wünsche des Klientels unmittelbar zu bedienen. Lyotard stellt vielmehr den unaufhebbaren Widerstreit verschiedener Diskursarten in den Mittelpunkt, der nur um den Preis der Gewalt einzuebnen bzw. nach einer Seite hin aufzulösen ist. Es kommt nicht auf die Einebnung der pädagogischen Differenz an, sondern im Gegenteil um die Sensibilität für die Unmöglichkeit ihrer Einebnung, ob zur Seite des Klientels oder zur Seite der pädagogischen Professionalität hin. Der Widerstreit der Diskursarten, den es zu wahren gilt, wird zum zentralen Einsatz Lyotards (Lyotard 1987, S. 17f).

Was darf Pädagogik noch?

Sensibilisierung gegenüber pädagogischer Differenz

Eine kurze Anmerkung zu den verwendeten Begriffen: In poststrukturalistischen Theorien tauchen die Begriffe "Erzählung", "Diskurs" und "Diskursart" auf. Die Erzählung bzw. die Narration ist nach Lyotard eine bestimmte Diskursart, ein Typus von Diskurs, der eine der Formen ist, Handeln zu legitimieren (Lyotard 1994, S. 67). Narrationen operieren immer mit einer gemeinsamen Geschichte von Akteuren, die im Kampf gegen die Positionen anderer Akteure auftreten, so sind Narrationen eine identitätspolitische Strategie. In diesem Sinne haben wir Form des Diskurses der "Deutschen pädagogischen Bewegung" und der Reformpädagogik als Narration bezeichnet (s. Kap. 1.2).

Den Begriff des Diskurses hat Michel Foucault geprägt. Eine diskursive Formation meint dabei eine Menge von Aussagen. Einfache Aussagenmengen wären z.B. alle Aussagen der "empirischen Pädagogik", oder alle Aussagen über ein Thema wie Erziehung. Aber vielleicht zeigt eine Diskursanalyse, dass ganz andere Mengen von Aussagen einen Diskurs bilden. Denn die Menge an Aussagen, die einen Diskurs bilden, wird durch eine bestimmte Logik, durch ein Set von Regeln definiert, das bestimmt, ob eine Aussage zu einem Diskurs gehört oder nicht, und die bestimmt, ob in einer gesellschaftlichen Situation die Äußerung einer Aussage wahrscheinlich und die Äußerung einer anderen unwahrscheinlich wird (Foucault 1986, S. 58). In der Diskursanalyse geht es darum, diese impliziten Regeln des Sprechens in gesellschaftlichen Bereichen aufzudecken. Der Begriff des Diskurses verweist darauf, dass die Aussagen selbst zum Gegenstand von Reflexion, Analyse und Kritik

Diskurse als Gegenstand

werden. Es handelt sich also um eine Verschiebung der Fragestellung: Man fragt sich nicht mehr zuerst, ob ein Diskurs wahr oder falsch ist, sondern wo er herkommt, wer ihn führt, wem er nützt, welche Strategien er impliziert, was er bedeutet, welche Objekte er produziert usw. Die Beschreibung der "Entdeckung des Kindes" in der Reformpädagogik als Konstitution eines neuen Gegenstandes (s. Kap. 1.2.2) ist ein Beispiel für eine solche kritische Analyse der diskursiven Produktion von Objekten.

Seit den 70er Jahren gab es Entwürfe postmoderner oder strukturaler Pädagogiken (z.B. Lenzen 1976), aber erst Ende der 80er wurden diese Ansätze breiter diskutiert. Von einigen wurde die "Postmoderne" als neue Richtung

Der Streit um die Postmoderne

oder "Next Wave" aufgegriffen und eine Übertragung und Rezeption versucht (z.B. Meder 1987, Baacke 1985). Auf der anderen Seite gab es eine Allianz geisteswissenschaftlicher Bildungstheoretiker/-innen und kritischer Erziehungswissenschaftler/-innen, die die postmodernen Ansätze als destruktiv zurückwiesen, weil sie die Grundlagen der Erziehungswissenschaft, z.B. den Bildungsbegriff oder den Emanzipationsbegriff in Frage stellten (vgl. Marotzki / Sünker 1993, Benner u.a. 1992, Pleines 1989).

Viele Erziehungswissenschaftler/-innen, die sich zur Kritischen Theorie zugehörig fühlten, griffen dabei auf die Theorie der Moderne des Frankfurter Sozialphilosophen und Erben der Kritischen Theorie, Jürgen Habermas und seine Kritik an postmodernen und poststrukturalistischen Ansätzen zurück (Habermas 1998, S. 191 ff, 279 ff). Lyotards Argument, dass die emanzipatorische Erzählung keine Geltung mehr beanspruchen könne, ist in Habermas Augen eine Spielart des Konservatismus: Der Anspruch auf eine produktive Gestaltung der Zukunft der Gesellschaft werde aufgegeben (Habermas 1990, S. 72). Habermas Ziel hingegen ist es, die Möglichkeit einer vernünftigen Gestaltung der Gesellschaft nicht nur einzufordern, sondern auch zu begründen. In der Lebenswelt (s.o.) – so sein entsprechendes Argument – seien Potentiale einer kommunikativen Rationalität enthalten, über die sich die Gespaltenheit des Wissens in der Moderne integrieren lasse. Die Sprache beinhalte die Möglichkeiten einer idealen Sprechsituation, in der das Sprechen nicht von Macht beeinträchtigt sei und daher der zwanglose Zwang des besseren Argumentes gelte. Auf diese Weise sei, zumindest als "regulative Idee", ein allgemeiner und herrschaftsfreier "Diskurs" (nun in einem anderen Sinn des Begriffs als bei Foucault) möglich, in dem Geltungsansprüche außerhalb von Machtverhältnissen verhandelt und so ein Konsens konfligierender Interessen gefunden werden könne (Habermas 1998, S. 396 ff). Habermas ist also der Auffassung, dass es durchaus möglich ist, Entscheidungen zu treffen und diese vernünftig und verbindlich zu begründen. Es ist ein Konsens denkbar, der keine der beteiligten Parteien benachteiligt oder übervorteilt. Diese Idee wurde in den Erziehungswissenschaften aufgegriffen (vgl. Forneck 1992). Die Herstellung herrschaftsfreier Sprechsituationen wurde dabei als pädagogische Aufgabe verstanden. Habermas brachte damit noch einmal die Idee einer umfassenden Vernunft und einer Perfektibilität der Menschheit in die Diskussion, die sich nun aber handlungstheoretisch begründete.

*Ist ein herrschafts-
freier Diskurs
möglich?*

Gegen diese zwei unterschiedlichen Positionen zu den "Legitimationsproblemen im Spätkapitalismus", wie es Habermas formuliert, möchten wir hier auf eine weitere mögliche Deutung hinweisen. Während man nämlich die postmodernen Ansätze von der einen Seite als Befreiungsschlag von moderner Bevormundung begrüßte, von der anderen Seite als Zumutung aufnahm, notwendige moderne Positionen aufzugeben, versäumte man zu untersuchen, inwiefern das pädagogische Wissen empirisch eine "postmoderne Verfasstheit" angenommen hat. Man kann Geltungsfragen nämlich nicht nur abstrakt – als Frage der Möglichkeit einer Legitimation der Pädagogik überhaupt – diskutieren, sondern auch konkret als Frage danach, was in einer konkreten Gesellschaft gilt und welches Wissen sich durchsetzt. Genau dies war die Fragestellung Lyotards im "Postmodernen Wissen". Wir haben im ersten Teil dieses Kapitels gezeigt, wie sich die Verfasstheit des pädagogischen Wissens und die damit verbundenen Probleme faktisch verändert haben. Sie hatten bereits, so die darin enthaltene These, am Ende der 70er Jahre eine "postmoderne Verfasstheit".

Mit solchen erziehungswissenschaftlichen Analysen ist sehr wohl ein kritischer Einsatz verbunden, was sich an der problematischen erziehungswissenschaftlichen Rezeption des Werkes von Lyotard zeigen lässt. Der zweite Teil von Lyotards Argumentation ist in der aufgeregten Diskussion nämlich weitgehend untergegangen. Dort zeigte Lyotard, dass es sehr wohl einen Diskurs gibt, der die "kleinen Erzählungen" beherrscht und der gar nicht nach einer Legitimation befragt wird: Es ist der Diskurs der Performativität (Lyotard 1994, S. 140 ff) bzw. die ökonomische Diskursart (Lyotard 1987, S. 240). Anders gesagt: Wenn es keine übergreifenden Orientierungen mehr gibt, übernimmt das Kriterium der Nützlichkeit die Orientierung. Lyotards Philosophie der Diskursarten soll nun ein Instrument sein, die unbefragte Geltung dieses faktischen, neuen Metadiskurses in Frage zu stellen. Das pädagogische Problem, das nur am Rande angegangen wurde, könnte also sein, mit

*Geltungsmöglich-
keiten emanzipato-
rischer Praktiken*

Lyotard eine Geltungsmöglichkeit emanzipatorischer Praktiken zu erkunden, anstatt gegen Lyotard für eine allgemeingültige Geltung von Emanzipation zu streiten.

Hegemoniale Diskurse und historische Kämpfe

Dass Sprachspiele oder Diskurse sich "widersprechen" oder in einem "Widerstreit" stehen, ist eine historische These, die auch Michel Foucault an empirisch-historischem Material entwickelte, und die für die Entwicklung des pädagogischen Wissens in den letzten 50 Jahren bedeutsam wurde. Während die gesellschaftliche Funktion des Erziehungssystems und der Erziehung nämlich wesentlich die Stabilisierung der Verhältnisse umfasst und sie in diesem Sinne etwa seit dem 17. Jahrhundert zu einem Teil staatlicher Ordnungspolitik wurde, speiste sich ein großer Teil der pädagogischen Theorie aus einem Diskurs, der gegen die gesellschaftlichen Verhältnisse ein Anderes zum Ausdruck brachte. Von Anfang an arbeitete dieser Diskurs mit historischen Legitimationen, er bringt ein "Wissen historischer Kämpfe" zum Ausdruck, das von geltenden herrschenden Theorien unterdrückt und negiert wird (Foucault 1999, S. 12 ff). Dieses Wissen und das darin zumeist rekonstruierte Idyll einer herrschaftsfreien und romantischen Freiheit ist zumindest zum Teil eine Fiktion und hat seinen Zweck als Legitimation des Kampfes.

Die früheste Variante dieser diskursiven Figur sieht Foucault in den Arbeiten einiger englischer Historiker der elisabethanischen Zeit, die zeigen, dass die herrschende Klasse Englands von den Normannen abstamme und der keltischen Urbevölkerung zu Unrecht das Land abgenommen habe (Foucault 1999, S. 99 ff). Die herrschenden Eigentumsverhältnisse sind nicht "immer schon" so gewesen und daher "immer schon" gültig, vielmehr sind sie die Folge einer ungerechten Aneignung, einer Unterwerfung und Enteignung eines ganzen Volksstammes. Das Recht der Kelten begründet sich aber nicht darin, dass sie die "immer schon" gültigen Inhaber gewesen wären, sondern aus der Negation der Enteignung. Nach seiner Geburt in England zieht sich dieser Diskurs der "Rückgängigmachung" einer ungerechten Enteignung, des Wiederentdeckens verschütteten Wissens durch die gesamte Neuzeit. Eine wesentliche Variante dieser diskursiven Figur findet sich im Marxismus und in der Kritischen Theorie, die das Recht einer unterdrückten Klasse oder die Rückgängigmachung einer Entfremdung vom Eigenen fordern.

Warum "erzählen" wir das? Im pädagogischen Kontext taucht diese diskursive Figur des ungerechten Entzugs immer wieder auf: Die Reformpädagogik ist solch eine Befreiung von der herbartianischen Pädagogik, die antiautoritäre Erziehung eine Befreiung von der Erziehung in patriarchalen Verhältnissen, die Entschulungsdiskussion eine Befreiung von der Einengung durch pädagogische Institutionen. Der Körper ist ein wesentliches Argument in einer Befreiungsbewegung von disziplinarischen Verhältnissen. In der rekonstruierten Geschichte des deutenden, interpretativen Paradigmas von der Arbeiterbildung bis zum radikalen Konstruktivismus ist die Befreiung von den bevormundenden Deutungen der Pädagog/-innen Thema. Befreiung heißt immer:

Gegen die Hegemonie (Vorherrschaft) eines anerkannten und sich selbst als universal und gültig verkaufenden Wissens wird ein "kleines Wissen", ein Eigensinn (nach Alheit) oder auch ein unterdrücktes Wissen (der Körper) in Anschlag gebracht.

Der Clou ist folgender: Während die kritische Theorie einst die "Speerspitze" dieses Diskurses war, und das Recht des unterdrückten Wissens der Arbeiter zum Ausdruck brachte, hat sich in den 80ern offenbar dieses Verhältnis verkehrt. Aus der Perspektive des "kleineren" Wissens ist sie es selbst, die "bevormundet", die eine paternalistische "Stellvertretung" übernimmt etc.

"Kleine" Diskurse als Befreiung unterdrückten Wissens

Die Kritik an der kritischen Theorie verdankt sich eigentlich demselben Diskurs wie die kritische Theorie einige Jahrzehnte zuvor. Diese These ist eine Deutung der Entwicklung der Erwachsenenbildung in den 80er Jahren aus einer bestimmten Perspektive, nämlich aus diskurstheoretischer Perspektive. Sie dient dazu, die Entwicklung des Wissens und dessen Vermittlungsformen und Ansprüche zu analysieren.

Über weite Strecken teilt Foucault das Anliegen dieser Befreiungsbewegungen, zu denen er selbst wichtige Arbeiten beigetragen hat, etwa zur Anti-Psychiatrie oder zur Anti-Gefängnisbewegung, er teilt aber nicht ihre theoretischen Positionen. Foucault weist vehement auf das fiktive und romantische Element in solchen Rekonstruktionen hin. Es gibt keine ursprüngliche Freiheit, die es freizulegen gilt. Es gibt keinen inneren Kern des Selbst, den man nur zu entdecken braucht. Es gibt keine gerechten Verhältnisse, die nur wieder eingerenkt werden müssen. Das größte historische Experiment dieser Art, der "real existierende Sozialismus" ist gerade daran gescheitert, dass die Befriedung durch die Einsetzung einer gerechten Ordnung eine Fiktion blieb. Für das pädagogische Wissen hieße das, dass es keine Auflösung der Pluralität in Wohlgefallen gibt. Wer für "wirkliche Pluralität" und Gerechtigkeit einsteht, kann nicht umhin, die ständigen Übervorteilungen und Ungerechtigkeiten in der konkreten Praxis einzugestehen. Zwar gäbe es keine Möglichkeit eines für alle gerechten Konsenses, aber es gäbe auch keine "Gleichgültigkeit" der Sprachspiele. Geltungsfragen und Gerechtigkeitsfragen sind nicht abstrakt zu lösen. Auch das wissenschaftliche Wissen ist nicht dem Alltagswissen gleichgültig und auch das professionelle Wissen ist nicht dem Wissen der Teilnehmenden gleichgültig. Dennoch gibt es weder eine prästabilierte Hierarchie noch eine prästabilierte Harmonie.

Unmöglichkeit der Auflösung des Konflikts

Im Widerstreit der Wissensformen gibt es aber nicht nur den Kampf um Geltung. Eine poststrukturalistische Ethik, wie sie für die Pädagogik vor allem Michael Wimmer und Jan Masschelein entwickelt haben, basiert auf dem "Gelten lassen" und auf der Anerkennung der nicht reduzierbaren oder auflösbaren Widersprüchlichkeit der Welt und der pädagogischen Situationen und Aufgaben (vgl. Masschelein / Wimmer 1996; vgl. ausführlich Forneck 1998).

5.2 Theorie und Wissenschaft

Was aber kann dann noch Theorie der Erziehungswissenschaft heißen? Die bisher verhandelten wissenschaftstheoretischen Ansätze zielten auf eine Einheitswissenschaft, eine einheitliche Konzeption, der die anderen Bereiche der Wissenschaften zuzuordnen sind. Sie verhandelten Theorien auf die eine oder andere Weise als Konstruktionen allgemeiner Sätze, mit denen Welt verstehbar oder erklärbar wird.

Kann die System-theorie Erziehungs-verhältnisse be-schreiben?

Eine noch weitergehende Konvergenz von Natur- und Geisteswissenschaften propagieren die Vertreter der neueren Systemtheorien (Luhmann 2002; Lenzen / Luhmann 1997). Die Systemtheorie ist eine allgemeine Theorie, mit der sich sowohl physikalisches als auch biologisches und soziologisches und damit eben auch pädagogisches Wissen verhandeln lässt und gerade aus dieser allgemeinen und interdisziplinären Adaptionsmöglichkeit zieht es seine Faszination. Das systemtheoretische Projekt kann hier nicht eingehend ge-würdigt werden, und ob es sich auch an seinem Gegenstand bewährt, näm-lich an den Erziehungsverhältnissen und an der pädagogischen Praxis, ist noch auszumachen. Systemtheoretische Argumentationen implizieren ihrer-seits einen Evolutionismus, in dem die neuen Theorien die alten ablösen, weil sie besser, allgemeiner und wahrer sind als die vorhergehenden und sie da-mit hinfällig machen würden. Diese unterstellte Dynamik der Wissenschaften möchten wir mit den hier verhandelten Ansätzen eher in Frage stellen.

Thomas Kuhn entwickelte bereits in den 60er Jahren eine alternative Deu-tung der Wissenschaftsgeschichte: Wissenschaft unterliege keineswegs ei-nem linearen Fortschritt, sondern entwickelt sich in Phasen der regen wissen-schaftlichen Tätigkeit, die von einem einheitlichen "Paradigma" geprägt sind, und Phasen der Krise. In diesen Krisen finden "Paradigmenwechsel" statt. Ein neues Paradigma sei dabei nicht besser oder fortschrittlicher als ein voraus-gehendes, sondern lediglich anders. Zumal der Paradigmenwechsel zumeist keinen Erkenntnisfortschritt, sondern den Wechsel einer Wissenschaftler/-innengeneration markiert. Diese Thesen entwickelte Kuhn an der Geschichte der Physik, also der "Königin der Naturwissenschaften" (Kuhn 1973).

Der Begriff des Paradigmas gewann in der Erziehungswissenschaft bald eine enorme Popularität, allerdings nicht im Sinne Kuhns. Man forderte einen "Paradigmenwechsel" und verstand darunter einen Fortschritt in der Theo-riebildung. Bald war der Begriff des Paradigmas ebenso unscharf wie "An-satz" oder "Theorie". Man konnte sogar die "Paradigmendiskussion in der Pädagogik" bilanzieren (z.B. Hoffmann 1991). Dieser Gebrauch des Begriffs ist paradox, denn Paradigmen zeichnen sich dadurch aus, dass sie stabil sind und nur in der Krise hinterfragt werden. Ein Paradigma entwickelt sich nach Kuhn in vier Phasen: In einer explorativen Phase wird ein Paradigma entwi-ckelt, in der paradigmatischen Phase wird es zum Bestandteil normaler Wis-senschaft und in der postparadigmatischen Phase trägt es zur Lösung wichtiger Probleme bei. Erst in einer vierten Phase gerät das Paradigma in eine Krise, weil sich sein Erklärungspotential erschöpft (Kuhn 1973). Es handelt sich also in den Erziehungswissenschaften um konkurrierende Theorien, von denen jede gerne zu einem Paradigma werden würde.

Lenzen weist in der Diskussion um eine sogenannte Alltagswende in der Pädagogik darauf hin, dass man von einer Phase, in der pädagogische Theorien zum Lösen von Problemen beitragen konnten, gar nicht sprechen kann:

Kein Paradigma in der Erziehungswissenschaft

> "Demgegenüber scheint die Erziehungswissenschaft, zumindest in den letzten 15 bis 20 Jahren, keine paradigmatische und keine postparadigmatische Phase aufzuweisen, denn der empirischanalytisch orientierten Pädagogik zu präzidieren, ein Paradigma hervorgebracht zu haben, das zur Lösung wichtiger Probleme beigetragen habe, erscheint ebenso zweifelhaft, wie eine solche Leistung in den Resultaten kritischer Erziehungswissenschaft erblicken zu wollen" (Lenzen 1980, S. 9).

Die Alltags- und Lebenswelttheorien, so Lenzen, seien daher ein weiterer Kandidat, der sich wie die beiden anderen Paradigmen in der explorativen Phase befinde. Ob sich die Alltagstheorien durchsetzen und in eine paradigmatische Phase eintreten, sei noch völlig offen. Seine Popularität gewinnen die Alltagstheorien durch ihre scheinbare Praxisrelevanz. Aber davor warnt Lenzen eindringlich: Theorie und Wissenschaft auf der einen Seite und Praxis und Alltag auf der anderen Seite in eins zu setzen, sei ein tragischer Irrtum. Die wissenschaftliche Tätigkeit selbst ist eine Praxis, wenn auch eine theoretische und die Praktiker verfügen selbst über eine Theorie. Es handele sich also bei der Gegenüberstellung von wissenschaftlichem Wissen und Alltagswissen nicht um ein Theorie-Praxis, sondern um ein Theorie-Theorie Problem. Erziehungswissenschaft alltagstheoretisch zu orientierten bedeute daher nicht, dass diese automatisch praxisrelevant würde, weil sie die Sprache der Praktiker spreche.

Theorie-Praxis-Verhältnis

Die Orientierung an der Paradigmentheorie ist eine Möglichkeit, die neueren Entwicklungen in den Wissenschaften zu problematisieren. Sie hat gegenüber den bisherigen Wissenschaftstheorien zumindest zwei neuartige Blickwinkel. Sie rekonstruiert Wissenschaft nicht mehr als kontinuierlichen Prozess von Fortschritt, Verallgemeinerung und Kumulation von Wissen, und sie führt Wissenschaft auf ihre soziologische Dimension zurück. Wissenschaftler/-innen können nicht anders, als selbst ein Teil ihrer Lebenswelt zu sein. Alle Versuche der wissenschaftlichen Distanzierung entwickeln nur eine relative Distanz zum Wissenschaftler als Person. In diesem Sinne kann sich die lebensweltliche bzw. symbolische Wende in den Wissenschaften auch auf sich selbst anwenden, sie ist eine Infragestellung des gesellschaftlich exterritorialen Orts von Wissenschaft. Deshalb ist Kuhns Wissenschaftstheorie nicht nur eine Theorie des Wissens und der Wahrheit, sondern eine Theorie der Gruppen von Wissenschaftler/-innen und der Relativierung der "Wahrheit" durch den Verweis auf die Subjekte, die diese Wahrheit sprechen. Damit unterscheidet sich der Ansatz Kuhns radikal vom kritisch rationalistischen Ansatz Poppers (vgl. auch die Arbeiten von Gaston Bachelard 1974).

Vielleicht ist aber die Vorstellung, dass pädagogisches Wissen erst in einer paradigmatischen Phase zum Lösen von Problemen beiträgt, also wie in den Naturwissenschaften erst produziert und dann angewendet wird, bereits ein Irrtum. Das Wissen der Sozialwissenschaften hat einen anderen Charakter als das der Naturwissenschaften. Darauf weist der englische Soziologe Anthony Giddens hin. Es ist nicht nur "Theorie" in Form allgemeiner Sätze, die Welt erklären, sondern auch "Theorie" zur Analyse des Handelns sozialer Akteure und ihres Bewusstseins. Es ist somit hermeneutisch. Giddens greift damit erneut eine seit Dilthey bekannte Unterscheidung auf. Dann bestimmt er aber weiter, dass die Eigentümlichkeit und Funktionalität des sozialwissen-schaftlichen Wissens über das Verstehen oder Erklären der sozialen Welt hinausgeht. Mindestens seit den Staatstheorien des 17. Jahrhunderts ist das sozialwissenschaftliche Wissen vielmehr reflexiv auf die Welt bezogen. Es hat die soziale Welt ebenso konstituiert, wie es sie zu verstehen erlaubt. In dem Maße wie sozialwissenschaftliches Wissen produziert wird, wirkt es zurück in die gesellschaftliche Praxis und konstituiert neue Realitäten (Giddens 1997, S. 49; Giddens 1995, S. 25 f). Daher kommt es auch, dass gute sozialwissen-schaftliche Theorien so schlicht sind:

*Sozialwissenschaf-
ten reflektieren und
produzieren gesell-
schaftliche Realiät*

> "Sozialwissenschaftliche Theorien hingegen gründen sich in gewis-
> ser Hinsicht auf Vorstellungen, die von den Handelnden, auf die
> sie sich beziehen, bereits geteilt werden (wenn sie auch nicht
> notwendig von ihnen diskursiv formuliert worden sein müssen).
> Sind sie dann wieder ins Handeln selbst integriert worden, kann
> ihre Originalität verloren gehen, sie können nur allzu geläufig
> werden" (Giddens 1997, S. 48).

Das Wissen der Sozialwissenschaften ist daher untrennbar mit der sozialen Welt verbunden. Es kann nicht als kumulierbares, von dieser Welt getrenntes Wissen betrachtet werden, das zudem auf die eine oder andere Weise zu Ende kommen könnte.

Es scheint also, als seien alle Auswege, mit pädagogischem Wissen zu einem großen Ende oder einem großen Plan zu kommen bzw. dazu beizutragen verbaut. Trotzdem ist pädagogisches Wissen nicht unnötig. Poststrukturali-sche Theorie ist nicht einfach eine Negation theoretischer Begründung von Aussagen. Auf der abstrakten philosophischen Ebene implizieren poststruk-turalistische Ansätze eine Relationierung von Wahrheitsfragen, die zu einer Aufweichung theoretisch zu begründender Erziehungsziele, wie z.B. "Eman-zipation" oder "herrschaftsfreier Kommunikation" führt. Die theoretischen Arbeiten Derridas, Foucaults und Lyotards führen zu Bedenken gegenüber einer unreflektierten erziehungswissenschaftlichen Inanspruchnahme von Erziehungszielen, die als universell gültig unterstellt werden, denn der mit

Emanzipation operierende pädagogische Diskurs entfaltet selbst wieder eine Machtwirkung. Er setzt qua diskursiver Praktiken ein Differenzsystem durch, mit dem Welt in "Emanzipation" und "Unterdrückung" geschieden wird. Erziehungswissenschaft macht sich dadurch selbst zu einem Effekt dessen, das sie untersuchen sollte.

Um diesem Problem zu entkommen, plädieren wir für eine sozialwissenschaftliche Untersuchung pädagogischer Diskurse durch eine empirische Rekonstruktion von Strukturbildungs- und Transformationsprozessen des Erzieherischen in und durch diskursive Praktiken. Es ginge dann um die empirische Untersuchung der Frage, wie diskursive Praktiken, erzieherische Realität schaffen (vgl. Foucault 1992, S. 33 ff). *Untersuchung pädagogischer Diskurse*

Ein so gewonnenes erziehungswissenschaftliches Wissen ermöglicht es, sich immer wieder aufs Neue reflexiv auf die Erziehungsverhältnisse in der gegenwärtigen gesellschaftlichen Situation zu beziehen, weil diese über die Zeit nicht dieselben bleiben. Der Wert der Erziehungswissenschaften zeigt sich nicht darin, was sie "erreicht" haben, sondern darin, welche analytischen und kritischen Potentiale ihr Wissen in Anbetracht der gegenwärtigen Situation zu bieten hat. In jeder neuen Situation kann sich sozialwissenschaftliches, also auch erziehungswissenschaftliches Wissen, bewähren, es kann den Stand der gegenwärtigen Diskussion aufnehmen und sich kritisch dazu in Bezug setzen. *Reflexiver Bezug auf Erziehungsverhältnisse*

Die Reflexion auf die Geschichte der Erziehungspraktiken wird deshalb keineswegs unnötig. Denn nur, wenn Erziehungswissenschaft die bisherigen Reflexionspotentiale integriert, kann sie verhindern, immer wieder dasselbe "Stück" aufzuführen und denselben "Gespenstern" zu begegnen. Das etwa meint Marx im "18. Brumaire des Louis Bonaparte":

> "Die Menschen machen ihre eigene Geschichte, aber sie machen sie nicht aus freien Stücken, nicht unter selbstgewählten, sondern unter unmittelbar vorgefundenen, gegebenen und überlieferten Umständen. Die Tradition aller toten Geschlechter lastet wie ein Alp auf dem Gehirne der Lebenden" (Marx / Engels 1960, S. 115).

Literatur

Adorno, Theodor W. (1970): Erziehung zur Mündigkeit. Frankfurt a.M.: Suhrkamp.

Adorno, Theodor W. u.a. (Hg.) (1993): Der Positivismusstreit in der deutschen Soziologie. München: DTV.

Adorno, Theodor W. / Horkheimer, Max (1997): Dialektik der Aufklärung. Philosophische Fragmente. Frankfurt a.M.: Fischer.

Alheit, Peter (1983): Alltagsleben zur Bedeutung eine gesellschaftlichen "Restphänomens". Frankfurt a.M. u.a.: Campus.

Althusser, Louis (1977): Ideologie und ideologische Staatsapparate. In: Ders.: Ideologie und ideologische Staatsapparate. Hamburg: VSA.

Altvater, Elmar / Huisken, Freerk (1973): Materialien zur politischen Ökonomie des Ausbildungssektors. Erlangen: Politladen.

Anweiler, Oskar u.a. (Hg.) (1992): Bildungspolitik in Deutschland 1945-1990. Ein historisch-vergleichender Quellenband. Opladen: Leske & Budrich.

Arbeitsgruppe Bildungsbericht am Max-Planck-Institut für Bildungsforschung (1994): Das Bildungswesen in der Bundesrepublik Deutschland. Strukturen und Entwicklungen im Überblick. Reinbek bei Hamburg: Rowolth.

Ariès, Philippe (1981): Geschichte der Kindheit. München: DTV.

Arnold, Rolf (1985): Deutungsmuster und pädagogisches Handeln in der Erwachsenenbildung. Aspekte einer Sozialpsychologie der Erwachsenenbildung und einer erwachsenenpädagagogischen Handlungstheorie. Bad Heilbrunn: Klinkhardt.

Arnold, Rolf (1996): Deutungslernen in der Erwachsenenbildung. Grundlinien und Illustrationen zu einem konstruktivistischen Lernbegriff. In: Zeitschrift für Pädagogik 42, Heft 5, S. 719-730.

Axmacher, Dirk (1974): Erwachsenenbildung im Kapitalismus. Ein Beitrag zur politischen Ökonomie des Ausbildungssektors in der BRD. Frankfurt a.M.: Fischer.

Baacke, Dieter u.a. (1985): Am Ende – postmodern? Next Wave in d. Pädagogik. Weinheim u.a.: Juventa.

Bachelard, Gaston (1974): Epistemologie. Ausgewählte Texte. Frankfurt a.M. u.a.: Ullstein.

Baethge, Martin / Essbach, Wolfgang / Sander, E. (1973): Zur analytischen Bedeutung der politökonomischen Kategorie hinsichtlich der Erfassung bildungspolitischer Entscheidungsprozesse in der BRD. In: Altvater, Elmar/ Huisken, Freerk: a.a.O.

Bast, Roland (1996): Kulturkritik und Erziehung. Anspruch und Grenzen der Reformpädagogik. Dortmund: Projekt-Verlag.

Beck, Ulrich (1986): Risikogesellschaft. Auf dem Weg in eine andere Moderne. Frankfurt a.M.: Suhrkamp.

Beck, Ulrich / Beck-Gernsheim, Elisabeth (1994): Riskante Freiheiten. Individualisierung in modernen Gesellschaften. Frankfurt a.M.: Suhrkamp.

Beck, Ulrich (1996): Das ‚eigene Leben' in die eigene Hand nehmen. In: Pädagogik 7-8, S. 41-47.

Beck, Ulrich / Giddens, Anthony / Lash, Scott (1996): Reflexive Modernisierung. Frankfurt a.M.: Suhrkamp.

Becker, Egon / Jungblut, Gerd (1972): Strategien der Bildungsproduktion. Eine Untersuchung über Bildungsökonomie. Curriculum-Entwicklung und Didaktik im Rahmen systemkonformer Qualifikationsplanung. Frankfurt a.M.: Suhrkamp.

Benner, Dietrich u.a. (1978): Entgegnungen zum Bonner Forum ‚Mut zur Erziehung'. München: Urban & Schwarzberg.

Benner, Dietrich / Lenzen, Dieter / Otto, Hans-Uwe (Hg.) (1992): Erziehungswissenschaft zwischen Modernisierung und Modernitätskrise. Beiträge zum 13. Kongreß der Deutschen Gesellschaft für Erziehungswissenschaft vom 16.-18. März 1992 in der Freien Universität Berlin. Zeitschrift für Pädagogik, 29. Beiheft.

Berger, Peter L. / Luckmann, Thomas (1997): Die gesellschaftliche Konstruktion von Wirklichkeit. Eine Theorie der Wissenssoziologie. Frankfurt a.M.: Fischer.

Bernstein, Basil (1970): Soziale Struktur, Sozialisation und Sprachverhalten. Aufsätze 1958-1970. Amsterdam: de Munster.

Beutler, Kurt (1990): Bemerkungen zur Anwendung der hermeneutischen Methode in der Auseinandersetzung zwischen Adalbert Rang und Ulrich Herrmann. In: Keim, Wolfgang (Hg.), Erziehungswissenschaft und Nationalsozialismus. Eine kritische Positionsbestimmung. Marburg: BdWi.

Blaß, Josef Leonard (1978): Modelle pädagogischer Theoriebildung. Bd. 1. Stuttgart u.a.: Kohlhammer.

Bollenbeck, Georg (1994): Bildung und Kultur. Glanz und Elend eines deutschen Deutungsmusters. Frankfurt am Main u.a.: Insel-Verlag

Born, Armin (1991): Geschichte der Erwachsenenbildungsforschung. Bad Heilbrunn: Klinkhardt.

Bourdieu, Pierre (1970): Der Habitus als Vermittlung zwischen Struktur und Praxis. In: Ders.: Zur Soziologie der symbolischen Formen. Frankfurt a.M.: Suhrkamp.

Bourdieu, Pierre / Passeron, Jean Claude (1971): Die Illusion der Chancengleichheit. Stuttgart: Klett.

Bourdieu, Pierre (1982): Die feinen Unterschiede: Kritik der gesellschaftlichen Urteilskraft. Frankfurt a.M.: Suhrkamp.

Bourdieu, Pierre (1987): Sozialer Sinn. Kritik der theoretischen Vernunft. Frankfurt a.M.: Suhrkamp.

Bourdieu, Pierre (2001): Die Regeln der Kunst. Genese und Struktur des literarischen Feldes. Frankfurt a.M.: Suhrkamp.

Braudel, Fernand (1977): Geschichte und Sozialwissenschaften. Die longue durée. In: Bloch, Marcel / Braudel, Fernand / Febvre, Lucien u.a.: Schrift und Materie der Geschichte. Vorschläge zur systematischen Aneignung historischer Prozesse. Frankfurt a.M.: Suhrkamp.

Brezinka, Wolfgang (1971): Von der Pädagogik zur Erziehungswissenschaft. Weinheim u.a.: Beltz.

Brezinka, Wolfgang (1978): Metatheorie der Erziehung. München u.a.: Ernst Reinhardt.

Brezinka, Wolfgang (1988): Über den begrenzten Nutzen wissenschaftstheoretischer Reflexion für ein System der Erziehungswissenschaft. In: Zeitschrift für Pädagogik 2/1988, S. 247-269.

Bröckling, Ulrich / Krassmann, Susanne / Lemke, Thomas (2000): Gouvernementalität der Gegenwart. Studien zur Ökonomisierung des Sozialen. Frankfurt a.M.: Suhrkamp.

Bungenstab, Karl-Ernst (1970): Umerziehung zur Demokratie? Reeducation-Politik im Bildungswesen der US-Zone 1945-49. Düsseldorf: Bertelsmann.

Capra, Fritjof (1984): Wendezeit. Bausteine für ein neues Weltbild. Bern: Scherz.

Combe, Arno / Buchen, Sylvia (1996): Belastungen von Lehrerinnen und Lehrern. Fallstudien zur Bedeutung alltäglicher Handlungsabläufe an unterschiedlichen Schulformen. Weinheim u.a.: Juventa.

Deutscher Ausschuss für das Erziehungs- und Bildungswesen (1960): Zur Situation und Aufgabe der deutschen Erwachsenenbildung. Stuttgart: Klett.

Deutscher Bildungsrat (1969): Begabung und Lernen. Gutachten und Studien zur Bildungskommission 4. Stuttgart: Klett.

Deutscher Bildungsrat (1970): Strukturplan für das Bildungswesen. Empfehlungen der Bildungskommission. Stuttgart: Klett.

Dewe, Bernd / Frank, Günther / Huge, Wolfgang (1988): Theorien der Erwachsenenbildung. Ein Handbuch. München: Max Hueber.

Dickau, Joachim (1980): Die Erwachsenenbildung und ihre Theorie im Zusammenhang der deutschen Nachkriegsentwicklung. In: Beinke, Lothar u.a.: Zukunftsaufgabe Weiterbildung. Bonn: Bundeszentrale für politische Bildung.

Dilthey, Wilhelm (1962): Gesammelte Schriften. Leipzig u.a.: Teubner.

Dräger, Horst (1993): Die Erwachsenenbildung der "neuen Richtung" in ordnungspolitischer Perspektive – Ein Interpretationsvorschlag. In: Report – Literatur- und Forschungsreport Weiterbildung. 31, S. 47-52.

Erdberg, Robert von (1960): Betrachtungen zur alten und neuen Richtung im freien Volksbildungswesen (1921). In: Henningsen, Jürgen: Die neue Richtung in der Weimarer Zeit. Stuttgart: Klett.

Feidl-Merz, Hildegard (1975): Erwachsenenbildung seit 1945. Ausgangsbedingungen und Entwicklungstendenzen in der Bundesrepublik. Köln: Kiepenheuer und Wietsch.

Flitner, Andreas (1967): Wege zur pädagogischen Anthropologie. Heidelberg: Quelle & Meyer.

Flitner, Wilhelm (1921): Laienbildung. Jena: Diederichs.

Flitner, Wilhelm (1930a): Extensive und intensive Volksbildung. In: Hefte für Büchereiwesen 14, S. 1-10.

Flitner, Wilhelm (1930b): Zur Frage der Neutralität in der Volksbildung. In: Hefte für Büchereiwesen 14, S. 106-108.

Flitner, Wilhelm (1933): Systematische Pädagogik. Versuch eines Grundrisses zur Allgemeinen Erziehungswissenschaft. Breslau: Hirt.

Flitner, Wilhelm / Kudritzki, Gerhard (Hg.) (1962): Die deutsche Reformpädagogik. Band 2. Ausbau und Selbstkritik. Düsseldorf: Küpper.

Forneck, Hermann J. (1984): Zur Rezeption von alltagsweltlich-orientierten Theorien in der Erwachsenenbildung In: Literatur- und Forschungsreport Weiterbildung 14. S. 1-11.

Forneck, Hermann J. (1987): Alltagsbewußtsein in der Erwachsenenbildung. Zur legitimatorischen und didaktischen Konkretisierung einer alltagsweltlich-orientierten Erwachsenenbildung. Bad Heilbrunn: Klinkhardt.

Forneck, Hermann J. (1992): Moderne und Bildung: modernitätstheoretische Studie zur sozialwissenschaftlichen Reformulierung allgemeiner Bildung. Weinheim: Deutscher Studien Verlag.

Forneck, Hermann J. (1998): Allgemeine Bildung unter Bedingungen radikaler Pluralität. In: Jahnke, Jürgen (Hg.): Aufklärung – Projekt der Vernunft. Pfaffenweiler: Centaurus.

Forneck, Hermann J. (2002a): Selbstgesteuertes Lernen und Modernisierungsimperative in der Erwachsenen- und Weiterbildung. In: Zeitschrift für Pädagogik 48, Heft 2, S. 242-261.

Forneck, Hermann J. (2002b): Methodisches Handeln in der Erwachsenenbildung. In: Ders./ Lippitz, Wilfried (Hg.): Literalität und Bildung. Marburg: Tectum, S. 91-113.

Foucault, Michel (ohne Jahr): Von der Freundschaft als Lebensweise. Berlin: Merve.

Foucault, Michel (1986): Archäologie des Wissens. Frankfurt a.M.: Suhrkamp.

Foucault, Michel (1988): Für eine Kritik der politischen Vernunft. In: Lettre International 58, Heft 1, S. 58-66.

Foucault, Michel (1989): Der gebrauch der Lüste. Sexualität und wahrheit Bd. 2. Frankfurt a.M.: Suhrkamp

Foucault, Michel (1991): Die Ordnung des Diskurses. Frankfurt a.M.: Suhrkamp.

Foucault, Michel (1992): Was ist Kritik? Berlin: Merve.

Foucault, Michel (1993): Die politische Technologie der Individuen. In: Ders. u.a.: Technologien des Selbst. Frankfurt a.M.: Suhrkamp.

Foucault, Michel (1994): Überwachen und Strafen. Die Geburt des Gefängnisses. Frankfurt a.M.: Suhrkamp.

Foucault, Michel (1996): Diskurs und Wahrheit. Die Problematisierung der Parrhesia. Berlin: Merve.

Foucault, Michel (1999): In Verteidigung der Gesellschaft. Frankfurt a.M.: Suhrkamp.

Friedeburg, Ludwig von (1989): Bildungsreform in Deutschland. Geschichte und gesellschaftlicher Widerspruch. Frankfurt a.M.: Suhrkamp.

Führ, Christoph (1997): Deutsches Bildungswesen seit 1945. Grundzüge und Probleme. Neuwied u.a.: Luchterhand.

Gadamer, Hans-Georg (1986): Wahrheit und Methode. Tübingen: Mohr.

Giddens, Anthony (1995): Konsequenzen der Moderne. Frankfurt a.M.: Suhrkamp.

Gadamer, Hans-Georg (1997): Die Konstitution der Gesellschaft. Frankfurt a.M. u.a.: Campus.

Glaser, Hermann (2000): Deutsche Kultur. Ein historischer Überblick von 1945 bis zur Gegenwart. Bonn: Hanser.

Görtemaker, Manfred (1999): Geschichte der Bundesrepublik Deutschland: von der Gründung bis zur Gegenwart. München: Beck.

Habermas, Jürgen (1970): Erkenntnis und Interesse. In: Ders.: Technik und Wissenschaft als ‚Ideologie'. Frankfurt a.M.: Suhrkamp.

Habermas, Jürgen (1982): Zur Logik der Sozialwissenschaften. Frankfurt a.M.: Suhrkamp.

Habermas, Jürgen (1990): Die Moderne – ein unvollendetes Projekt. Philosophisch-politische Aufsätze 1977-1990. Frankfurt a.M.: Suhrkamp.

Habermas, Jürgen (1998): Der philosophische Diskurs der Moderne. Frankfurt a.M.: Suhrkamp.

Heimann, Paul (1972): Didaktik 1965. In: Ders. u.a.: Unterricht. Analyse und Planung. Hannover u.a.: Schroedel, S. 7-12.

Helmer, Karl (1987): Aspekte einer historischen Topologie des Führens. In: Knoll, Joachim/ Schoeps, Julius: Die Jugendbewegung. Opladen: Leske & Budrich.

Herrlitz, Hans-Georg / Hopf, Wulf / Tietze, Hartmut (1993): Deutsche Schulgeschichte von 1800 bis zur Gegenwart. Weinheim u.a.: Juventa.

Herrmann, Ulrich / Oelkers, Jürgen (Hg.) (1988): Pädagogik und Nationalsozialismus. Zeitschrift für Pädagogik, Beiheft 22. Weinheim u.a.: Beltz.

Herzog, Walter (1988): Pädagogik als Fiktion? Zur Begründung eines Systems der Erziehungswissenschaft bei Wolfgang Brezinka. in: Zeitschrift für Pädagogik 34 Heft 1, S. 87-108.

Herzog, Walter (2002): Zeitgemäße Erziehung. Die Konstruktion pädagogischer Wirklichkeit. Weilerswist: Velbrück.

Heydorn, Heinz-Joachim (1972): Zu einer Neufassung des Bildungsbegriffs. Frankfurt a.M.: Suhrkamp.

Hiegemann / Swoboda (Hg.) (1994): Handbuch der Medienpädagogik. Opladen: Leske & Budrich.

Hirsch, Joachim (1995): Der nationale Wettbewerbsstaat. Staat, Demokratie und Politik im globalen Kapitalismus. Berlin u.a.: ID Archiv.

Hitzler, Ronald / Honer, Anne (Hg.) (1997): Sozialwissenschaftliche Hermeneutik. Eine Einführung. Opladen: Leske & Budrich.

Hoffmann, Dietrich (Hg.) (1991): Bilanz der Paradigmendiskussion in der Erziehungswissenschaft. Weinheim: Deutscher Studien Verlag.

Hofmann, Walter (1960): Gestaltende Volksbildung. In: Henningsen, Jürgen (Hg.): Die neue Richtung in der Weimarer Zeit. Stuttgart: Klett.

Horkheimer, Max (1992): Traditionelle und kritische Theorie. In: Ders.: Traditionelle und kritische Theorie. Fünf Aufsätze. Frankfurt a.M.: Fischer.

Hügli, Anton / Lübcke, Paul (Hg.) (2000): Philosophielexikon. Reinbek bei Hamburg: Rowolth.

Huisken, Freerk (1972): Zur Kritik bürgerlicher Didaktik und Bildungsökonomie. München: List.

Humboldt, Wilhelm von (1999): Theorie der Bildung des Menschen. In: Ders.: Gesammelte Werke. Band 1. Schriften zur Anthropologie und Geschichte. Mundus.

Hurrelmann, Klaus / Ulich, Dieter (1980/1991): Handbuch der Sozialisationsforschung. Weinheim u.a.: Beltz.

Ingenkamp, Karlheinz u.a. (Hg.) (1992): Empirische Pädagogik 1970-1990. Eine Bestandsaufnahme der Forschung in der Bundesrepublik Deutschland. Band I. Weinheim: Deutscher Studien Verlag.

Inglehart, Ronald (1989): Kultureller Umbruch: Wertwandel in der westlichen Welt. Frankfurt a.M. u.a.: Campus.

Inkeles, A. (1984): Was heißt ‚individuelle Modernität'? In: Schöfthaler, T. / Goldschmidt, D. (Hg.): Soziale Struktur und Vernunft. Frankfurt a.M.: Suhrkamp.

Kade, Jochen / Geißler, Harald (1982): Die Bildung Erwachsener. München u.a.: Urban & Schwarzberg.

Kade, Jochen (1993): Aneignungsverhältnisse diesseits und jenseits der Erwachsenenbildung. In: Zeitschrift für Pädagogik 39, H.3, 391-408.

Kade, Jochen / Seitter, Wolfgang (1998): Bildung – Risiko – Genuß. Dimensionen und Ambivalenzen lebenslangen Lernens in der Moderne. In: Brödel, Rainer (Hg.): Lebenslanges Lernen – lebensbegleitende Bildung. Neuwied: Luchterhand. Kamper, Dietmar / Wulf, Christoph (1982): Die Wiederkehr des Körpers. Frankfurt a.M.: Suhrkamp.

Kant, Immanuel (1968): Beantwortung der Frage: Was ist Aufklärung? In: Ders.: Kants Werke. Berlin u.a.: de Gruyter.

Kerbs, Diethart / Reulecke, Jürgen (Hg.) (1998): Handbuch der deutschen Reformbewegungen 1880-1933. Wuppertal: Peter Hammer Verlag.

Kipp, M. u.a. (1992): Paradoxien in der beruflichen Aus- und Weiterbildung. Zur Kritik ihrer Modernitätskrisen. Frankfurt a.M.: GAFB.

Klafki, Wolfgang (1964): Studien zur Bildungstheorie und Didaktik. Weinheim u.a.: Beltz.

Klafki, Wolfgang (1976): Aspekte einer kritisch-konstruktiven Erziehungswissenschaft. Gesammelte Beiträge zur Theorie-Praxis-Diskussion. Weinheim u.a.: Beltz.

Klemm, Klaus (1990): Bildungsgesamtplan `90. Weinheim und München: Juventa.

Kluge, Friedrich (2002): Etymologisches Wörterbuch der deutschen Sprache. Berlin: de Gruyter.

Kocka, Jürgen (1977): Sozialgeschichte. Göttingen: Vandenhoeck.

Köhler, H. (1992): Bildungsbeteiligung und Sozialstruktur in der Bundesrepublik. Zu Stabilität und Wandel der Ungleichheit von Bildungschancen. Studien und Berichte 53. Berlin: Max-Planck-Institut für Bildungsforschung.

Krüger, Heinz-Hermann (1997): Einführung in Theorien und Methoden der Erziehungswissenschaft. Opladen: Leske & Budrich.

Krumm, Volker (1995): Kritisch-rationale Erziehungswissenschaft. In: Lenzen, Dieter / Mollenhauer, Klaus (Hg.): Theorien und Grundbegriffe der Erziehung und Bildung. Enzyklopädie Erziehungswissenschaft Bd. 1. Stuttgart: Klett.

Kuhlemann, Frank-Michael (1991): Schulen, Hochschulen, Lehrer. In: Berg, Christa: Handbuch der deutschen Bildungsgeschichte. Band IV 1870-1918. Von der Reichsgründung bis zum Ende des ersten Weltkrieges. München: Beck.

Kuhn, Thomas S. (1973): Die Struktur wissenschaftlicher Revolutionen. Frankfurt a.M.: Suhrkamp.

Kunstreich, Timm (2000): Grundkurs soziale Arbeit: sieben Blicke auf Geschichte und Gegenwart sozialer Arbeit. Bielefeld: Kleine.

Langewiesche, Dieter (1989): Erwachsenenbildung. In: Langewiesche, Dieter / Tenorth, Heinz-Elmar: Handbuch der deutschen Bildungsgeschichte. Band V 1918-1945. Die Weimarer Republik und die nationalsozialistische Diktatur. München: Beck.

Lassahn, Rudolf (1993): Einführung in die Pädagogik. Heidelberg: Quelle & Meyer.

Le Goff, Jacques / Chartier, Roger / Revel, Jacques (Hg.) (1990): Die Rückeroberung des historischen Denkens. Frankfurt a.M.: Fischer.

Lenzen, Dieter (1976): Die Struktur der Erziehung und des Unterrichts. Kronberg: Athenäus.

Lenzen, Dieter (1978): Bildungspolitik und pädagogischer Alltag. Tendenzwende in der Erziehungswissenschaft? In: Betrifft Erziehung 11, Heft 5, S. 38-40.

Lenzen, Dieter (1980): "Alltagswende" – Paradigmenwechsel? In: Lenzen, Dieter (Hg.): Pädagogik und Alltag: Methoden und Ergebnisse alltagsorientierter Forschung in d. Erziehungswiss. Stuttgart: Klett-Cotta.

Lenzen, Dieter (1985): Mythologie der Kindheit: die Verewigung des Kindl. in der Erwachsenenkultur: versteckte Bilder u. vergessene Geschichten. Reinbek bei Hamburg: Rowohlt.

Lenzen, Dieter / Luhmann, Niklas (1997) (Hg.): Bildung und Weiterbildung im Erziehungssystem. Frankfurt a.M.: Suhrkamp.

Litt, Theodor (1929): Führen oder Wachsen lassen. Eine Erörterung des pädagogischen Grundproblems. Leipzig u.a.: Teubner.

Litt, Theodor (1965): Pädagogik und Kultur. Kleine pädagogische Schriften 1918-1926. Bad Heilbrunn: Klinkhardt.

Luckmann, Thomas (Hg.) (1998): Moral im Alltag. Sinnvermittlung und moralische Kommunikation in intermediären Institutionen. Gütersloh: Verlag Bertelsmann Stiftung.

Luhmann, Niklas (1991): Soziologie des Risikos. Berlin u.a.: de Gruyter.

Luhmann, Niklas (2002): Das Erziehungssystem der Gesellschaft. Frankfurt a.M.: Suhrkamp.

Lyotard, Jean-François (1994): Das Postmoderne Wissen. Wien: Passagen.

Lyotard, Jean-François (1987): Der Widerstreit. München: Fink

Mader, Wilhelm: Der Beitrag der Sozialwissenschaften für eine Didaktik der Erwachsenenbildung. In: Tietgens, Hans (Hg.): Didaktische Dimensionen der Erwachsenenbildung. Frankfurt a.M.: Pädagogische Arbeitsstelle des DVV.

Mann, Alfred (1948): Denkendes Volk, volkhaftes Denken. Grundsteine zum Bau der deutschen Volkshochschule. Braunschweig: Westermann.

Markert, Werner (1973): Erwachsenenbildung als Ideologie. Zur Kritik ihrer Theorien im Kapitalismus. München: List.

Marotzki, Winfried / Sünker, Heinz (1992): Kritische Erziehungswissenschaft – Moderne – Postmoderne, Bd. 1. Weinheim: Deutscher Studien Verlag.

Marotzki, Winfried / Sünker, Heinz (1993): Kritische Erziehungswissenschaft – Moderne – Postmoderne, Bd. 2. Weinheim: Deutscher Studien Verlag.

Marx, Karl / Engels, Friedrich (1960): Der 18. Brumaire des Louis Bonaparte. In: dies.: Werke (MEW) Band 8.

Masschelein, Jan / Wimmer, Michael (1996): Alterität, Pluralität, Gerechtigkeit: Randgänge der Pädagogik. Sankt Augustin: Academia-Verl.: Leuven: Leuven Univ.-Press.

Matthes, Eva (1998): Geisteswissenschaftliche Pädagogik in der NS-Zeit. Politische und pädagogische Verarbeitungsversuche. Bad Heilbrunn: Klinkhardt.

Mead, George-Herbert (1998): Geist, Identität und Gesellschaft aus der Sicht des Sozialbehaviorismus. Frankfurt a.M.: Suhrkamp.

Meadows, Dennis (1972): Die Grenzen des Wachstums. Bericht des Club of Rome zur Lage der Menschheit. Stuttgart: Deutsche Verlags-Anstalt.

Meder, Norbert (1987): Der Sprachspieler. Der postmoderne Mensch oder das Bildungsideal im Zeitalter der neuen Technologien. Köln: Janus-Presse.

Meuser, Michael / Sackmann, Reinhold (1991): Zur Einführung: Deutungsmusteransatz und empirische Wissenssoziologie. In: Meuser, Michael / Sackmann, Reinhold: Analyse sozialer Deutungsmuster. Pfaffenweiler: Centaurus.

Meuser, Michael / Lüders, Christian (2000): Deutungsmusteranalyse. In: Hitzler, Ronald/ Honer, Anne: Sozialwissenschaftliche Hermeneutik. Opladen: Leske & Budrich.

Mollenhauer, Klaus (1968): Erziehung und Emanzipation. Polemische Skizzen. München u.a.: Juventa.

Mollenhauer, Klaus (1972): Theorien zum Erziehungsprozeß. München u.a.: Juventa.

Mollenhauer, Klaus (1980): Einige erziehungswissenschaftliche Probleme im Zusammenhang der Erforschung von "Alltagswelten Jugendlicher". In: Lenzen, Dieter (Hg.): a.a.O.

Negt, Oskar (1981): Soziologische Phantasie und exemplarisches Lernen. Zur Theorie und Praxis der Arbeiterbildung. Frankfurt a.M. u.a.: Europäische Verlagsanstalt.

Nittel, Dieter (1996): Die Pädagogisierung der Privatwirtschaft und die Ökonomisierung der öffentlich verantworteten Erwachsenenbildung. In: Zeitschrift für Pädagogik 42, Heft 5, S. 731-750.

Nohl, Herrmann (1961): Die pädagogische Bewegung in Deutschland und ihre Theorie. Frankfurt a.M.: Schulte – Bulmke.

Oelkers, Jürgen (1981): Pädagogischer Geist und erzieherisches Handeln. In: Zeitschrift für Pädagogik 27, H.4, S. 739-767.

Oelkers, Jürgen (1996): Reformpädagogik. Weinheim u.a.: Juventa.

Oerter, Rolf / Montada, Leo (1982): Entwicklungspsychologie. Ein Lehrbuch. München u.a.: Urban & Schwarzenberg.

Olbrich, Josef (2001): Geschichte der Erwachsenenbildung in Deutschland. Bonn: Bundeszentrale für politische Bildung.

Ottomeyer, Klaus (1977): Ökonomische Zwänge und menschliche Beziehungen. Soziales Verhalten im Kapitalismus. Reinbek bei Hamburg: Rowolth.

Ottomeyer, Klaus / Wedekind, Erhard (1996): Alltag. In: CD-Rom der Pädagogik.

Pankoke, Eckart (2001): Soziale Bewegung. In: Schäfers, Bernhard (Hg.): Grundbegriffe der Soziologie. Opladen: Leske & Budrich.

Picht, Georg (1964): Die deutsche Bildungskatastrophe. Analyse und Dokumentation. Olten: Walter.

Pleines, Jürgen-Eckardt (1989): Studien zur Bildungstheorie (1971 - 1988). Darmstadt: Wissenschaftliche Buchgesellschaft.

Podewils, Graf Clemens von (Hg.) (1975): Tendenzwende Zur geistigen Situation der Bundesrepublik Deutschland. Stuttgart: Klett.

Pongratz, Ludwig A. (1990): Schule im Dispositiv der Macht – Pädagogische Reflexionen im Anschluß an Michel Foucault. In: Vierteljahresschrift für wissenschaftliche Pädagogik 66, S. 289-308.

Potsdamer Abkommen 1945. In: Amtsblatt des Alliierten Kontrollrats in Deutschland, Supplement Nr. 1, Berlin 1946 [http://www.bundestag.de].

Reischmann, Jost (1995): Lernen en passant. Die vergessene Dimension. Die Kehrseite der Professionalisierung in der Erwachsenenbildung. In: Grundlagen der Weiterbildung 6, Heft 4, S. 200-204.

Röhrs, Hermann (1991): Die Reformpädagogik: Ursprung und Verlauf unter internationalem Aspekt. Weinheim: Deutscher Studien Verlag.

Roth, Heinrich (1962): Die realistische Wendung in der pädagogischen Forschung. In: Neue Sammlung 2. S. 481ff.

Roth, Lutz (1983): Die Erfindung des Jugendlichen. Weinheim: Juventa.

Rousseau, Jean-Jacques (1962): Emil oder Über die Erziehung. Paderborn: Schöningh.

Sauer, Wolfgang (1970): Das Problem des deutschen Nationalstaates. In: Wehler, Hans-Ulrich (Hg.): Moderne deutsche Sozialgeschichte. Köln-Berlin: Kiepenheuer und Wietsch.

Salzmann, Christian Gotthilf (1961): Konrad Kiefer oder Anweisung zu einer vernünftigen Erziehung der Kinder. Bad Heilbrunn: Klinkhardt.

Scheibe, Wolfgang (1994): Die reformpädagogische Bewegung. Eine einführende Darstellung. Neuausgabe. Weinheim / Basel: .

Schmitz, Enno (1984): Erwachsenenbildung als lebensweltlicher Erkenntnisprozeß. In: Ders. / Tietgens, Hans (Hg.): Erwachsenenbildung. (Enzyklopädie Erziehungswissenschaften). Seitenzahlen aus dem Wiederabdruck in: Tietgens, Hans: Studienbibliothek für Erwachsenenbildung. Frankfurt a.M.: Pädagogische Arbeitsstelle.

Schöttler, Peter (1997): Wer hat Angst vor dem "linguistic turn"? In: Geschichte und Gesellschaft 23 (1997), S. 134-151.

Schulze, Gerhard (1992): Die Erlebnisgesellschaft. Kultursoziologie der Gegenwart. Frankfurt a.M./New York: Campus.

Schütze, Yvonne (1986): Die gute Mutter – zur Geschichte des normativen Musters "Mutterliebe". Bielefeld: Kleine.

Seiffert, Helmut (1971): Einführung in die Wissenschaftstheorie. 3 Bände. München: Beck.

Siebert, Horst (1994): Erwachsenenbildung in der Bundesrepublik Deutschland – Alte Bundesländer und neue Bundesländer. In: Tippelt, Rudolph (Hg.): Handbuch der Erwachsenenbildung / Weiterbildung. Opladen: Leske & Budrich.

Siemsen, Barbara (1995): Der andere Weniger. Eine Untersuchung zu Erich Wenigers kaum beachteten Schriften. Frankfurt a.M.: Lang.

Sommer, Manfred (1980): Der Alltagsbegriff in der Phänomenologie und seine gegenwärtige Rezeption in den Sozialwissenschaften. In: Lenzen, Dieter (Hg.) (1980): a.a.O.

Sontheimer, Kurt (1988): Die politische Kultur der Weimarer Republik. In: Bracher, Karl Dietrich u.a.: Die Weimarer Republik 1918-1933. Bonn: BPB.

Spaemann, Robert (1975): Emanzipation – Ein Bildungsziel? In: Podewils, Graf Clemens von (Hg.): a.a.O.

Spranger, Eduard (1927): Lebensformen. Geisteswissenschaftliche Psychologie und Ethik der Persönlichkeit. Halle: Max Niemeyer.

Strzelewicz, Willi / Raapke, Hans-Dietrich / Schulenberg, Wolfgang (1973): Bildung und gesellschaftliches Bewußtsein. Gekürzte Taschenbuchausgabe. Stuttgart: Enke.

Tenorth, Heinz-Elmar (1988): Einfügung und Formierung, Bildung und Erziehung. Positionelle Differenzen in pädagogischen Argumentationen um 1933. In: Herrmann, Ulrich/ Oelkers, Jürgen (Hg.): Pädagogik und Nationalsozialismus. Zeitschrift für Pädagogik, Beiheft 22. Weinheim u.a.: Beltz.

Tenorth, Heinz-Elmar (1991): Empirisch-analytisches Paradigma: Programme ohne Praxis – Praxis ohne Programm. In: Hoffmann, Dietrich (Hg.): Bilanz der Paradigmendiskussion in der Erziehungswissenschaft. Weinheim: Deutscher Studien Verlag.

Tenorth, Heinz-Elmar (1992): Geschichte der Erziehung. Weinheim: Juventa.

Tenorth, Heinz-Elmar (2000): Geschichte der Erziehung. Weinheim: Juventa.

Thiersch, Hans (1978): Alltagshandeln und Sozialpädagogik. In: Neue Praxis 8, H.1, S. 6-25.

Thiersch, Hans (1992): Lebensweltorientierte Soziale Arbeit. Aufgaben der Praxis im sozialen Wandel. Weinheim und München: Juventa.

Tippelt, Rudolf (Hg.) (2002): Handbuch Bildungsforschung. Opladen: Leske & Budrich.

Tschamler, Herbert (1996): Wissenschaftstheorie. Eine Einführung für Pädagogen. Bad Heilbrunn: Klinkhardt.

van der Loo, Hans / van Reijen, Willem (1992): Modernisierung. Projekt und Paradox. München: DTV.

Weimer, Hermann (1941): Geschichte der Pädagogik. Berlin u.a.: de Gruyter.

Weinstock, Heinrich (1957): Die Bedrohung des Menschen in der industriellen Arbeitswelt. In: Bergsträßer, Arnold u.a.: Es geht um den Menschen. Wege und Ziele der Erwachsenenbildung in unserer Zeit. Ravensburg: Oberschwäbische Verlagsanstalt.

Weniger, Erich (1952): Die Eigenständigkeit der Erziehung in Theorie und Praxis. Weinheim u.a.: Beltz.

Weniger, Erich (1990): Erziehung, Politik, Geschichte. Weinheim u.a.: Beltz.

Werder, Lutz von (1980): Alltägliche Erwachsenenbildung. Aspekte einer bürgernahen Pädagogik. Weinheim u.a.: Beltz.

Willis, Paul (1979): Profane Culture. Rocker, Hippies: Subversive Stile der Jugendkultur. Frankfurt a.M.: Syndikat.

Winkel, Rainer (Hg.) (1988): Pädagogische Epochen. Von der Antike bis zur Gegenwart. Düsseldorf: Schwann.

Winkler, Michael (1993): Das Allgemeine und das Besondere. Über sozialwissenschaftliche Zeitdiagnose und pädagogische Theorie aus Anlaß von Gerhard Schulzes "Erlebnisgesellschaft". In: Sozialwissenschaftliche Literatur-Rundschau 27, S. 42–51.

Wittgenstein, Ludwig (1969): Tractatus logico philosophicus. Frankfurt a.M.: Suhrkamp.

Wolgast, Günther (1996): Zeittafel zur Geschichte der Erwachsenenbildung. Luchterhand Neuwied: Luchterhand.

Wrana, Daniel (2002): Formen der Individualität. Eine Analyse der Praktiken der Gesellschaftsbeschreibung bei Kursleiter/-innen der Erwachsenenbildung. In: Forneck, Hermann J. / Lippitz, Wilfried: Literalität und Bildung. Über Lesbarkeit und Nichtlesbarkeit pädagogisch relevanter Gegenstände. Marburg: Tectum.

Wrana, Daniel / Langer, Antje / Schotte, Julia / Schreck, Bruno (2001): Verstrickungen: Volk – Bildung – Faschismus. Entwurf einer diskursanalytischen Studie. Arbeits- und Forschungsberichte der EB Giessen. [http://geb.uni-giessen.de/geb].

Autoren

Hermann J. Forneck (geb. 1950)
e-mail: hermann.forneck@erziehung.uni-giessen.de

Nach dem Studium der Erziehungswissenschaft an den Universitäten Bonn und Köln Studienleiter am Gustav-Stresemann Institut und am Institut für angewandte Kommunikationsforschung in der außerschulischen Bildung (IKAB), Assistent am Pädagogischen Institut der Universität Zürich, anschließend wissenschaftlicher Mitarbeiter und Erziehungswissenschaftler an der Sekundarlehrerausbildung der Universität Zürich.

1991 Habilitation mit einer Arbeit über den Zusammenhang von Modernisierungsprozessen und Bildung. Nach Rufen an die Universität Zürich und an die Pädagogische Hochschule Freiburg seit 1997 Inhaber des Lehrstuhls für Erziehungswissenschaft mit dem Schwerpunkt Erwachsenenbildung der Justus-Liebig-Universität Giessen. Arbeitet augenblicklich an einer Didaktik des selbstgesteuerten Lernens und an Fragen des Wandels pädagogischer Professionen.

Daniel Wrana (geb. 1971)
e-mail: daniel.wrana@erziehung.uni-giessen.de

Studierte Erziehungswissenschaft an der Pädagogischen Hochschule in Freiburg. Entwickelte 1997-1999 Internetprojekte für die außerschulische Kulturpädagogik der Stadt München. Seit 1999 wissenschaftlicher Mitarbeiter an der Abteilung Erwachsenenbildung der Justus-Liebig-Universität Gießen. Arbeitet an einer Dissertation zu Selbstsorge und reflexiver Praxis im Lernen Erwachsener, methodologischer Schwerpunkt ist die Entwicklung diskursanalytischer Forschungspraktiken.

Anschrift:
Prof. Dr. Hermann Forneck
Daniel Wrana
Professur für Erwachsenenbildung
Justus-Liebig-Universität Giessen
Karl-Glöckner-Str. 21 B
35394 Giessen
http://www.eb-giessen.de

Informationen und Bookshop
rund um die Uhr

- **Aktuelle Information** zum Thema Bildung
- **Produkte und Dienstleistungen** auf einen Blick
- **Bookshop online,** schnell und sicher
- Tipps und Infos zum Thema **Berufswahl und Jobsuche**

News
Neuigkeiten aus dem Verlag:
Neuerscheinungen, Media-Info, Autoren-Info

Produkte
Lernen Sie unsere Verlagspalette kennen:
Bücher, Zeitschriften, Multimedia-Anwendungen

Dienstleistungen
Was können wir für Sie tun?
Unsere Medienkompetenz im Überblick

Bookshop
Stöbern und kaufen Sie bequem ein:
Unser Verlagsprogramm im Online-Shop

Ratgeber Online
Profitieren Sie von unseren Tipps:
Der Ratgeber rund um Ausbildung und Beruf

Verlagsporträt
Lernen Sie uns als Partner kennen:
Geschichte, Daten und Personen

Kontakt
Nehmen Sie Kontakt mit uns auf:
Ihre Ansprechpartner und wie Sie erreichbar sind

Forum Bildung
Informieren Sie sich aktuell:
Die große Plattform rund um Ausbildung und Studium

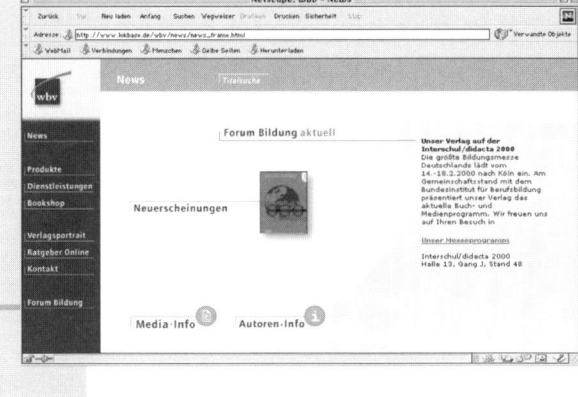

www.wbv.de

W. Bertelsmann Verlag   Fachverlag für Bildung und Beruf

Sehr geehrte Leserin, sehr geehrter Leser,

wenn Sie dieses Buch erworben haben und diese Karte an uns senden, werden wir Ihnen einen Benutzeraccount für einen Ressourcenpool im Internet per E-Mail zusenden. Dort finden Sie Hinweise zu Lern- und Studienpraktiken zum Lesen und Bearbeiten von diesen, aber auch anderen wissenschaftlichen Texten.

Mit freundlichen Grüßen

Hermann J. Forneck
Daniel Wrana

VORNAME, NAME: _____

E-MAIL: _____

(Bitte schreiben Sie Ihre E-Mail-Adresse sehr deutlich, da Sie sonst für uns nicht erreichbar sind.)

Was ich Ihnen noch sagen wollte:

_____

_____

_____

Bestellung

Hiermit bestelle ich bei Ihnen:

Anzahl	Best.-Nr.	Titel	Preis
_____	60.01.473	Forneck/Wrana: Ein verschlungenes Feld – Eine Einführung in die Erziehungswissenschaft	19,90 €
_____	60.01.474	Forneck/Wrana: Ein parzelliertes Feld – Eine Einführung in die Erwachsenenbildung	19,90 €
_____	101-000	Gesamtverzeichnis des W. Bertelsmann Verlags	kostenlos
_____	101-010	Flyer Fachzeitschriften Bildung (für Wissenschaft, Studium und Praxis)	kostenlos

Ihr Rückgaberecht: Sie können bestellte Ware mängelfrei binnen 14 Tagen ohne Angabe von Gründen auf eigene Kosten an uns zurückschicken. Angegebene Preise inkl. MWSt und zzgl. Versandkosten.

_____

Datum, Unterschrift

Hermann J. Forneck /
Daniel Wrana
Ein verschlungenes Feld
Eine Einführung in die
Erziehungswissenschaft
Bielefeld 2003, 173 Seiten, 19,90 €
ISBN 3-7639-3164-3, Best.-Nr. 60.01.473

**Nutzen Sie das Zusatzangebot zu diesem
Buch im Internet!**

Wir haben Lern- und Studienpraktiken zum
Bearbeiten dieser und anderer Texte für Sie
ausgearbeitet.

Bitte beachten Sie die Rückseite!

Antwort

Justus-Liebig-Universität Gießen
Institut für Erziehungswissenschaft
Abteilung Erwachsenenbildung
Karl-Glöckner-Straße 21b
35394 Gießen

FIRMA/INSTITUTION

VORNAME, NAME

STRASSE, HAUSNUMMER

PLZ, ORT

E-MAIL

☐ Bitte informieren Sie mich regelmäßig per Post,
per E-Mail über aktuelle Neuerscheinungen.

☐ Ich bin bereits Kunde bei Ihnen.
Meine Kunden-Nr. lautet:

W. Bertelsmann Verlag
Tel. (05 21) 9 11 01-11, Fax: 9 11 01-19 wbv
E-Mail: service@wbv.de, Internet: www.wbv.de

Antwort

W. Bertelsmann Verlag
Postfach 10 06 33
33506 Bielefeld